KB247331

사모펀드와 M&A 트렌드 2026

변곡점 위에 선
거인의 다음 발걸음

사모펀드와
M&A 트렌드

2026

PRIVATE EQUITY FUNDS M&A

| 조세훈 · 이영호 · 오귀환 · 이승혁 · 서종갑 · 안중성 · 룩센트 미래경영연구소 지음 |

글로벌 자본의 흐름 속에서
한국형 부의 전략을 그리다!

지음미디어

성공적인 딜은 치밀한 분석과 미래를 내다보는 혜안에서 비롯됩니다. 이 책은 2026년 M&A 시장의 핵심 격전지가 될 AI, 바이오, K-콘텐츠와 같은 성장 산업을 예리하게 조명하고, 케이스 스터디를 통해 구체적인 투자 전략을 제시한다는 점에서 실용적입니다. 단순한 트렌드 나열을 넘어 '어떤 점들을 연결Connecting the dots'해 새로운 가치를 만들 것인지에 대한 영감을 주는 책입니다.

김이동 삼정KPMG 재무자문부문 대표

2026년 한국 M&A 시장에서 지속 가능한 수익을 창출하려는 투자자들에게 이 책은 필수적인 전략 가이드입니다. 상법 개정, LBO 규제 강화 등 예측 불가능한 제도 변화의 파도 속에서 사모펀드의 '가치 창출자Value Creator'로의 진화 전략을 선제적으로 파악해야 합니다. AI 데이터센터, K-뷰티 등 성장 스토리를 가진 섹터에 대한 정교한 투자 사례들을 통해 불확실성 속 새로운 투자 기회를 포착할 통찰력을 얻을 수 있습니다.

이우창 OK저축은행 IB금융1부장

차례

PART 1
2025년 M&A 시장과 사모펀드 트렌드

1장 2025년 사모펀드 시장 트렌드 리뷰

PART 2
2026년 M&A 시장과 사모펀드 전망

3장 국내외 사모펀드 투자 트렌드

4장　안중성 변호사의 사모펀드 제도·규제 변화 분석

변곡점 위에 선 사모펀드,
어디로 향할 것인가

'자유냐, 구속이냐.'

2025년 한국의 인수합병M&A 시장과 사모펀드PEF 업계를 관통한 화두는 이 한 문장으로 요약됩니다. 2004년 제도가 도입된 이래 양적 성장을 거듭하며 어느덧 약정액 150조 원을 훌쩍 넘긴 거인으로 성장한 사모펀드. 한때는 기업 구조조정의 해결사이자 시장에 모험자본을 공급하는 핵심 플레이어로 주목받으며 규제 완화라는 순풍에 돛을 달았습니다. 그러나 2025년, 시장의 분위기는 180도 달라졌습니다. 동북아 최대 사모펀드 운용사 MBK파트너스가 촉발한 홈플러스 사태는 단순히 하나의 투자 실패 사례를 넘어 '사모펀드는 사회에 어떤 존재인가'라는 근원적 질문을 던졌습니다.

'문 앞의 야만인들'이라는 낡은 비유가 다시 소환되었고, 사모펀드의 투자 판단이 평범한 소비자의 장바구니와 수많은 노동자의 일자리에 어떻게 맞닿아 있는지가 적나라하게 드러났습니다. 이 일을 기점으로 재무 지표만으로 박수받던 시대는 저물기 시작했고, 정치권은 앞다투어 규제의 칼날을 벼리기 시작했습니다. 2025년은 한국 사모펀드 역사에서 가장 중요한 변곡점으로 기억될 것입니다. 성장의 엔진이었던 '자유'가 '통제'라는 고삐에 묶이는 순간이었기 때문입니다.

하지만 혼돈 속에서도 기회의 싹은 다른 곳에서 움트고 있었습니다. 규제의 역풍이 거센 가운데, 시장의 흐름을 주도하는 선수들의 '공략법'이 바뀌기 시작한 것입니다. 과거 조 단위 '빅딜'에 집중하던 글로벌 사모펀드들은 이제 '가장 큰 물고기' 대신 '가장 멀리 뻗어나갈 물고기'를 고르기 시작했습니다. 1조 원 미만의 규모라도 확실한 글로벌 성장성을 지닌 K-뷰티, K-서비스 플랫폼 기업에 과감히 베팅하며 스스로 기업가치를 키워내는 '가치 창출자Value Creator'로의 진화를 증명해 보였습니다.

M&A 시장의 온기는 뷰티를 넘어 식품F&B 분야로 확산됐습니다. '불닭볶음면' 신드롬의 주인공 삼양식품은 M&A를 통해 스스로의 성장 스토리를 다음 챕터로 이끌었고, JKL파트너스는 '런던 베이글 뮤지엄'의 브랜드 지식재산권IP 가치에 투자하며 이제 M&A 시장이 유형자산이 아닌 '성장 스토리'를 사고파는 시대로 변모했

음을 알렸습니다. 한편, 자금 조달 시장에서는 한동안 잠잠했던 새마을금고와 신협이 '생태계 설계자'로 화려하게 부활하며, 시장의 허리를 담당하는 중소·중견 사모펀드 생태계에 새로운 활력을 불어넣었습니다.

이 책은 바로 이 거대한 변곡점의 한가운데서 시작합니다. 2025년은 위기와 기회, 규제와 혁신, 절망과 희망이 가장 격렬하게 충돌했던 해였습니다. PART 1에서는 격랑의 2025년 M&A 및 사모펀드 시장을 규제, 글로벌 사모펀드, K-소비재, 펀딩 시장이라는 네 가지 핵심 트렌드를 통해 깊이 있게 복기합니다. 또한, 기관투자자들이 주목했던 주요 섹터의 성과를 냉철하게 분석하며 성공과 실패의 원인을 파헤칩니다.

PART 2에서는 2025년의 혼돈을 디딤돌 삼아 2026년의 M&A 시장과 사모펀드의 미래를 전망합니다. 홈플러스 사태 이후 사모펀드에 요구되는 새로운 사회적 역할과 신뢰 회복의 과제는 무엇인지, 상법 개정부터 차입매수LBO 규제 강화까지 예측 불가능한 제도 변화의 파도는 시장을 어디로 이끌 것인지 심도 있게 분석합니다. 더불어 AI, 폐기물, 항공, 방산, 미용기기 등 미래 산업의 판도를 바꿀 핵심 섹터별 투자 전략을 케이스 스터디와 함께 제시하고, 사모펀드가 마주한 정치·사회적 리스크 속에서 생존을 넘어 시장을 주도하기 위한 새로운 전략은 무엇인지 모색합니다.

2026년의 한국 자본시장은 안개 속에 잠겨 있습니다. 대내외적 불확실성은 그 어느 때보다 크고, 과거의 성공 공식은 더 이상 유효하지 않습니다. 하지만 모든 위대한 항해는 짙은 안개 속에서 시작됐습니다. 이 책이 독자 여러분께 다가올 M&A와 사모펀드 시장의 거친 파도를 헤쳐 나갈 정교한 항해도를 제공하고, 안개 너머의 새로운 기회를 발견하는 날카로운 등대가 돼주기를 바랍니다. 이제, 변곡점 위에 선 거인의 다음 발걸음을 함께 따라가 보겠습니다.

PART 1

2025년 M&A 시장과 사모펀드 트렌드

1장

2025년 사모펀드 시장 트렌드 리뷰

규제의 역습

: 사모펀드 위기론

2025년 사모펀드 업계는 규제 강화의 기로에 서 있다. 2004년 12월 간접투자자산운용법을 통해 국내에 첫 도입된 사모펀드는 그간 부침은 있었지만 성장 일변도였다. 지난해 말 기준 사모펀드 총 약정액은 153조 6,000억 원, 펀드 수는 1,137개다. 출범 이듬해인 2005년 대비 약정액(4조 7,000억 원)은 32.7배, 펀드 수는 75.8배 급증했다. 세계를 호령하는 K-식품, K-뷰티, K-방산도 20년 새 이정도 성장세를 보이진 못했다.

사모펀드가 꾸준히 성장할 수 있었던 배경에는 '자유'가 있다. 소수의 전문적인 기관투자자들이 자금을 모아, 공모펀드 대비 완화된 규제 아래서 과감한 투자를 집행하는 것이 사모펀드의 본질이다. 일반 대중을 상대로 하기에 엄격한 감시를 받는 공모펀드로서는 투자하기 어려운 기업 M&A, 부실기업 구조조정, 성장 잠재력이 큰 비상장기업 투자 등이 사모펀드의 주무대였다. 높은 위험을 감수하는 대신 10% 이상의 고수익으로 보답하며, 시장에 필요한 모험자본을 공급하는 핵심 플레이어로 자리 잡았다.

라임, 옵티머스 등 일부 사모펀드의 일탈로 자본시장에 잡음이 끊이지 않았지만, 정부는 거시적인 관점에서 사모펀드의 설립 취지와 운용 방식을 존중하며 오히려 더 많은 자유를 부여하기도 했다. 2021년의 대대적인 규제 완화는 그 정점이었다. 글로벌 경쟁력 강화를 목표로 단행된 이 조치는 국내 사모펀드 산업에 새로운 활력을 불어넣었다. 이때부터 소수 지분 투자, 부동산과 인프라 등 투자 기법과 자산을 다각화하며 더 높은 수익률을 올리기 시작했다.

하지만 그 자유는 오래가지 못했다. 2024~2025년 들어 동북아 최대 사모펀드로 알려진 MBK파트너스가 표적이 됐다. MBK가 국내 자본시장의 이슈메이커가 되면서 사모펀드를 향한 여론은 싸늘하게 식어갔다. 훗날 2025년은 한국 사모펀드의 성장과 규제 사이의 균형점이 어디인지를 결정하는 중요한 변곡점으로 기억될 가능성이 높다. 이에 대한 분석은 6장에서 자세히 기술했다.

"2021년만 해도 '성장을 위한 자유' 외쳤는데…."

2021년 10월 21일, 사모펀드 관계자들 얼굴에 온종일 환한 미소가 가시지 않았다. 이날 시행된 자본시장법 개정안 덕분이었다. 현재도 해당 개정안은 사모펀드 시장 구조를 근본적으로 바꾸는 전환점으로 기억되고 있다.

이전까지 사모펀드는 운용 목적에 따라 '경영참여형'과 '전문투자형(헤지펀드)'으로 엄격히 구분됐다. 문제가 됐던 건 경영참여형 사모펀드에 채워진 '10% 룰'이라는 족쇄였다. 이 룰은 경영참여형 사모펀드가 특정 기업에 투자할 때 의결권 있는 주식을 10% 이상 취득하거나, 10%에 미치지 못하더라도 임원 선임 등을 통해 '사실상의 지배력'을 행사해야 한다는 단서 조항이었다.

2021년 개정안은 바로 이 10% 룰을 폐지했다. 동시에 운용 목적에 따른 분류 대신, 투자자의 성격에 따라 '기관 전용 사모펀드'와 '일반 사모펀드'로 재편했다. 그 결과, 전문성을 갖춘 기관투자자들만 참여하는 기관 전용 사모펀드는 지분율에 얽매이지 않고 소수 지분 투자, 부동산, 인프라, 메자닌 등 다양한 자산에 자유롭게 투자할 수 있는 길이 열렸다.

물론 무제한적인 자율이 주어진 것은 아니었다. 라임·옵티머스 사태의 교훈을 반복하지 않기 위해 일반 투자자가 참여하는 '일반 사모펀드'에는 강력한 보호 장치가 마련됐다. 전문 투자자에게는 최대한의 자유를, 일반 투자자에게는 두터운 보호를 제공하겠다는 규제 당국의 명확한 정책 방향이었다.

3년 만의 기조 변화와 규제의 역풍

2021년의 환호가 무색하게 2025년 사모펀드 업계는 정반대 기류와 마주했다. 규제 완화 3년 만에 시장 분위기는 투자자 보호와 투명성 강화라는 명분 아래 규제 쪽으로 급격히 돌아섰다. '자율'을 통해 '성장'을 꾀했던 정책 방향이 '통제'를 통한 '안정'으로 회귀하는 움직임이었다.

변화의 중심에는 2025년 7월 발의된 자본시장법 개정안이 있었다. 민병덕 더불어민주당 의원이 대표 발의한 이 개정안은 업계에 상당한 파장을 일으켰다. 개정안의 핵심은 기존에 사모펀드가 적용받던 공시 관련 특례 조항을 대거 삭제하는 내용이었다. 이는 사실상 사모펀드를 공모펀드와 동일한 수준의 공시 의무 아래 두겠다는 의미로 해석됐다.

입법 시도의 배경에는 MBK의 홈플러스 사례처럼 과도한 차입매수LBO, Leveraged Buyout가 피인수 기업의 재무 건전성을 악화시킨다는 부정적 여론과 과거 라임·옵티머스 사태에서 드러난 정보 비대칭 문제가 자리 잡고 있었다.

"현실을 외면한 규제이며, 실효성도 의문이다."

국회의 규제 강화 움직임에 대한 사모펀드 업계의 반응은 단호했다. 업계는 규제안이 시장 현실과 맞지 않으며, 오히려 국내 산업의 경쟁력을 저해할 수 있다고 주장했다. 이들의 반박 논리는 크게 세 가지로 요약된다. 첫째, 기관 전용 사모펀드 공시 강화는 실효성이 떨어진다는 점이다. 둘째, 국내 운용사에 대한 '역차별' 가능성이다. 셋째, 일부 규제안이 시장 현실과 동떨어져 있다는 비판이다. 한 운용사 대표는 "기관투자자들은 이미 우리의 투자 포트폴리오, 수익률, 운용 전략의 세세한 부분까지 모두 파악하고 있다"라면서 "이 정보를 불특정 다수에게 공개하는 것은 투자 전략 노출 외에 아무런 실익이 없다"라고 토로했다.

글로벌 사모펀드의 진화,
'한국 공략법'이 바뀌었다

2025년, 한국 M&A 시장을 움직이는 글로벌 사모펀드의 투자 공식이 근본적으로 바뀌었다. 과거 외환은행, 오비맥주 등 조 단위 '빅딜'을 통해 시장에 존재감을 과시했던 이들이었지만, 이제는 무작정 규모가 큰 거래에만 목을 매지 않는다. 여기에는 명확한 이유가 있다. 수조 원짜리 기업을 인수할 경우, 수년 뒤 투자금을 회수하기 위해 이를 다시 되사줄 국내 대기업, 즉 전략적 투자자SI 풀Pool이 마땅치 않다는 현실적인 고민이다.

투자금 회수의 딜레마는 글로벌 사모펀드들이 한국 시장을 공략하는 방식을 더욱 정교하게 진화시켰다. '가장 큰 물고기'를 잡는 대신, '가장 멀리 뻗어나갈 물고기'를 고르기 시작한 것이다. 1조 원 미만의 규모라도 확실한 성장성과 글로벌 확장 잠재력을 가진 기업을 발굴해, 그 가치를 극대화하는 쪽으로 전략의 무게중심을 옮겼다. 2025년 시장을 달군 K-뷰티, 플랫폼 기업에 대한 투자는 새로운 한국 공략법이 본격적으로 가동됐음을 보여준다.

K-서비스 플랫폼의 재발견

글로벌 사모펀드들의 새로운 전략을 가장 상징적으로 보여준 사례는 세계 최대 대체투자 운용사 블랙스톤의 '준오헤어' 인수 추진이었다. 블랙스톤이 약 8,000억 원을 들여 국내 1위 미용실 프랜차이즈 인수에 나섰다는 소식에 시장은 처음에는 의아하다는 반응을 보였다. 하지만 이는 이들의 진화한 투자 공식을 보여주는 교과서적인 사례였다.

블랙스톤이 주목한 것은 준오헤어의 플랫폼으로서의 가치였다. 전국 180여 개 매장에서 나오는 안정적인 현금흐름은 기본이었다. 더 중요한 것은 '준오아카데미'라는 독보적인 인력 양성 시스템을 통해 미용 서비스의 고질적인 문제였던 품질의 비표준성을 극복했다는 점이었다. 이는 단순히 미용실 수를 늘리는 차원을 넘어 검증된 시스템을 바탕으로 향후 네일아트, 피부 관리 등 다른 미용 영역으로 사업을 확장Bolt-on하거나 해외 시장에 진출할 수 있는 무한한 확장성을 의미했다. 규모는 1조 원 미만이지만, 글로벌 시장으로 뻗어나갈 잠재력은 그 이상이라고 판단한 것이다.

글로벌 사모펀드인 베인캐피털이 미용 의료기기 업체 '클래시스'를 운용하는 방식 역시 이들의 새로운 전략을 보여준다. 2022년 클래시스를 인수한 베인캐피털은 단순히 기업가치 상승을 기다리지 않고, 재무와 전략 양면에서 적극적으로 가치를 끌어올렸다.

재무적으로는 정교한 다단계 투자금 회수 전략을 구사했다. 2025년 5월, 주가가 고점에 있을 때 보유 지분 일부를 블록딜로 매각해 2,276억 원의 현금을 확보하며 리스크를 줄였다. 이어 8월에는 총 9,000억 원 규모의 '자본재조정Recapitalization'을 통해 지분 추가 매각 없이 3,000억 원의 투자금을 배당 형태로 조기 회수했다.

전략적으로는 클래시스를 통해 동종업체인 '이루다'를 인수하는 볼트온 M&A를 단행하며 기업의 근본적인 시장 지배력과 기술 경쟁력을 강화했다. 이는 글로벌 사모펀드가 단순히 자본을 투입하는 재무적 투자자를 넘어, 피인수 기업의 경영에 깊숙이 관여해 스스로 기업가치를 키워내는 '가치 창출자'로 진화했음을 보여주는 대목이다.

2025년 8월, 스웨덴 발렌베리 그룹 계열의 사모펀드인 EQT파트너스가 '국민 명함앱' 리멤버를 기업가치 5,000억 원에 인수한 것은 이러한 흐름의 연장선에 있었다. 이 거래는 국내 사모펀드인 아크앤파트너스가 플랫폼 기업의 가치를 성공적으로 끌어올려 글로벌 대형 사모펀드에 매각한, 이른바 '세컨더리 바이아웃'의 정석적인 사례로 평가받았다.

아크앤파트너스는 2022년 12월, 리멤버의 기업가치를 1,600억 원으로 평가하고 경영권을 인수했다. 인수 후 아크앤파트너스는 단순 명함 관리 앱이었던 리멤버를 '종합 비즈니스 및 HR 솔루션' 플랫폼으로 전환하는 데 집중했다. 이를 위해 전문가 네트워크 서비스, 신입·인턴 채용 플랫폼, 헤드헌팅 기업 등 6개 기업을 연이어 인수하는 공격적인 볼트온 전략을 실행했다.

그 결과, 수년간 적자였던 리멤버는 흑자 전환에 성공했고, 기업가치는 3년 만에 3배 이상 뛰었다. EQT는 여기서 멈추지 않고, 리멤버의 사업 고도화와 본격적인 외형 성장을 주도할 계획이다. 이는 '글로벌 확장성'이라는 바통을 국내 사모펀드가 글로벌 사모펀드에 넘겨주는 유기적인 협력 모델의 가능성을 보여줬다.

글로벌 사모펀드의 투자는 지속된다

앞서 살펴본 사례들은 한국 시장에 대한 글로벌 PE의 공략법이 더욱 정교해지고 있음을 보여준다. 그리고 이 흐름은 앞으로 더욱 가속화될 전망이다. 2025년 하반기 기준, 글로벌 주요 사모펀드들이 한국 시장에 투자하기 위해 확보해둔 자금, 이른바 '드라이파우더Dry Powder'는 최소 100억 달러 이상인 것으로 집계됐다.

실제로 KKR은 200억 달러 규모의 역대 최대 아시아 펀드 결성에 나설 예정이며, EQT와 블랙스톤, 베인캐피털 등도 각각 100억 달러가 넘는 대규모 아시아 펀드를 조성 중이다. 이 자금이 한국 시장으로 유입될 경우, 그 파급력은 상당할 것으로 예상된다.

글로벌 사모펀드들이 한국 시장에 주목하는 이유는 명확하다. 주주 충실의무를 명문화한 상법 개정안 통과 가능성과 배당세 개편, 자사주 의무 소각 등 정부가 추진하는 증시 부양 및 기업 거버넌스 개선 정책들 때문이다. 일본 시장이 거버넌스 개선을 통해 증시 부양에 성공한 것처럼 한국에서도 비슷한 효과를 기대하는 것이다.

투자은행IB 업계에서는 이들의 다음 타깃으로 IT, 뷰티, 콘텐츠 등 '글로벌 확장성'이 검증된 분야의 기업들이 유력하게 거론된다. 이 같은 전망은 현실이 되고 있다. 2025년 10월 기준 EQT는 국내 굴지의 전사적 자원 관리ERP 기업인 더존비즈온 인수에 근접한 상황이다. 시장에서는 EQT의 공개매수 시나리오가 유력하게 점쳐진다. 공개 매수가에 따라 유동적이지만 더존비즈온 인수 규모는 1조 원을 훌쩍 넘길 것으로 예상된다.

한 글로벌 PE 관계자는 "최대주주 지분을 포함한 경영권 인수가 기본 목표지만, 협상이 여의치 않을 경우 적대적 M&A의 가능성도 배제할 수 없다"라고 말해, 향후 국내 M&A 시장에서 글로벌 사모펀드의 활동 폭이 더욱 넓고 과감해질 것임을 시사했다.

M&A 시장의 새 동력,

'K-소비재' 잠재력을 보다

전반적인 M&A 시장의 침체 분위기 속에서도 특정 섹터에서는 조용한 '골드러시'가 이어지고 있었다. 글로벌 시장에서 경쟁력을 인정받은 'K-소비재' 기업들이 그 주인공이다. 앞에서 다룬 글로벌 PE뿐만 아니라, 국내 대기업과 중견 PE들 역시 이 분야의 잠재력에 주목하며 새로운 기회를 모색하고 있다. 특히 아직 거래가 성사되지 않은 잠재 매물과 M&A를 통해 다음 단계로의 도약을 꿈꾸는 기업들의 움직임이 활발하다.

'제2의 신화'를 찾아라 : 차세대 뷰티 매물들

K-뷰티 M&A 시장의 열기는 식지 않았다. 성공적인 투자금 회수 사례들이 연이어 나오면서 다음 차례를 기다리는 잠재 매물들에 대한 기대감이 높아지고 있다. 시장의 관심은 '누가 제2의 에이피알APR이 될 것인가'에 쏠려 있다. 에이피알이 뷰티 디바이스와 디지털 마케팅으로 새로운 성공 공식을 쓴 것처럼 독자적인 경쟁력을 갖춘 중견 뷰티 기업들이 주요 M&A 후보로 거론된다.

구체적으로 비타민 화장품으로 유명한 '닥터비타'나 일본 시장에서 좋은 반응을 얻고 있는 '마르시끄'도 새 주인을 찾는 것으로 알려졌고, 동남아시아에서 스킨케어 브랜드 '썸바이미'로 인기를 끄는 페렌벨 등은 이미 시장에 매물로 나와 있다. 이들은 특정 성분이나 특정 시장에서 확실한 팬덤을 구축했다는 공통점이 있다.

아직 매물로 나오지는 않았지만 시장 '러브콜'이 쏟아지는 기업들도 다수다. 피부 진정과 보습, 노화방지 기능을 강조한 '리들샷'과 '시카라인'을 대표 브랜드로 보유한 코스닥 상장사 브이티VT가 대표적이다. 복수 외국계 사모펀드가 인수 의사를 내보였지만 정철 대표(지분율 16.55%)를 포함한 특수관계인(38.33%)은 "매각할 의사가 전혀 없다"라고 밝혔다.

화장품 제작·부자재 기업인 펌텍코리아와 씨앤씨인터내셔널도 외국계 사모펀드의 인수 제안을 받았다. 펌텍코리아는 국내 화장품 용기 과점업체(펌텍코리아·연우·삼화) 중 한 곳이다. 글로벌 사모펀드 KKR이 또 다른 글로벌 사모펀드 TPG가 보유했던 삼화를 8,000억 원에 인수하며 펌텍코리아에 대한 관심이 높아졌다. 국내 화장품 제조자개발생산ODM 4위 업체인 씨앤씨인터내셔널과 미용 의료기기 '쥬베룩'을 생산하는 바임도 국내외 사모펀드로부터 꾸준히 인수 제의를 받았다. 화장품 업체부터 연관 밸류체인으로 묶이는 모든 업체가 사실상 사모펀드의 인수 물망에 오르내리는 셈이다.

이들은 모두 향후 M&A 시장에 나올 경우 상당한 파급력을 가질 '예비 대어'로 꼽힌다. 사모펀드들은 기업들을 발굴해 추가적인 성장을 지원하고, 더 높은 가치에 매각하는 그림을 그리고 있다.

뷰티를 넘어 F&B로 : M&A의 두 가지 접근법

K-소비재 M&A 온기는 뷰티를 넘어 식품·외식F&B 분야로 확산되는 가운데, 흥미로운 두 가지 흐름이 감지된다. 하나는 사모펀드가 강력한 브랜드 지식재산권을 가진 기업에 투자하는 것이고, 다른 하나는 성공한 기업이 직접 M&A의 주체로 나서는 것이다.

후자의 대표적인 사례가 '불닭볶음면' 신드롬의 주인공인 삼양식품이다. 삼양식품은 최근 소스 전문 제조기업인 '잉글우드랩코리아'를 인수하고 사명을 '삼양소스'로 변경했다. 이는 불닭볶음면의 핵심인 액상수프의 안정적인 공급망을 확보하는 수직 계열화 전략이다. 하지만 더 중요한 목적은 인수한 공장을 글로벌 시장을 겨냥한 소스 R&D 허브로 키우는 것이다. 이를 통해 현지 입맛에 맞는 새로운 소스를 개발하고, 불닭 브랜드를 활용한 다양한 제품을 출시해 글로벌 종합 식품 기업으로 도약하겠다는 큰 그림을 그리고 있다.

전자의 흐름, 즉 사모펀드가 브랜드 IP에 투자하는 사례로는 JKL파트너스의 '런던베이글뮤지엄' 인수가 시장의 이목을 집중시켰다. 2025년 하반기, 국내 대표 PE인 JKL파트너스가 수십 분 대기는 기본인 F&B 최고 핫플레이스의 경영권을 인수한다는 소식은 M&A 시장의 새 방향성을 보여주었다. JKL이 주목한 것은 단순히 베이글 매출이 아니었다. 흉내 낼 수 없는 독보적인 브랜드 감성과 강력한 팬덤, 즉 IP의 가치였다. JKL의 투자 목적은 단순히 매장 수를 늘리는 것을 넘어, 이 강력한 IP를 활용해 해외 주요 도시에 플래그십 스토어를 열고, 다양한 캐릭터 상품과 라이선스 사업으로 확장하는 것에 있었다.

2025년 K-소비재 M&A 시장의 핵심 키워드는 성장 스토리다. 단순히 현재의 실적이나 자산 규모를 파는 것이 아니라, 미래의 글로벌 성장 가능성을 사고파는 시장으로 변모하고 있다. 이제 그 성장 스토리를 쓰는 주체도 다양해졌다.

과거에는 사모펀드가 잠재력 있는 브랜드를 발굴해, 부족한 부분을 채워 넣는 기업가치 제고를 통해 기업의 스토리를 더욱 매력적으로 만드는 것이 일반적이었다. 제품력은 뛰어나지만 해외 마케팅 역량이 부족한 기업을 인수해 디지털 마케팅 전문가를 투입하고, 생산 설비가 부족하면 과감한 투자를 통해 생산 능력을 늘려주는 식이다.

하지만 이제는 삼양식품의 사례처럼 이미 성공을 거둔 기업들이 M&A를 통해 스스로의 성장 스토리를 다음 챕터로 이끌어가고 있다. 또한 JKL 사례처럼 사모펀드들 역시 유형자산이 아닌 무형의 브랜드 IP 자체를 핵심 투자 대상으로 보기 시작했다. 결국 어떤 기업이 어떤 파트너(사모펀드 또는 다른 기업)를 만나 얼마나 설득력 있는 '글로벌 성장 스토리'를 만들어내는지가 향후 M&A 시장의 성패를 가를 전망이다.

부활한 새마을금고와 '다크호스' 신협

펀딩 시장에 온기를 불어넣다

글로벌 PE의 영향력이 커지는 가운데 국내 중소형 사모펀드들은 자금 조달에 어려움을 겪고 있다. 대형 기관 출자자들이 주로 검증된 대형 운용사나 글로벌 펀드에 자금을 배분하면서 시장의 허리를 담당하는 중소형사들은 소외되는 경향이 나타났다. 이러한 상황에서 2025년, 출자 시장에서 잠잠했던 새마을금고중앙회와 다크호스로 부상한 신협중앙회 움직임은 시장에 중요한 변수로 떠올랐다. 이들은 단순히 자금을 공급하는 것을 넘어 정교하게 설계된 출자 전략을 통해 국내 사모펀드 생태계의 구조를 재편하는 '설계자'의 역할을 수행하기 시작했다.

과거 국내 사모펀드 시장의 '큰손'이었던 새마을금고중앙회가 2025년 총 5,000억 원 규모의 출자 사업을 재개하며 시장의 기대를 모았다. 이 중 PE 부문에 배정된 금액은 4,400억 원에 달했다.

주목할 점은 새마을금고의 출자 방식이 매우 전략적이었다는 것이다. 운용사의 규모나 명성이 아닌 투자 전략에 따라 자금을 배분하는 방식을 택했다. 구체적으로 ① 기업 구조조정, 경영권 승계 등 고도의 전문성이 필요한 '스페셜 시추에이션Special Situation' 부문에 2개 운용사를 선정해 1,200억 원을, ② 전통적인 경영권 인수 및 성장 자본 투자를 위한 '바이아웃·그로스Buyout·Growth' 부문에 8개 운용사를 선정해 3,200억 원을 출자하기로 했다. 이는 각 운용사가 가장 잘할 수 있는 분야에 집중해 전문성을 키우도록 유도하는 효과를 노린 것으로 풀이된다. 현장 실사 대상으로는 KCGI, NH투자증권-우리프라이빗에쿼티PE, 헬리오스프라이빗에쿼티 등 10곳의 운용사가 선정돼 최종 결과를 기다리고 있다.

또한 펀드 결성액 상한을 5,000억 원으로 설정함으로써 대형 운용사뿐만 아니라 역량 있는 중소형 운용사들에게도 기회의 문을 열어주었다는 평가를 받았다. 이는 대형사에 자금이 쏠리는 현상을 완화하고 시장의 다양성을 확보하려는 의도로 해석됐다.

신협중앙회는 최근 몇 년간 가장 주목받는 기관투자자로 떠올랐다. 2025년 신협의 출자 전략은 '운용사의 규모'에 따라 리그를 나누는 체계적인 접근법이 특징이었다. 신협은 운용자산AUM을 기준으로 ① 8,000억 원 초과 2조 원 이하의 중형 PE와 ② 2,000억 원에서 8,000억 원 사이의 소형 PE를 위한 별도의 출자 사업을 동시에 진행했다.

이는 국내 운용사 시장의 현실을 이해하고, 각 체급에 맞는 맞춤형 지원을 하겠다는 정교한 의도가 담긴 것으로 해석됐다. 특히 지원 자격으로 설립 3년 이상의 운용 실적(트랙레코드)을 요구하고, 다른 기관으로부터 일정 금액(중형 350억 원, 소형 200억 원) 이상의 출자확약서LOC를 미리 확보할 것을 의무화한 점이 눈에 띄었다. 이 LOC 확보 조건은 운용사의 펀딩 능력을 사전에 검증하고, 다른 시장 참여자들로부터 신뢰를 얻지 못하는 운용사를 걸러내는 효과적인 장치로 작용했다.

이러한 체계적인 프로세스를 통해 신협은 소형 사모펀드 부문에서 KCGI, 이음프라이빗에쿼티, 헬리오스프라이빗에쿼티를 최종 위탁운용사로 선정했으며, 중형 사모펀드 부문에서는 케이스톤파트너스와 제네시스프라이빗에쿼티를 최종 후보로 압축하는 등 발빠른 행보를 보였다.

생태계 설계자로 나선 국내 기관투자자

2025년 새마을금고와 신협의 행보는 기관투자자가 더 이상 수동적인 자금 공급자가 아님을 명확히 보여줬다. 고도로 세분되고 차별화된 출자 전략을 통해 국내 PE 시장의 경쟁 구도를 형성하고, 건강한 생태계를 조성하는 '생태계 설계자Ecosystem Architect'의 역할을 수행했다.

두 기관의 접근 방식은 흥미로운 차이를 보였다. 새마을금고가 '무엇을 하는가(투자 전략)'를 기준으로 운용사를 분류했다면, 신협은 '누가 하는가(운용사 규모)'를 기준으로 판을 짰다. 새마을금고의 방식은 운용사들의 전략적 전문화를, 신협의 방식은 소형사에서 중형사로 성장할 수 있는 사다리를 제공하는 효과가 있었다.

이러한 움직임은 한국 자본시장에서 중요한 공백을 메웠다. 글로벌 대형 기관투자자들이 주로 글로벌 대형 운용사에 집중하는 경향이 있는 반면, 국내 중소·중견기업의 성장을 지원해야 할 국내 중소형 사모펀드들은 자금 조달에 어려움을 겪어왔다. 새마을금고와 신협은 바로 이 허리에 해당하는 시장이 고사하지 않도록 전략적으로 자금을 투입하고 있는 것이다.

결론적으로 이들은 단순히 자본을 배분하는 것을 넘어, 국내 사모펀드 시장의 구조 자체를 디자인하고 있었다. 특정 조건의 경쟁 무대를 만듦으로써 운용사 시장의 다양성을 촉진하고, 다양한 유형의 거래와 펀드에 자금이 흘러 들어갈 수 있도록 물길을 내고 있었다. 이러한 국내 기관투자자들의 능동적이고 정교한 역할은 글로벌 펀드의 커진 영향력에 대응하여 국내 자본 생태계의 회복탄력성을 높이는 중요한 동력이 되고 있다.

'**MBK 사태**' 이후…

사회적 역할이 중요해진 사모펀드

MBK는 2015년 짜릿한 역전승에 성공했다. KKR과 어피니티에 쿼티파트너스 컨소시엄을 제치고 테스코로부터 홈플러스 지분 100%를 인수한 것이다. 3조 원의 자기자본을 투입하고, 3조 원가량은 인수금융을 통해 조달했다. 기존 대여금 상환까지 포함하면 7조 4,000억 원에 달하는 대형 M&A였다. 2009년 오비맥주 인수전에서의 패배를 설욕하기 위해 의욕이 과했던 탓일까.

결과적으로 MBK는 '승자의 저주'에 휩싸였다. 이커머스 시장의 급성장과 함께 대형마트 규제라는 악재가 겹치며 MBK의 홈플러스는 내리막길을 걸었다. 각 가정이 주말마다 차를 몰고 마트에 가서 일주일 치 식재료 등을 사 오는 소비 패턴은 더 이상 유지되지 않았다. 인수 당시 55조 원 규모였던 이커머스 시장은 2020년 160

조 원, 2024년 250조 원으로 성장했다.

코로나19 이후 비대면 사회가 가속화되면서 이커머스 시장 성장에 불을 지폈지만, 반대급부로 대형마트 실적은 급락하기 시작했다. 여기에 2012년 대형마트 의무휴업 조항이 포함된 유통산업발전법이 개정되면서 대형마트의 실적을 짓누르기 시작했다. 결국 2014년 홈플러스 매출 7조 500억 원과 영업이익 1,940억 원은 2018년 6조 4,100억 원과 1,500억 원으로 줄었다. 2021년부터는 1,335억 원의 영업 적자를 내기 시작해 해마다 적자가 누적됐다. MBK는 홈플러스 인수 후 보유한 점포가 위치한 부동산을 매각하고, 다시 그 부동산에 임차인으로 들어가는 세일즈 앤드 리스백Sale And Lease Back(매각 후 재임대 계약) 전략을 펼쳐왔다. 실적 하락으로 현금이 마르자 세일즈 앤드 리스백 강도를 올렸지만 상황이 나아지지 않았고 결국 자본잠식에 빠졌다.

누구든 한 번쯤 들어본 이름의 대형마트. 게다가 그곳의 대주주는 톱티어 사모펀드인 MBK. '힘들다 힘들다 하지만 MBK니까 어떻게든 살리겠지'라고 생각했던 홈플러스가 2025년 3월 법원 주도의 회생절차에 들어갔다. 기업회생제도는 경영 위기에 처한 기업이 법원의 감독 아래 채권자, 주주, 채무자 간 이해관계를 조정하고, 구조조정과 경영개선을 통해 지속 가능한 생존을 도모하도록 마련됐다. 파산이 기업의 경제적 가치가 완전히 사라지는 것을 의미한다면, 회생은 남은 자산을 최대한 유지하면서 기업이 재기할 수 있는 토대를 만드는 과정이라고 할 수 있다. 갑작스러운 회생 발표 3개월 뒤 법원은 채권 상환과 고용 안정을 위해 '인가 전 M&A'를 허가했다. 대주주인 MBK는 김병주 회장의 사재까지 털었지만 여론은 들끓었다. 그간 홈플러스의 실적 부진이 유통 업계와 사모펀드 업계만의 이슈였다면, 회생절차 돌입 이후 우리의 이야기가 됐다. 사모펀드의 투자 판단이 소비자의 장바구니, 동네 상권, 일자리까지 맞닿아 있음을 보여주는 장면이다. 결국 정치권까지 이슈가 번지며 국회 주도의 현안 질의까지 열렸고, 국회 국정감사에서 홈플러스와 MBK의 이름이 수차례 오르내렸다.

이 일을 기점으로 재무 지표만 잘 뽑아내면 박수받던 사모펀드의 시대가 저물고 있다는 평가가 나왔다. 홈플러스가 기업회생절차에 돌입했고, 법원은 매각을 통해 채권 상환과 고용 안정을 도모하라고 주문했다. 사건의 파장은 단순한 톱티어 사모펀드의 딜 실패를 넘어 사모펀드라는 존재의 효용성과 이들은 대체 누구이고, 어떤 일을 하는 것인지에 대한 관심으로까지 번졌다. 노동자와 입점상인은 물론 관련 채권에 투자했던 이들의 피해 호소까지 이어졌다. 사모펀드의 경영 판단과 공시 관행에 대한 문제 제기, 국회 차원의 책임 규명 요구까지 쏟아졌다. 이제 사모펀드는 수익률만

이 아니라 정보 투명성은 물론 위기 시 책임 있는 자구책이라는 '사회적 역할'까지 증명해야 생존할 수 있는 존재가 돼버린 셈이다. 이 때문에 PE에 자금을 출자해주던 국내 연기금과 공제회의 심사 잣대마저 바뀌려는 움직임이 나온다. 사모펀드들의 운신의 폭을 좁히는 법안들도 쏟아지는 가운데 사회적 책임이라는 무게마저 더해졌다. 이제는 '얼마나 벌었나'뿐만 아니라 '어떻게 벌었나'에서도 답을 보여줘야 하는 시대가 된 것이다.

홈플러스 회생 절차는 단순히 기업의 회계적 안정만을 목표로 하는 것이 아니라, 사회적 책임을 고려하도록 했다. 법원은 홈플러스 (회생계획안) 인가 전 M&A 신청을 허가하면서 "회생담보권과 회생채권을 조기 변제하고, 채무자 회사의 채권자나 근로자 등 이해관계인에게 유리한 조건으로 매각할 예정"이라고 직접 밝혔다. 기업의 경제적 위기가 사회적 비용으로 이어지는 걸 막기 위한 지침으로 보인다. 사모펀드는 과거처럼 수익만을 추구하는 방식에서 벗어나 사회적 가치와 경제적 성과를 동시에 달성하는 전략을 모색해야 한다. 그렇지 않으면 자금을 출자해주는 기관투자자의 검증을 통과하기 어렵게 됐다. 사회적 책임을 다하는 투자가 선택이 아닌 필수가 된 것이다. 사회적 신뢰를 얻고, 지속 가능한 성장을 이루기 위한 사모펀드의 역할은 앞으로도 더욱 중요해질 것이다.

MBK는 홈플러스의 회생을 결정하면서 이 정도의 파장이 생길 것이라 예견하지 못했던 듯하다. 대주주 입장에서 '합리적인' 결정을 내린 것은 맞기 때문이다. 홈플러스에 투자한 펀드 출자자들의 손실을 최소화하는 판단을 내렸을 뿐이라 억울한 심정을 갖고 있을 수도 있다. 펀드 위탁운용사는 출자자의 이익을 가장 우선해야 하는 것도 일리가 있는 주장이기 때문이다. MBK 측은 회생 절차에 돌입하는 게 회사를 위한 일이기도 하다고 일관되게 주장하고 있으나 외부의 시선은 달랐다. MBK가 이렇다 할 자구 노력 없이 해당 블라인드 펀드 내에서 소위 '없어도 되는 자산'인 홈플러스를 사실상 내버린 것 아니냐는 의심의 눈초리를 보내고 있다.

쏟아지는 사모펀드 옥죄는 법안

이 일을 계기로 사모펀드 업계를 옥죄는 법안들이 속속 발의되는 점은 우려스러운 부분이다. 국회의원들은 이번 사태를 오로지 법제화를 통해 해결하려 하는 경향이 강하다. LBO의 레버리지 정도를 법으로 제한하고, 사모펀드에 상장사와 같은 공시 의무를 지우려 하는 식이다. 일부 의원들의 무리한 법안 발의는 업계에 대한 진지한 고민의 결과라기보단 민심에 편승해 인지도를 올리려는 전략 정도로 비치는 것도 사실이다. '보여주기'식 입법으로 흐르다 보

면 건전한 규제보다는 부작용만 남을 수밖에 없다. 개별 사건에서
의 위법성이나 부당함은 상법상 충실의무·손해배상 등 기존 틀로
다룰 수 있고, 차입매수의 한도를 정하는 방향도 단순히 '위험하다'
라는 것 외에는 별도의 합리적 근거가 빈약하다.

자본시장법 개정과 관련해 국회에 올라온 사모펀드 규제 법안만
20건이 넘는다. 이른바 '홈플러스 사태'로 불거진 LBO와 자산 유
출 논란이 입법 추진의 직접적인 계기로 작용했다. 주요 골자는 ①
LBO 한도 축소, ② 바이 아웃Buyout(경영권 인수) 이후 지분 보유 및
의결권 제한, ③ 공시·보고 의무 강화, ④ 감독당국의 시정·해산 명
령권 확대 등이다. 대표적인 법안 몇 가지만 살펴보도록 하자.

민병덕 의원안은 그동안 '사모'라는 이유로 예외였던 회계·보고
특례를 크게 줄이는 데 초점이 맞춰져 있다. 일반 사모펀드와 기관
전용 사모펀드 모두에 자산운용보고서·영업보고서·회계감사 등
공시 체계를 적용하고, 기관 전용 사모펀드의 경우 분기별(3개월 주
기) 정보 제공을 법적으로 명확히 규정했다. 핵심 취지는 사모펀드
운용의 투명성을 높이고 이해상충을 줄여 공모펀드 수준에 가까운
정보 접근성을 보장하겠다는 것이다.

정혜경 의원안은 보다 직접적인 규제안을 담고 있다. LBO 차입

한도를 자본총액 대비 400%에서 200%로 낮추고, 경영권 인수 목적의 투자 지분은 최소 5년간 보유해야 한다는 조항을 신설했다. 일정 규모 이상의 경영권 참여 투자에 대해서는 기관투자자 실명과 출자 비율까지 공시하도록 했으며, 사모펀드 또는 그 산하 특수목적법인SPC이 제3의 기업을 인수하려면 금융위원회의 사전 승인을 받도록 하는 규정도 포함했다.

한창민 의원안은 EU의 대체펀드운용지침AIFMD을 벤치마킹한 것으로, 가장 광범위한 내용을 담고 있다. LBO 한도를 200%로 제한하는 것은 동일하나, 바이아웃 후 2년 동안 피투자 기업에서 자기주식 취득·배당·자본감소와 같은 자본 유출성 의사결정에 대해 의결권을 행사하지 못하게 했다. 또한 피인수 대상 회사의 차입까지 합산해 총 레버리지를 계산하도록 했으며, 운용사 및 임원 보수 내역까지 보고·공시 대상에 포함했다. 더불어 기관 전용 사모펀드에도 자산운용보고서·영업보고서·회계감사 의무를 부과하고, 내부거래(특수관계자 거래)에 대한 이해상충 방지 체계 구축 및 일정 금액 이상의 거래는 당국에 보고하도록 명문화했다.

이들 법안은 공통적으로 '투명성과 책임성 강화'를 전면에 내세운다. 하지만 업계에서는 레버리지 총량 규제와 바이아웃 이후 배당·자사주·자본 정책에 대한 직접적 제한이 투자 회수의 유연성을 떨어뜨리고, 기업가치제고 유인을 약화시키며, 나아가 국내 자본의 경쟁력을 해칠 수 있다는 우려를 제기한다. 특히 기관 전용 사모펀드까지 일반 대중에 공시하도록 하는 방안은 강한 반발을 사고 있다. 애초에 기관 전용 사모펀드는 연기금·금융회사 등 기관투자자만 참여할 수 있는 구조다. 이들에 대한 보고는 이미 상시 이뤄지고 있어 대중 공개 의무화는 불필요하다는 것이다. 현행 규제안이 기관만 참여하는 폐쇄형 시장의 특성을 외면하고, 공모펀드식 공시 의무를 강제한다는 점도 비판 대상이다. 바이아웃 지분 5년 의무 보유나 2년간 의결권 제한 역시 근거가 부족한 과잉 규제라는 지적이 있다. 특히 배당·자본 감소를 2년간 막는 조항은 EU 규제를 잘못 해석한 결과라는 비판이 나온다. 이미 현행법상 배당가능이익을 초과하는 배당이나 자본 감소는 금지돼 있기 때문에 동일한 취지를 반복하는 별도 금지 조항을 마련할 실익은 크지 않다는 것이다. 원고를 집필하는 이 순간에도 사모펀드 관련 법안들은 계속해서 추가 발의되고 있다. 부디 성숙한 논의로 사모펀드의 순기능마저 없애버리는 법안이 나오지 않길 바라는 마음이다.

중견·중소형 사모펀드의 부상과 과제

153조 6,000억 원. 2024년 말 기준 금융감독원에 등록된 사모펀드 약정액 총합이다. 사모펀드의 개수는 437개 사다. 약정 규모가 꾸준히 증가하는 가운데 사모펀드 업계 양극화는 지속되고 있다. 대형 사모펀드가 운용하던 기관 전용 사모펀드 규모 비중은 2021년 57.6%였지만, 2024년엔 66.2%까지 늘었다. 상위 40개 사가 전체 규모의 70%에 가까운 자금을 굴리고 있는 셈이다. 역설적이게도 중소형 사모펀드의 수가 더 빠르게 늘고 있다. 2015년 167개였던 PE는 2024년 437개까지 늘었는데, 출자약정액이 1조 원 이상의 대형사는 9.2%에 불과한 반면, 1,000억 원에서 1조 원 사이인 중형사는 35.4%, 1,000억 원 미만의 소형사는 55.3%를 차지한다. 이는 기관투자자들이 경쟁력을 갖춘 대형 PE를 선호하는 가운데, 신규 사모펀드들의 진입이 계속되면서 나타난 현상이다.

　대체투자 업계에서 가장 큰 힘을 가진 존재는 자금을 출자하는 기관투자자다. 이들의 검증을 받지 못하면 사모펀드는 신규 투자가 불가능하다. PE 업계는 철저히 사람 중심으로 돌아간다. 운용역에 대한 믿음이 곧 하우스에 대한 믿음으로 이어진다. 현재 중견·중소 사모펀드가 부상할 수 있는 이유는 사모펀드 제도가 태동한 지 20년이란 시간이 흐르면서 어느 정도 성숙기를 거쳤고, 운용사 명성을 떼고도 기관투자자들의 검증을 통과할 수 있는 운용역들이 하나둘 생겨난 덕분이다. 이들이 독립해 창업하는 사례가 늘어난 것이다. 운용역 입장에서는 대형 운용사에서 승진을 통해 임금을 올리고, 성과보수를 챙기는 것보다 독립을 통해 지분을 보유하는 편이 기대 수익이 훨씬 높다. 물론 이는 성공했을 때를 가정한 것이고, 위험도 따른다. 야심 차게 독립을 선언했다가 한 건의 딜도 성사시키지 못하고 다시 운용사로 돌아가는 경우도 부지기수다.

　중소형 사모펀드가 많아지면서 자연스럽게 경쟁도 치열해졌다. 이들이 투자할 수 있는 규모의 기업은 제한적이지만, 사모펀드 숫자는 빠르게 늘어났기 때문이다. 특히 코로나19 이후 시장 전반에 돈이 흘러넘치던 시기에 운용사 설립이 난무했다. 물론 일부 운용사들은 곧이어 맞닥뜨린 자금 조달 혹한기를 버티지 못하고 무너졌다.

　치열한 경쟁 속에서도 두각을 나타낸 중소형 사모펀드들은 어디일까. 국민연금의 선택을 통해 이를 엿볼 수 있다. 여러 차례 언급했지만, 국민연금이 대체투자 업계에서 차지하는 위상은 남다르다. 가장 많은 자산을 굴릴 뿐만 아니라, 말 그대로 '국민'연금이기 때문에 투자하지 않는 사람들도 접점이 있는 연기금이기도 하다. 업계 표준으로서의 상징성이 있기 때문에 이들의 선택이 다른 연기금이나 공제회에 영향을 미치기도 한다. 아울러 운용사 입장에서는 국민연금의 선택을 받는 것이 무엇보다 중요하다. 국민연금 돈을 굴린다는 것만으로도 신뢰도가 크게 높아지고, 그 자체로 마케팅 효과가 생기기 때문이다. 여러 운용사가 국민연금 돈을 받기 위해 노력하는 탓인지 국민연금의 위탁 운용 수수료는 다른 연기금이나 공제회에 비해 적은 편이다.

이 때문에 국민연금의 사모펀드·벤처캐피탈 출자 사업은 늘 화제를 몰고 다닌다. 출자 규모가 가장 크기도 하지만, 일종의 보증수표를 받는 셈이기 때문이다. 2024년 국민연금 바이아웃 사모펀드 출자 사업에서는 MBK와 JKL, 프랙시스캐피탈, 프리미어파트너스가 이름을 올렸다. MBK와 JKL은 그간 자주 등장했지만, 프랙시스와 프리미어의 선정 소식은 눈길을 끌었다. 이들은 소수지분 투자로 고수익을 올려왔으나, 대형 바이아웃 거래를 할 수 있는 인력과 역량을 가졌다고 국민연금을 설득한 것으로 전해진다. 비록 낯선 이름과 상대적으로 작은 규모 탓에 아쉽게 떨어졌지만 쇼트리스트에 오른 곳들도 이목을 끌었다. VIG파트너스의 경우 최종 선정 탈락이 이변이라 불릴 정도의 전통 강호였고, 한국투자프라이빗에쿼티는 한국투자증권과 모회사가 같다는 점에서 높은 인지도를 지니고 있었다. 하지만 웰투시인베스트먼트와 제이앤프라이빗에쿼티는 낯설게 느끼는 이들이 많았다. 상대적으로 낮은 인지도에도 국민연금 쇼트리스트에 오를 수 있었던 건 그만큼 투자 성과가 뛰어났기 때문이라는 방증이다.

모든 중견 사모펀드를 다룰 수 없기에 최근 부상하는 곳들 중 가장 인상적인 운용사인 웰투시인베스트먼트와 제이앤프라이빗에쿼티를 깊게 다뤄보려 한다. 웰투시인베스트먼트는 정승원 대표가 2014년 9월 설립한 회사다. 정 대표는 지금의 웰투시인베스트먼트가 있기까지 경영 및 투자를 지휘하며 이끌어왔다. 그는 금호아시아나그룹 전략경영실 출신으로 금호그룹이 대우건설과 대한통운을 인수하던 2006~2008년경 전략실에서 그룹 M&A 작업의 실무자로 일했다. 이후 베트남 현지법인에서 4년간 근무한 후 INJ자산운용, 동아탱커 등에서 경력을 쌓았다. 함께 웰투시인베스트먼트를 이끄는 이남령 대표는 최고투자책임자CIO로서 신규 딜 발굴과 펀딩 등 투자 부문을 총괄하고 있다. 이 대표는 SK텔레텍 기획조정실, 한화증권과 교보증권 애널리스트 출신이다. 이 대표 외에도 강승현 전무, 강혜영 상무 등이 핵심 운용역으로 활약하고 있다.

웰투시인베스트먼트는 2017년 1호 펀드 결성 이후, 지금까지 14건이 넘는 바이아웃 투자를 집행했다. 2024년 국민연금 출자에서는 아쉽게 고배를 마셨지만, 1년 반 만에 3,500억 원을 모으며 2호 블라인드 펀드 조성에 성공했다. 교직원공제회와 군인공제회는 물론 산업은행과 한국성장금융 운용사로도 선정되는 저력을 보여줬다. 앞서 청산한 펀드들의 내부수익률IRR이 25%에 달한 결과다. 이미 2024년 운용자산 1조 원을 넘어서며 앞으로는 중견 운용사가 아닌 대형 운용사로 분류해야 하는 정도로 성장했다.

무엇보다 웰투시인베스트먼트는 '제조업 분야 바이아웃'이라는 특색을 무기로 명성을 얻었다. 13건에 달하는 바이아웃 중 상당수가 제조업 기업이었다. 성장 자금을 필요로 하는 중소·중견 기업에 자금을 대주고 강소기업으로의 성장을 이끌고 있다. 투자사 중 월비에스엔티, 아주캐피탈, 두산엔진, 케이리츠투자운용, 전진건설로봇 등이 특히 우수한 성과를 거뒀다. 유압기기 제조사 모트롤을 대기업인 두산밥캣에 재매각했고, 모트롤의 방산 부문인 MNC솔루션을 상장시킨 뒤 매각 절차를 진행하며 조 단위 투자금 회수를 앞두고 있다.

제이앤프라이빗에쿼티 역시 조 단위 상장사 투자금 회수를 앞두고 있긴 마찬가지다. 선박 곡블록 제조사 현대힘스를 2019년에 인수한 제이앤프라이빗에쿼티는 적극적인 기업가치제고 이후 2024년 초 코스닥 시장에 입성시켰다. 제이앤프라이빗에쿼티는 업계에서 이미 역량을 입증한 현상진 대표와 이준상 대표가 함께 만든 PE

운용사로 2018년 출범했다. 현 대표는 안진회계법인, IMM프라이빗에쿼티, KTB프라이빗에쿼티(현 다올프라이빗에쿼티), SG프라이빗에쿼티 등에서 고르게 경험을 쌓았다. 그는 SG프라이빗에쿼티 시절 부동산 디벨로퍼 기업인 SK D&D와 부동산·인프라 운영유지보수 업체 이도YIDO 등의 투자 건을 주도하며 각각 투자 원금 대비 2.92배, 2.32배의 투자금을 회수한 것으로 알려져 있다. 이 대표는 안진회계법인, 옛 우리투자증권(현 NH투자증권), 스틱인베스트먼트 등을 거쳤다. 그는 스틱인베스트먼트 시절 폐자원 기반 원료 업체 대경오앤티, 방위산업체 LIG넥스원 등 투자 기회 발굴을 주도하여 각각 원금 대비 3.3배, 2.14배의 투자금을 회수했다. 웰투시인베스트먼트와 마찬가지로 AUM 1조 원을 넘어섰고 3,500억 원 규모의 2호 블라인드 펀드 클로징을 앞두고 있다.

웰투시인베스트먼트와 함께 제이앤프라이빗에쿼티를 고른 이유는 두 운용사가 규모와 성장세 면에서 유사하지만, 상반된 전략을 구사하고 있기 때문이다. 웰투시인베스트먼트의 경우 바이아웃에 집중하는 반면, 제이앤프라이빗에쿼티는 안정성과 수익성을 고려해 메자닌 투자 전략을 주로 펼치고 있다. 제이앤프라이빗에쿼티가 그간 결성한 총 20개 펀드 가운데 7개는 평균 2.1년의 운용 기간 내부수익률 37.2%를 달성했다. 앞서 설명한 현대힘스 투자 역시 상환전환우선주RCPS를 통해 자금을 집행했다. RCPS는 투자자가 정해진 조건에 따라 원금을 돌려받을 수 있는 투자 형태다.

가장 '제이앤프라이빗에쿼티'다웠던 투자를 꼽자면 대보마그네틱 투자 건이다. 제이앤프라이빗에쿼티는 2023년 이차전지 광풍이 불기 전부터 선제적으로 이차전지 산업 투자에 나섰다. 설립 8개월 만에 두 차례에 걸쳐 대보마그네틱 전환사채CB 240억 원어치를 사들였다. 대보마그네틱은 이차전지 장비 중 원료나 폐기물에 섞여 있는 철이나 비철금속 등을 제거하는 장비를 제조하는 기업이다. 당시 국내 배터리 3사는 물론, 중국 업체들도 대보마그네틱 제품을 사용하고 있었다. 제이앤프라이빗에쿼티는 대보마그네틱의 경쟁력을 알아보고 선제적으로 투자한 덕에 IRR 28.8%라는 수익률을 거둘 수 있었다. 이 밖에도 또 다른 이차전지 기업인 에코프로 교환사채EB와 디이엔티 전환우선주CPS 투자로 쏠쏠한 수익을 거뒀다.

두 운용사를 비롯해 급성장한 중견 PE들은 여러 고민과 마주하게 된다. 운용자산이 커지면서 이전과 같은 성과를 내기 어려워지기 때문이다. 펀드 규모가 커지면 검토할 수 있는 자산의 규모나 종류도 한정된다. 몇 안 되는 후보 자산을 두고 여러 운용사가 경쟁하기 때문에 자연스럽게 투자하고 싶은 자산의 몸값도 올랐다. 자칫하면 오버페이하게 되고, 이는 투자금 회수의 어려움으로 이어진다. 거래 규모가 작을 땐 매각자에게 조용히 접근해 마무리 지을 수 있다. 하지만 규모가 커지면 정보를 갖게 되는 사람도 많아지고, 매물에 대한 소식이 빠르게 시장에 퍼지기 마련이다.

경쟁 입찰은 때론 '승자의 저주'를 불러오기도 한다. 어렵게 인수하더라도 이전보다 큰 규모의 기업들을 다루기 때문에 기업가치 제고에 어려움이 따른다. 또 어렵사리 기업가치를 키우는 데 성공해도 기업 규모가 너무 커지면 새 인수자 후보군이 마땅치 않다. 일부 미드캡 하우스들이 펀드 규모를 일정 규모 이상으로 늘리지 않고, 적정 수준에서 유지하는 것도 이런 이유다. 조 단위 기업을 인수해서 규모를 키워낼 경우, 딜을 받아낼 후보가 업계에서 손꼽히는 톱티어 사모펀드와 대기업 같은 전략적 투자자SI뿐이다. 운용사 고유의 특색을 유지하기 어려워지는 점도 고민할 부분이다. 성장하면서 특정 섹터에서 강점을 보이거나, 고유한 투자 형태를 유지했더라도 규모가 커지면 이런 부분이 흐릿해진다. IT와 반도체 분야에 강점을 보이며 성장한 스카이레이크에쿼티파트너스가 패밀리레스토랑인 아웃백스테이크하우스를 인수한 것이 대표적이다. 다행히 5년 만에 투자금 회수에 성공하며 F&B 딜도 가능하다는 평가를 받아냈다. 만약 실패했다면 "괜히 F&B를 건드렸다" "하던거나 잘하지" 등의 온갖 조롱 섞인 비판이 뒤따랐을 것이다.

대기업 리밸런싱은
계속된다

2024년에 이어 2025년에도 대기업발 자산 리밸런싱은 계속되었다. SK그룹은 여전히 계열사 매각과 합병을 지속 중이고, 다른 그룹들 역시 더욱 적극적으로 자산 유동화를 타진 중이다. 2024년 대기업 계열사 매물이 대대적으로 등장했음에도 불구하고 2025년에는 보다 다양한 산업과 그룹에서 매물이 쏟아지고 있다. 산업계 지각 변동 속에 소화되지 못하거나 추가로 나올 잠재 매물들은 여전하다. 2025년에 이어 2026년에도 숨 가쁜 자산 매각이 계속될 가능성이 높아 보인다.

LG디스플레이의 광저우 LCD 공장 매각

2025년 LG디스플레이 광저우 액정디스플레이LCD 공장은 매각이 확정됐다. 2025년 4월 1일부로 광저우 대형 LCD 패널과 모듈 공장의 재무제표가 분리돼 중국 TCL의 자회사 차이나스타CSOT로 공식 이전됐다. 매각 대금은 2조 2,466억 원이다. 회사에 따르면 당초 처분 예상 금액은 2조 300억 원 정도였지만 지난해 사업 결과 반영과 환율 영향으로 예상보다 약 10% 더 높은 금액을 수령했다.

LG디스플레이에게 광저우 LCD 공장은 상징적인 생산거점이었다. 2014년 가동을 시작한 이 공장은 8.5세대(2200×2500mm) TV용 LCD 패널 라인을 갖췄다. 최대 월 생산량은 도합 20만 장 수준으로 평가되는 초대형 LCD 생산기지였다. 부지 33만m^2, 연면적 12만m^2급 패널 공장에 모듈 공장·기숙사·협력사 단지를 더했다. 중국 프리미엄 TV 시장을 공략하기 위해 LG디스플레이가 야심 차게 건설한 전진기지였다.

광저우 LCD 공장 정리는 LG디스플레이의 대형 LCD 사업 정리와 함께 고부가 제품인 유기발광다이오드OLED 중심으로의 전환을 뜻한다. LCD는 중국 제조사들과의 단가 경쟁이 극한으로 치달으면서 LG디스플레이의 수익성을 잠식했다. 광저우에는 LCD 공장뿐만 아니라 OLED 공장도 함께 운영 중인데, 이번 거래에서 OLED 생산라인은 제외됐다.

LG디스플레이가 큰 결단을 내린 와중에 LG그룹 계열사들 역시 분주하게 자산 매각을 단행하고 있다. LG화학은 여수 NCC 2공장 매각을 위해 쿠웨이트 PIC와 협상을 이어갔지만 끝내 결렬됐다. 다만 에스테틱사업부는 약 2,000억 원을 받고 VIG파트너스에 넘기면서 한숨을 돌렸다. LG생활건강은 음료 사업을 담당하는 해태htb를 매각하기 위해 물밑 작업을 벌였는데, 현재로서는 잠정 중단된 것으로 알려졌다. 덩달아 LG생활건강의 주력 자회사인 코카콜라음료까지 매각설에 휩싸였지만 해태htb와는 달리 매각하지 않는다고 선을 그었다.

알짜 자산 유동화하는 효성그룹의 속사정

효성화학은 2024년 하반기 특수가스사업부 매각을 타진했다. 석유화학 업계 불황 속에서 효성화학은 막대한 부채를 해결해야만 했다. 결국 알짜 사업인 특수가스를 유동화해 일시에 거액의 현금을 확보하고, 동시에 부채비율을 개선하고자 했다. 거래 대상은 사업부 지분 100%로 매매 가격은 1조 3,000억 원 정도로 예상됐다.

당초 효성화학은 특수가스사업부를 인수할 우선협상대상자로 스틱인베스트먼트·IMM프라이빗에쿼티 컨소시엄을 선정하고 협상을 이어갔다. 그러나 연말이 다가오면서 협상 전선에 이상 징후가 감지됐다. 불안정한 분위기는 오래가지 못했다. 결국 양측의 거래도 백지화됐다.

직접적인 무산 이유는 가격 차이였다. 어떤 일이 있었던 것일까. 예상하지 못했던 외부 이슈가 딜을 덮쳤다. 사업부의 주요 매출처였던 삼성전자 반도체 사업 실적이 부진하면서 특수가스 사업까지 동반 하락했다. 밸류에이션을 재산정해야 하는 상황이었다. 이에 스틱인베스트먼트·IMM프라이빗에쿼티 컨소시엄은 가격을 1조 원 아래로 낮춰 달라고 요청했고, 그간 몇 차례 가격 인하를 단행했던 효성 측은 더 이상 할인 요구에 응하지 않았다.

결국 효성화학은 외부 매각을 접고 같은 그룹 효성티앤씨로 특수가스사업부를 넘겨 9,200억 원을 확보했다. 효성티앤씨는 섬유 중심 사업 구조를 반도체·디스플레이 특수가스로 전환할 수 있게 됐다. 계획과 달리 외부 매각이 아닌 계열사 간 거래로 마무리됐지만 나쁘지 않은 선택으로 볼 수 있다.

2025년에는 HS효성이 M&A 시장의 주목을 받았다. 2024년 7월 효성그룹 내 일부 계열사가 조현상 부회장 중심으로 사실상 분리·재편되면서 HS효성이 출범했다. HS효성은 HS효성첨단소재, HS효성인포메이션시스템, 수입차 딜러 법인(HS효성더클래스·HS효성도요타) 등을 거느리고 있으며 소재·IT 서비스·프리미엄 모빌리티 유통이 주력 사업이다.

HS효성 산하 HS효성첨단소재는 2025년 타이어 스틸코드 사업 매각을 추진 중이다. HS효성으로 재편된 뒤 빠르게 M&A에 나선 셈이다. 북미 1위급 포지션, 회사 실적에 상당 비중을 차지하는 알짜 자산으로 꼽히는데 현금 조달을 위해 매각을 결단했다. 9월 기준 베인캐피탈이 우선협상대상자로 선정돼 협상을 진행 중이다. 거래 규모는 약 1조 원 안팎으로 거론되지만, 거래 종결 시점에는 변경될 가능성이 크다. 이 거래가 종결될 수 있을지도 지켜볼 포인트다.

HS효성이 알짜 사업부를 팔아 단순히 현금을 비축하려는 의도라기보다는 미래 성장 사업을 키우기 위한 목돈을 만들려는 심산이 엿보인다. 탄소섬유와 첨단복합소재 등 고부가 산업에 올인하겠다는 의도다. 직전에 있었던 효성화학 특수가스사업 M&A 사례만 보더라도 결코 쉽지 않은 거래라는 점을 알 수 있었다.

M&A 시장에 관심이 있는 독자라면 롯데그룹의 롯데렌탈 매각도 챙겨봐야 한다. 롯데렌탈은 사모펀드 운용사인 어피니티에쿼티파트너스가 본계약을 체결한 뒤 공정거래위원회 판단을 기다리는 상황이다. 거래 규모는 1조 6,000억 원 정도다.

구주 거래와는 별도로 어피니티에쿼티파트너스는 롯데렌탈 2,100억 원 규모 유상증자에 참여해 신규 자금을 투입한다. 다만 소액주주들이 구주 거래 단가 대비 현저하게 떨어지는 신주 발행가로 조직적인 반발 움직임을 보인다는 게 변수가 됐다. VIP자산운용 등 전문 투자사까지 반발하고 있다는 점에서 험난한 행보가 예상된다. 또 공정위가 어피니티에쿼티파트너스의 기존 인수처인 SK렌터카에 대해 어떤 판단을 내릴지가 이번 딜의 향방을 좌우할 변수다.

SK·한화·두산, 포트폴리오 재편 '분주'

SK그룹은 2025년 들어 배터리 자회사 SK온을 중심으로 자본과 사업의 축을 정비했다. 모회사 SK이노베이션은 재무적 투자자가 보유한 SK온 전환우선주 3조 5,881억 원을 일괄 매입해 조달 당시의 상장 의무를 해소했다. 이후 조달·영구채 등으로 연내 대규모 자금 동원을 병행했다.

이어 현금원 결합을 위해 SK엔무브와 SK온 간 합병을 전격적으로 발표했다. 배터리 사업에서의 실적 변동성을 줄이기 위해 윤활 사업 현금흐름을 보강하겠다는 복안이다.

외부에서의 현금 확보 역시 숨 가쁘다. 반도체 특수가스 업체 SK스페셜티 85%를 한앤컴퍼니(이하 한앤코)에 약 2조 6,000억 원을 받고 매각했고, SK엔펄스 CMP 패드 사업은 3,410억 원에 한앤코에 팔았다. 보령 LNG 터미널 50% 지분은 증권화 절차에 착수해 장기 계약 기반의 현금흐름을 앞당기는 방안을 병행했다. 2025년에도 M&A 시장에서 SK그룹 존재감이 남다른 이유다.

SK그룹의 또 다른 매각 후보군인 SK실트론은 2025년 10월 기준 한앤코와 두산이 맞붙은 상황이다. 한앤코가 오랜 기간 인수 협상을 이어왔지만, SK그룹과의 눈높이를 맞추지 못하고 있었다. 추석 연휴를 앞두고 두산이 인수전에 본격적으로 뛰어들면서 새로운 국면이 시작된 것으로 분석된다.

물론 리밸런싱이 꼭 매각만을 뜻하는 건 아니다. 자산의 재배치를 위해선 덜어내는 만큼 들이는 것도 있을 것이다. 한쪽에서 열심히 자산을 팔아 현금을 확보하고 있다면 다른 한쪽은 바이어로서 신규 인수에 바쁜 곳도 있다.

시장의 매수자 역할을 하는 그룹은 대표적으로 한화그룹과 두산그룹을 꼽을 수 있다. 한화오션은 2024년 12월 미국 필리조선소를 인수함으로써 미국 현지 생산·정비MRO 시장에 본격적으로 진출했다. 게다가 도널드 트럼프 미국 대통령이 강조하는 '마가MAGA(미국을 다시 위대하게)'에 호응해 우리나라 정부가 '마스가MASGA(미국 조선업을 다시 위대하게)'를 앞세우고 있다. 한화그룹이 필리조선소를 인수하여 미국 군함 정비 수요를 대거 소화할 수 있게 되면서, 한화로선 신규 M&A를 통해 큰 시장에 진입할 기회를 잡았다.

두산그룹도 꾸준하게 인수를 이어가고 있다. 두산테스나, 엔지온을 손에 넣은데 이어 2024년 하반기 세미파이브 인수에 근접했다가 막판에 딜이 깨졌다. 앞서 언급한 SK실트론 인수전의 유력 후보로 부상하면서 다시 한번 M&A 업계의 주목을 이끌었다. 두산그룹은 포트폴리오를 중심으로 매수를 이어가고 있다.

신사업인 로보틱스로도 존재감이 두드러진다. 두산로보틱스가 2025년 7월 미국 현지 지능형 로봇기업인 '원엑시아ONExia'를 356억 원에 인수했는데, 그간 반도체 중심이던 M&A 포트폴리오에서 로봇 관련 기업은 처음이다. 두산이 신사업으로 키우고 있는 로봇 계열사인 두산로보틱스는 원엑시아 인수로 미국 현지 판매망을 확보하는 동시에 자사 로봇 제품의 소프트웨어를 강화한다는 전략을 세웠다.

'그로스 바이아웃' 아크앤파트너스 이끄는
안성욱 대표

_안성욱 아크앤파트너스 대표

　명함관리회사로 출발해 비즈니스·인적자원관리HR 전문기업으로 거듭난 리멤버의 새 주인이 정해졌다. 사모펀드 운용사 아크앤파트너스는 리멤버를 인수한 지 3년 5개월 만에 글로벌 사모펀드 운용사인 EQT파트너스에 매각하며 첫 엑시트를 기록했다. VC와 PE 사이 영역을 파고들어 '그로스 바이아웃growth buyout' 전략을 펴는 아크앤파트너스의 안성욱 대표를 만났다. 안 대표는 아크를 소개해달라는 질문에 "다들 '그로스'라는 단어에 집중해 규모가 큰 VC 정도로 생각하지만, 오히려 중심은 '바이아웃'에 있다"라며 "아크는 성장 단계 기업에 깊숙이 들어가 오퍼레이션을 무겁게 손본다"라고 말했다. 리멤버 거래는 단순한 엑시트가 아니라 아크가 지향하는 투자 철학을 잘 보여준 사례이기도 하다.

매각은 말 그대로 '벼락같이' 진행됐다. 매각설 보도가 난 지 한 달도 채 되지 않아 계약이 체결됐다. 안 대표는 "처음에는 시장 반응을 보기 위해 가볍게 문을 두드리는 수준이었으나, 가격과 클린 엑시트(진술·보장 관련 이슈) 등 핵심 쟁점이 생각보다 빠르게 정리됐다"라며 "보통 계약 조건이 까다롭기 마련인데, 이번에는 보장 이슈도 보험으로 해결됐다"라고 말했다. 일각에서는 리멤버가 본격적인 수익화 구간에 접어드는 상황에서 다소 이른 매각이 아니냐는 의견도 나왔으나, 아크의 생각은 달랐다. 이미 리멤버의 기업 가치가 5,000억 원까지 올라온 만큼 이제는 아크의 손을 떠나 바이아웃 PE와 함께해야 한다는 것이다. 그는 "리멤버를 더 기다리면 더 높은 수익을 기대할 수도 있었지만, 지금은 다음 단계로 넘겨줄 때"라며 "우리의 역할은 여기까지"라고 잘라 말했다.

안 대표는 "리멤버는 한때 '사람을 모으고, 비즈니스 모델만 잘 만들면 돈은 자동으로 벌린다'는 착각에 빠져 있었다"라고 회고했다. 그는 "돈이 벌리지 않자 패배주의의 그림자가 드리우기 시작했다"라며 "사람만 많이 모으면 된다고 해서 서비스 이용자는 일단 많이 모았는데 돈을 벌지 못해 막막했기 때문"이라고 했다. 안 대표는 리멤버의 비즈니스 모델을 구체화하고, 이를 통해 성공할 수 있도록 힘썼다. 또 리멤버에 스타트업 수준을 넘어서는 시스템을 이식했다. 리멤버는 'B2C' 기업이 아니라 'B2B' 기업이라는 인식도 공유했다. 이후 단순히 좋은 프로덕트를 만드는 게 아니라, 이를 적극 판매할 세일즈 조직을 신설했다. 기업 내부 승인 절차를 재정비하고, 재무 계획과 분석, KPI 설정까지 진행해 동기부여까지 끌어냈다. 각 부서의 역할과 책임을 새로 짜고, 조직이 숫자로 말하도록 문화까지 바꿨다. 6개월 동안 연 워크숍만 147번이라고 하니 얼마나 기업 개선에 깊이 관여했는지 알 수 있는 대목이다.

아크는 리멤버의 수익 모델도 대대적으로 손질했다. 과거에는 헤드헌터에게 월 30만 원 수준의 저가 구독 형태로 DB를 열어주었지만, 이는 다운로드 남용과 낮은 수익성 문제를 낳았다. 아크는 헤드헌터 1,000명 한정 고가 멤버십(선수금 1억~2억 원+성공 수수료)으로 전환하고, 더 나아가 브리스캔·유니코서치·프로서치 등 다수의 헤드헌팅 회사를 인수해 직접 수행 체제로 돌렸다. 이 과정에서 리서치 생산성은 3주 걸리던 리스트 작성이 최근 3일 이내로 단축될 정도로 비약적으로 개선됐다. 현재 리멤버의 헤드헌팅 매출은 연 500억~600억 원 수준으로 국내 약 8,000억 원 규모의 시장에서 5% 안팎의 점유율을 차지한다. 안 대표는 "아직 성장 여지가 최소 3배 이상"이라고 내다봤다.

아크 그로스 스튜디오ARK Growth Studio : 투자 전 '동행' 전략

아크의 차별화된 무기는 단연 '아크 그로스 스튜디오'다. 보통 PE

들은 기업을 사기 전에 실사 작업을 거친다. 기간은 일반적으로 3~6주 정도다. 아크의 주요 투자 대상은 아직 성장 중인 스타트업인 경우가 많아 다른 방식을 취한다. 안 대표는 "스타트업은 데이터가 정형화돼 있지 않고, 시스템화돼 있지 않아 짧은 실사 과정만으로는 회사를 파악하기 어렵다"라며 "투자 전부터 4~6개월간 기업에 과제를 부여하고, 창업자와 팀이 이를 어떻게 수행하는지 지켜본다"라고 전했다. 과제를 잘 수행하는 팀은 투자까지 이어질 가능성이 크고, 그렇지 않은 팀은 일찍 걸러진다.

지금까지 60여 개 기업이 아크 그로스 스튜디오를 경험했고, 그 중 일부는 실제 투자까지 이어졌다. 그는 "투자 직전까지 가면 리멤버처럼 아크 직원이 해당 기업에 상주하는 수준까지 가게 된다"라고 했다. 물론 아크 그로스 스튜디오를 운영하며 기업으로부터 따로 비용을 받진 않는다. 투자까지 이어지지 않으면 '무료 봉사'를 하게 되는 셈이다. 안 대표는 의연하게 "좋은 기업을 찾기 위해 그 정도 위험 감수는 당연하다"라고 했다. 이런 마인드 덕분인지 아크는 리멤버 첫 투자 이후 트리트 패션 편집숍 카시나(2022년), 서비스 중개 플랫폼 숨고(2024년), IT 교육 스타트업 팀스파르타(2025년)에 연달아 투자했다.

안 대표가 말하는 투자 원칙은 명확하다. 'Right Time – Right Person – Right Stage' 기업이 어느 단계에 있는지 진단하고, 그 단계에 맞는 사람을 정확히 투입해야 한다는 의미다. '결국은 사람 장사'라는 말이 인터뷰 내내 반복됐다. 아크를 이끄는 안 대표의 커리어는 굵직하다. 동방페레그린 M&A 인턴으로 출발해 ABN AMRO, 모건스탠리, 크레디트스위스(현 UBS), 소프트뱅크&플랫폼을 거쳤고, 보고펀드·VIG파트너스 창업 멤버를 지냈다. 동양생명, BC카드, 바디프렌드 등의 거래를 경험했고, 실트론 투자 실패를 '가장 뼈아픈 교훈'으로 꼽는다.

안 대표는 작은 규모의 회사에 투자하고 싶었지만, 몸담고 있던 운용사가 자꾸만 커져가는 바람에 투자 기업의 규모도 커졌다. 그로스 스테이지 시장에 기회가 있다는 마음을 공유하던 김성민 대표와 의기투합해 창업을 결심했다. 그의 리더십은 '현장형 단장'에 가깝다. 시니어 영입을 꺼리던 조직에는 직접 들어가 판을 갈아엎었고, 스킨십을 통해 조직원들의 의욕을 고취시킨다. 그는 열심히 일해 성장한 조직원들이 떠나가는 걸 마다하지 않는다. 결국 평생직장은 없다는 걸 알기 때문이다. 안 대표는 "핵심은 열심히 일한 경험이 조직원들의 이력서에 빛나는 성공 경험 한 줄을 남게 하는 것"이라며 "물론 정말 나가지 않았으면 하는 인재가 나갈 때는 나도 사람인지라 어떻게든 붙잡고 싶은 마음이 크다"라며 웃어 보였다.

업계 후배들에게 해주고 싶은 조언에 대해 묻자 그는 두 가지를 꼽았다. 첫째는 심리학자처럼 사람의 마음을 읽으라는 것이다. 안 대표는 "이해관계를 일치시키는 것이 투자자의 본질"이라며 "이 사람을 내가 원하는 방향으로 움직이게 하려면 먼저 그 사람의 마음을 읽어야 한다"라고 말했다. 둘째는 결정하는 훈련을 게을리하지 말라는 것이다. 안 대표는 "결정하는 연습을 미리미리 했으면 좋겠다"라고 했다. 이를 위해 아크 구성원들에게도 그런 연습을 미리 하게 하려고 애쓰고 있다. 그는 "아크 파트너들에게 지분을 미리 보유하게 한다"라며 "자기가 지분을 가지고 있어야 지분을 갖고 생각하며 움직이는 창업자들과 맞설 수 있다"라고 했다. 인터뷰 막바지에 안 대표는 누구나 공감할 수 있는 이야기를 꺼냈다. 그는 "우리 팀은 정말 열심히 산다. 그런 친구들이 돈을 많이 벌었으면 좋겠다. 단순히 큰 회사, 큰 펀드를 다뤄서가 아니라 열심히 해서 성과를 낸 사람이 많이 벌었으면 좋겠다"라고 했다. 저자 소개 말미에 "노력하는 사람이 부자 되는 세상을 꿈꾼다"를 적어둔 필자에게도 유독 와닿는 순간이었다.

2장

기관투자자가
주목한 분야
그리고 전망

2024년 투자 전망 리뷰 및 2025년 성과 분석

2024년 초, 기관투자자들은 이차전지 섹터의 단기 조정과 반도체 슈퍼사이클의 귀환이라는 상반된 전망 속에서 새 투자처를 모색했다. 당시 K-뷰티, K-푸드, 폐기물, 자동차 부품 등 다양한 섹터가 대안으로 부상했다. AI 기술의 확산과 전기차 캐즘 현상이 투자 지형도를 바꾸는 핵심 변수로 작용했다.

1년이 지난 지금, 2024년의 예측이 2025년 현실에서 어떻게 나타났는지 복기해보려 한다. 그 성공과 실패의 원인을 분석하는 것은 2026년의 투자 전략을 수립하는 데 필수 과정이다. 2장에서는 2024년에 주목받았던 주요 섹터들의 실제 성과를 구체적인 데이터와 함께 심층적으로 검토한다.

2025년 시장은 예측과 실제가 뚜렷한 차이를 보였다. 반도체는 예상을 뛰어넘는 AI 수요로 강세를 보였고, 이차전지는 캐즘을 딛고 하반기에 반등 움직임을 보였다. K-뷰티와 K-푸드는 글로벌 확장성을 입증했으며, 폐기물 산업은 규제와 인프라 제약 속에서도 안정적인 성장을 이어갔다.

K-뷰티 : 북미 시장 안착과 D2C 채널의 부상

2024년 당시 K-뷰티는 중국 시장 의존도를 낮춰야 했다. 북미와 동남아로 시장을 다변화하는 것이 핵심 과제로 예측됐고, 2025년 이 전략은 성공적으로 안착했다. 과거 아시아 시장에 국한됐던 K-뷰티는 이제 진입장벽이 높은 북미 시장에서 유의미한 성과를 거두며 진정한 글로벌 브랜드로의 성장 가능성을 입증했다.

데이터도 이 성과를 여실히 보여주고 있다. 2025년 화장품 수출액은 115억 달러를 기록하며 전년 대비 13% 성장했다. 특히 북미 시장 매출 비중이 28%에서 32%로 크게 확대되며 핵심 시장으로 자리 잡았다. 주목할 점은 유통업체를 거치지 않고 브랜드가 자사몰이나 소셜 미디어를 통해 소비자에게 직접 제품을 판매하는 방식D2C이 아마존이나 틱톡샵 등을 토대로 폭발적으로 증가했다는 사실이다. 라이브커머스 매출은 연 40% 정도 성장하며 K-뷰티의 새로운 성장 엔진으로 주목받았다.

　K-뷰티 브랜드들은 과거와 달리 단일 히트 상품에 의존하기보다 에이피알의 뷰티 디바이스나 달바d'Alba의 기능성 세럼처럼 기술력과 스토리를 결합한 '카테고리 킬러'들을 내놓아 시장을 공략했다. K-콘텐츠의 문화적 영향력이 날개를 달아줬고, 합리적인 가격 대비 우수한 품질이 시너지를 내며 젊은 층을 중심으로 강력한 팬덤을 구축했다.

반도체 : AI가 이끈 슈퍼사이클

　2024년의 가장 확실한 투자 테마였던 반도체는 2025년에 AI라는 강력한 수요처를 만나 예상을 웃도는 성과를 보였다. 피크아웃 우려를 잠재우고, AI 기술 확산이 반도체 사이클의 장기화를 이끌 것이라는 새로운 전망이 시장을 지배했다. 특히 AI 데이터센터 증설 경쟁은 반도체 시장의 호황을 이끌었다. HBM 등 고성능 메모리 수요가 폭증하며 D램 평균 판매단가ASP는 12% 상승했고, AI 추론용 칩 수요까지 더해지며 시스템 반도체 ASP는 18% 급등했다. 이에 국내 주요 반도체 공장Fab 가동률은 최대 92%까지 치솟으며 완전 가동에 가까워졌다.

　AI 기술이 서버를 넘어 '온디바이스On-device AI'로 확장되면서 반도체 수요 기반도 더욱 넓어졌다. AI 훈풍은 반도체에만 머물지 않고, 데이터센터에 필수적인 전력 설비와 냉각 시스템 등 후방 산업으로까지 투자가 확산되며 산업 전반의 선순환을 이끌었다.

이차전지 : 캐즘 극복과 LFP 배터리의 부상

2024년 초, 전기차 캐즘으로 투자 심리가 가장 위축되었던 분야는 이차전지였다. 하지만 2025년 하반기부터 뚜렷한 회복세를 보였다. 시장은 성능 중심의 NCM(니켈·코발트·망간) 배터리와 가격 중심의 LFP(리튬·인산·철) 배터리가 양립하는 새 구도를 받아들이기 시작했다. 2025년 상반기 전기차 판매량은 전년 동기 대비 -5%로 역성장했으나, 하반기에는 +10%로 반등하며 V자 회복에 성공했다. 특히 중국 업체들이 주도하던 LFP 배터리 채택 비중이 20%에서 35%로 크게 확대되면서 시장의 판도를 바꿨다. 이 같은 성과는 완성차 업체들이 보급형 전기차 모델을 출시하며 가격 장벽을 낮춘 것이 주효하게 작용한 결과다. '성능'과 '가격'이라는 두 가지 다른 가치를 추구하는 시장이 명확히 나뉘기 시작하면서, PE 투자 역시 특정 기술이 아닌 다변화된 기술 포트폴리오를 갖춘 기업으로 집중됐다.

K-푸드 & 프랜차이즈 : 글로벌 확장과 M&A 활기

2024년 전망대로 K-푸드의 인기는 식지 않았다. 이는 프랜차이즈 M&A 시장에 활기를 불어넣었다. 단순한 내수 브랜드를 넘어 글로벌 확장성을 갖춘 플랫폼으로서의 가치가 재평가받기 시작했다. 불닭볶음면과 냉동김밥으로 대표되는 K-푸드 열풍에 힘입어 2025년 식품 수출액은 8% 성장했다. 사모펀드 시장에서는 요거트 아이스크림의정석(요아정) 같은 소형 M&A만 40건 이상 성사되며 전년 대비 25% 증가했다. 맘스터치, BHC 등 대형 프랜차이즈들은 볼트온 M&A를 지속하며 평균 EV/EBITDA(상각 전 영업이익 대비 기업가치) 멀티플이 10배에서 12배로 상승했다.

F&B 프랜차이즈를 인수한 사모펀드들은 과거와 달리 단순히 국내 매장 수를 늘리는 전략을 펴기보다 해외 진출을 통한 잠재력 확대와 명확한 기업가치제고 플랜을 제시하는 투자에 집중했다. MBK의 BHC, KL&파트너스의 맘스터치 사례처럼 플랫폼화와 경영 효율화를 통한 가치 제고가 성공 공식으로 자리 잡았다.

폐기물 : 흔들림 없는 현금 창출 능력

경기 변동과 무관하게 안정적인 현금흐름을 창출할 것으로 예상

됐던 폐기물 산업은 2025년에도 그 가치를 입증했다. 공급 제약이라는 구조적 장점이 정책적 불확실성과 맞물리며 오히려 기존 사업자에게 유리한 환경이 조성됐다. 2025년 초 수도권 매립지 대체지 선정에 난항을 겪으며 정책적 불확실성이 심화됐지만, 이는 오히려 기존 처리 시설의 희소성을 부각시키며 톤당 처리 단가가 6% 상승하는 결과를 낳았다. 에코비트와 KJ환경 등 주요 업체들은 폐기물 에너지화WTE 발전소 가동을 본격화하며 추가 수익원을 확보했다. 신규 매립지·소각장 인허가가 여전히 까다로워 진입장벽이 공고하게 유지되고 있으며, 대체 매립지 확보의 불확실성은 기존 사업자들의 독점적 지위를 더욱 강화하는 요인으로 작용했다.

2025년 시장은 대체로 예측 가능한 범위 내에서 움직였지만, 그 안에서 승자와 패자를 가른 결정적인 차이들이 명확히 드러났다. 시장의 흐름을 읽는 투자자에게 2025년은 세 가지의 뚜렷한 교훈을 남겼다.

첫째, AI는 단순한 테마가 아닌, 시장의 판도를 바꾸는 '게임 체인저'였다는 점이다. AI 기술의 파급력은 모든 예상을 뛰어넘어 반도체 섹터를 슈퍼사이클로 이끌었을 뿐만 아니라, 2026년 이후의 투자 지형도를 결정할 가장 핵심적인 변수로 자리 잡았다.

둘째, 성장의 열쇠는 '핵심 역량의 전환'에 있었다는 점이다. K-뷰티는 중국에서 북미로 시장을 다변화했고, 이차전지는 고성능 NCM에서 가격 경쟁력을 갖춘 LFP로 기술의 축을 전환했으며, 폐

[표 1] 종합 평가: 2025년 시장의 교훈			
섹터	2024년 주요 예측	2025년 실제 성과	예상
K-뷰티	수출 100억 달러 돌파, 북미 확장	수출 115억 달러(+13%p) 북미 비중 32% 달성	예상 부합
반도체	AI 수요 기반, 슈퍼 사이클 지속	D램+12% 시스템반도체+18% 가격 상승	예상 상회
이차전지	캐즘 국면 후 LFP 전환	상반기 역성장 후 하반기 V자 반등	예상 부합
K-푸드	스몰딜 활발, 멀티플 상승	스몰딜 증가, 멀티플 상승	예상 부합
폐기물	단가 방어, WTE 부가 수익	톤당 단가 6% 상승	예상 부합

기물 산업은 단순 처리에서 WTE로 부가가치를 창출했다. 결국 변화의 파도에 성공적으로 올라탄 기업만이 살아남아 성장의 열매를 맺었다.

셋째, '위기는 곧 기회'라는 격언이 다시 한번 증명됐다. 전기차 시장의 캐즘과 정책적 불확실성은 오히려 새로운 시장LFP의 부상과 기존 사업자(폐기물)의 독점적 지위 강화를 이끄는 역설적인 결과를 낳았다. 이는 시장의 변곡점을 정확히 포착하고 위기 속에서 기회를 발견하는 것이 얼마나 중요한지를 명확히 보여준 한 해였다.

폐기물 산업

: 불황에도 흔들리지 않는
포트폴리오의 방패

쓰레기가 돈이 되는 시대다. 매일 쏟아지는 쓰레기는 과연 어디로 가서 누가 처리할까. 생활·산업·건설 폐기물 발생량은 해마다 2~3%씩 늘어나지만, 이를 처리할 매립지·소각장은 인허가 장벽과 지역 민원으로 쉽게 늘지 않는다. 공급이 제한된 시장에서는 톤당 처리 단가가 꺼지지 않는 '안전판'이 된다. 2024년 일부 권역에서 단가가 소폭 조정돼 숨 고르기를 했지만, 대형 매립·소각 자산은 여전히 높은 마진과 현금창출력을 자랑했다. 2025년 종료된다는 수도권 매립지 계획은 명목일 뿐, 실제로는 연장·대체지 논의가 끊이지 않아 권역별 운송·처리비 재산정과 단가 변동 리스크를 키우고 있다.

최근 폐기물 산업은 처리 단계를 넘어 에너지화로 진화하는 모양새다. 매립가스로 전력·스팀을 생산하고, 폐열을 활용해 추가 수익을 올리는 방식은 환경 규제 속에서도 수익성을 보완하는 핵심이 됐다. 이 같은 구조적 변화 덕분에 사모펀드와 SI는 매립·소각 플랫폼을 인수한 뒤 재활용하거나, 폐기물 WTE 기업을 볼트온하는 대규모 M&A에 열을 올리며 폐기물 산업의 견고한 성장 잠재력을 증명해 보였다.

폐기물 산업의 황금률은 간단하다. 수요는 항상 공급을 앞질렀다. 폐기물 발생량은 경제 규모에 따라 꾸준히 증가했지만, 처리 시설은 엄격한 규제와 님비NIMBY: Not In My Back Yard 현상이라는 높은 벽에 가로막혀 좀처럼 늘지 않았다. 이 근본적인 불균형이 바로 흔들림 없는 단가 방어력과 높은 수익성을 보장하는 '철옹성'이었다. 여기에 기존 사업자들은 희소성 프리미엄을 누리며 기업가치를 계속해서 불려 나갔다. 이제는 단순히 묻고 태우는 시대를 넘어 첨단 재활용과 폐기물 에너지화를 포괄하는 밸류체인 통합으로 새로운 수익원을 창출하고 운영 효율까지 극대화하고 있었다.

최근 국내 부동산 시장이 깊은 침체에 빠졌을 때도 폐기물 산업은 투자자들의 꾸준한 러브콜을 받았다. 이는 폐기물 산업이 경기를 타지 않는 강력한 '방어주'임을 증명했다. 폐기물 발생은 일상과 산업 활동의 필수 결과물이기에 경제가 위축돼도 수요는 크게 흔들리지 않았다. 물론 건설 경기 침체로 건설 폐기물이 일시적으로 줄어들 순 있었지만, 전체 처리 수요는 견고하게 유지됐다. 이처럼

회사명	시장 규모			출처
	2023	2030	CAGR	
국내 시장	255억 6,000만 달러	422억 5,000만 달러	6.4%	Next Move Strategy Consulting, South Korea Waste Management Market Report (2024)
글로벌 시장	1조 4,300억 달러	2조 9,400억 달러	5.7%	Research Nester, Waste Management Market Report (2025)

[표 2] 폐기물 산업 성장성

예측 가능한 수요와 제한된 공급의 조합은 다른 섹터가 불확실성에 떨고 있을 때, 투자 포트폴리오의 든든한 안전판 역할을 했다. 이는 장기적 안정성을 추구하는 기관 및 사모펀드 투자자들에게 거부할 수 없는 매력이었다.

시장은 이제 부동산 경기 회복과 글로벌 경제 정상화를 기대하고 있다. 이는 곧 모든 종류의 폐기물 발생량이 다시 한번 급증할 것임을 의미했다. 제한된 처리 용량 속에서 수요-공급 불균형은 더 심화할 것이었고, 이는 기존 사업자들의 가격 결정력을 한층 더 강화할 것이었다. 특히 수도권의 폐기물 자급자족 정책과 범국가적인 자원 순환 경제로의 전환은 새 인프라와 기술 진보에 대한 막대한 투자를 촉진하는 강력한 동력이 될 것이었다.

결론적으로 한국 폐기물 산업은 일시적인 유행을 넘어 구조적 성장이 담보된 장기적인 호황의 시대로 진입했다. 견고한 펀더멘털과 WTE 같은 고부가가치 서비스로의 명확한 확장 경로가 결합해 단기적인 경제 변동과 무관하게 지속적인 번영을 누릴 최적의 섹터로 자리매김했다.

폐기물 시장의 산업 전망

넥스트 무브 스트레티지 컨설팅Next Move Strategy Consulting이 2024년 발간한 〈South Korea Waste Management Market Report(한국 폐기물 관리 시장 보고서)〉에 따르면 한국 폐기물 시장 규모는 2023년 255억 6,000만 달러에서 2030년 422억 5,000만 달러까지 연평균 6.4%의 성장률을 보일 예정이다. 글로벌 시장의 경우 리서치 네스터Research Nester가 2025년 발간한 〈Waste Management Market Report(폐기물 관리 시장 보고서)〉에 따르면 같은 기간 1조 4,300억 달러에서 연평균 5.7% 성장해 2030년 2조 9,400억 달러까지 증가할 것으로 보인다. 폐기물 발생량은 증가하지만 인허가와 민원으로 매립·소각 공급은 제한되며 안정적인 수익이 유지된다. 전 세계적인 환경 규제 강화와 재활용, 에너지화 투자 확대가 시장 확장을 견인할 것이란 분석이다.

국내 폐기물 산업의 구조적 특징은 인허가 리스크가 상존한다는 점이다. 폐기물은 필수 공공재 성격이지만, 대표적 혐오시설이라 신규 인허가 난도가 매우 높다. 절차는 간략하게 '입지선정→주민협의→환경영향평가→지자체·중앙부처 인허가' 순으로 이뤄지는데 절차와 기간에 대한 불확실성이 크다. 보상과 민원 대응 비용이 CAPEX(자본적 지출) 가산 요인으로 작동하기도 하므로, 허가가 어려운 만큼 받아만 낸다면 단가 방어력으로 이어진다. 결과적으로 신규 캐파는 제한되고, 기존 허가 자산에는 희소성으로 인해 프리미엄이 붙는 구조다.

수도권 매립지가 어떻게 될지도 폐기물 투자의 주요 변수다. 시나리오별로 나눠서 살펴보자. ① 수도권 매립지가 종료되거나 축소되면 권역 내 소각 및 재활용 증설 수요는 증가하고 장거리 운송비가 올라가면서 폐기물 처리 단가는 지지를 받는다. ② 한시적 연장 시 단기 안정은 가능하지만, 연장 조건에 따른 비용과 규제 리스크가 남는다. ③ 대체지를 확보할 경우 초기 투자 비용이 들고, 인허가 변수가 남는다.

물류 재편도 필요하다. 서울과 수도권 소각장 증설은 민원과 정치 변수로 속도에 제약이 걸릴 가능성이 크다. 이에 따라 권역별 단가나 물류비가 달라질 수 있다. 이와 더불어 높은 재활용률의 '한계효용' 변수도 있다. 한국은 이미 재활용률이 OECD 상위권이다. 폐기물 산업은 오염도·혼합률 문제로 품질 좋은 재활용 원료 확보가 핵심이다. 재활용만으로 매립을 급격히 줄이는 데 한계가 있어

WTE의 보완재 역할이 부각할 것으로 보인다. 결과적으로 밸류체인 통합(선별→재활용→소각/매립→에너지화)이 가장 큰 경쟁력이 될 것이다.

외국계 자본의 한국 폐기물 투자 사례도 늘고 있다. 글로벌 사모펀드인 EQT파트너스는 2024년 KJ환경(현 Rena)을 인수했다. 플라스틱 재활용과 WTE를 아우르는 엔드투엔드 플랫폼이 구축된 기업을 상기 인프라성 자산으로 보고 인수한 상징적 거래다. 같은 해 어펄마캐피탈도 제이엔텍 지분 51%를 취득했다. 전체 기업가치만 5,000억 원에 달하는 634만m^3급 대형 매립 용량을 확보해 희소 자산을 선점했다.

그렇다면 왜 해외 자본은 한국 폐기물에 눈독을 들일까? 먼저 규제는 강하지만 어느 정도 예측 가능성이 있다는 점이다. 허가나 운영 기준이 명확해 준법·설비 투자로 안정적 수익 창출 가능하다. 권역 독점성과 희소성도 매력 요인이다. 신규 인허가 난도가 높아 공급 탄력성이 낮고, 이는 가격 방어와 마진 유지로 이어진다. 아울러 장기 계약과 최소 물량, 인덱스 조정 구조로 인프라형 캐시플로를 구현할 수 있다는 점도 장점이다.

폐기물 투자의 열기는 한국만의 현상이 아니라 글로벌 장기 섹터 트렌드다. 유럽·영국은 탄소·매립 규제 강화로 WTE와 재활용 투자가 지속 확대하고 있다. 대형 폐기물 플랫폼 매각전 글로벌 사모펀드나 인프라 펀드가 빠지지 않는다. 이는 산업 내 기업들의 기

회사명	딜 클로징	기업 총가치	구분 기업
에코비트	2024년 12월	EV 약 2조~2조 1,000억 원	플랫폼 인수
KJ환경	2024년 11월	EV 약 1조~1조 1,000억 원	재활용 / WT
제이엔텍	2024년 1월	EV 약 5,000억 원	대형 매립

업가치를 올리는 결과를 만든다. 폐기물 산업의 '꺼지지 않는 호황'은 단순한 전망이 아닌, 이미 시작된 전 세계적 현실이 됐다.

K-뷰티,

'문화'와 '기술'로
글로벌 시장의 판을 바꾸다

"과연 이 호황이 지속될까?" 2024년 초, K-뷰티를 향한 시장의 시선에는 기대와 의심이 섞여 있었다. 하지만 연말 성적표는 모든 물음표를 느낌표로 바꾸기에 충분했다. 식품의약품안전처 집계 기준에 따르면 화장품 분야 수출은 전년 대비 20% 늘어난 102억 달러를 기록했다. 누구도 예상치 못했던 '수출 100억 달러 시대'의 막을 연 것이다. 한국은 화장품 글로벌 수출국 순위 세계 3강으로 올라서며 명실상부 글로벌 탑티어 국가로 도약했다.

이런 성장세는 중국발 사드 보복으로 이어진 K-뷰티 포비아(공포증)를 극복하는 데 충분했다. 과거 K-뷰티는 중국 시장에 의존하며 빠른 성장을 이어오다 2016년 사드 사태 이후 큰 위기에 봉착했다. 국내 1세대 로드숍 스킨푸드가 법정관리를 신청했으며, 마스크

팩 제조 업체들이 천덕꾸러기 신세로 전락했다. 그러나 미국, 유럽, 중동 등 수출 채널이 다변화되면서 단일 시장의 취약성이 해소됐다. 올해 상반기 화장품 누적 수출이 전년을 상회했고, 하반기에는 틱톡·아마존 등 해외 전자상거래 채널이 호조를 보이며 판매가격과 물량이 동반 개선되고 있다. 틱톡과 아마존의 장바구니는 K-뷰티 제품으로 채워졌고, 세계 시청자를 매료시킨 넷플릭스의 파급력에 힘입어 한국 드라마 주인공이 바른 립스틱이 다음 날 아마존 베스트셀러 상품이 되는 시대가 열렸다. K-뷰티는 단순한 제품을 넘어 하나의 문화 현상으로 자리 잡으며 바야흐로 제2의 전성기를 맞이하고 있다.

신흥 강자, K-뷰티를 이끌다

K-뷰티의 고속 성장 비결엔 수출 영토를 과감하게 넓힌 체질 개선 전략이 있었다. 2019년만 해도 K-뷰티는 45%를 중국에 수출할 만큼 중국 의존도가 너무 높았다. 그러나 5년 후에는 중국 비중이 35%로 감소한 반면, 북미 시장은 8%에서 18%로 두 배 넘게 상승했다. 일본(15%→20%)과 동남아(12%→15%) 시장도 꾸준한 성장세를 보이며 K-뷰티는 '글로벌 다극화' 시대로 진입했다.

특히 주목할 점은 북미 시장의 폭발적 성장이다. 과거에는 아시아 전용 제품이라는 인식이 강했지만, K-콘텐츠 열풍에 힘입어 미국·캐나다 소비자들이 K-뷰티를 적극 수용하기 시작했다. 이는 단순한 수치 증가를 넘어 K-뷰티가 진정한 글로벌 브랜드로 인정받기 시작했다는 의미로 해석된다. 이러한 K-뷰티의 눈부신 성장은 단순히 시장 환경이 변화한 자연적 현상이 아니다. 그 중심에는 변화의 파도를 타고 새로운 성공 공식을 써 내려간 게임 체인저들이 있었다.

특히 달바와 에이피알의 사례는 K-뷰티의 미래를 가장 명확하게 보여준다. 두 기업의 성공 전략은 'K-뷰티의 본질적 기업가치'에 대한 정확한 해답을 제공한다. 혁신적인 마케팅, 기술과의 융합, 그리고 글로벌 팬덤을 구축하는 구체적인 방법론은 다른 브랜드는 물론, 미래의 유니콘 기업을 발굴하려는 투자자들에게 실질적인 교과서가 되기 때문이다. 기관투자자 역시 이런 참고 사례를 통해 미래 투자 방향과 투자처를 결정한다.

달바·에이피알, K-뷰티 전성시대를 이끌다

달바는 히어로 제품과 셀럽 마케팅으로 승부한다. 에스티로더는 갈색 병으로 세계적인 인지도를 갖춘 히어로 제품을 만들며 글로벌 기업으로 도약했다. 달바 역시 초기부터 이런 전략을 내세우며 시장을 개척했다. 달바의 성공 신화는 '승무원 미스트'라는 한 단어에서 시작됐다. 이들은 수십 가지 신제품을 쏟아내는 대신, 모두가 인정하는 히어로 제품 '미스트 세럼'을 만드는 데 주력했다. 새로운 고객을 유치하는 것보다 한번 제품을 써본 고객이 다시 찾아오게 만드는 데 모든 역량을 집중하는 것이었다.

이를 위해 SNS를 활용한 공격적인 마케팅과 셀럽 마케팅을 병행했다. 2019년 모델 한혜진을 시작으로 2021년 송민호, 2023년 이효리, 2024년 세븐틴까지 당대 가장 트렌디한 스타들과 손잡고 브랜드 이미지를 구축했다. 특히 숏폼과 라이브커머스에 최적화된 콘텐츠를 제작하며, 북미 시장에서 '한번 써볼까?(인지)→진짜 좋네!(체험)→또 사야지(반복 구매)'로 이어지는 황금 마케팅 공식을 만들어냈다.

달바는 여기에 그치지 않고, 2024년 광고 비용으로 무려 736억 원을 쏟아부었다. 무차별 광고가 아닌 미스트 세럼을 명실상부 히어로 제품으로 인식될 수 있도록 영리하지만 과감하게 광고비를 집행했다. 경쟁사를 압도하는 투자는 곧 해외 매출 비중을 폭발적으로 늘리는 기폭제가 됐다. 광고비의 증가에도 매출 성장이 이뤄지며 3년 평균 영업이익성장률이 100%를 넘어섰다. 결국 2025년 상반기 달바는 '고평가'라는 시장의 의심을 실적으로 잠재우며 유가증권 시장에 화려하게 입성하고, 시장에서 가장 주목받는 기업으로 부상했다.

[표 4] 달바 매출 추이

구분	2022년	2023년	2024년	CAGR ('22-'24)
매출액	1,452억 원	2,008억 원	3,091억 원	45.9%
영업이익	146억 원	324억 원	598억 원	102.4%
당기순이익	9억 원	136억 원	154억 원	10.9%
영업이익률	10.1%	16.1%	19.4%	+9.3%

에이피알은 기술과 뷰티를 결합한 새로운 공식으로 뷰티 업계를 발칵 뒤집어놨다. 에이피알은 화장품만 파는 게 아니라, 이들은 '메디큐브'라는 뷰티 디바이스와 화장품을 결합해 한번 구매한 고객이 계속해서 더 많이 지출하게 만드는(고객 생애가치 증대) 비즈니스 모델을 창조했다. 이는 경영학에서 20세기 초 중요한 마케팅 전략으로 소개하는 '면도기-면도날 전략'이다. 면도기를 원가에도 미치지 못할 정도로 매우 저렴하게 판매해 면도기 구매자를 많이 확보한 이후 구매자들이 면도날을 반복적으로 구매하도록 해 지속적인 충성고객을 유입한다. 플랫폼 업체가 도입한 구독 비즈니스 모델을 한 세기 전에 먼저 구축한 셈이다. 이 전략으로 면도기 제조사 질레트는 세계적인 면도기 회사로 입지를 다지게 되었다.

에이피알은 면도기-면도날 전략을 내재화해 단순한 제품 판매를 넘어 고객의 뷰티 소비 패턴을 지배하는 혁신적인 전략을 수립했다. 반복 구매의 힘으로 2024년 에이피알은 3년 만에 영업이익

[표 5] 에이피알 매출 추이

구분	2022년	2023년	2024년	CAGR ('22-'24)
매출액	3,977억 원	5,238억 원	7,228억 원	45.9%
영업이익	392억 원	1,041억 원	1,227억 원	76.9%
당기순이익	289억 원	815억 원	1,076억 원	93.0%
영업이익률	9.9%	19.9%	17.0%	+7.1%p

이 3배 늘어난 1,227억 원을 기록했다. 자본시장의 반응은 폭발적이었다. 2024년 2월 27일 유가증권시장 상장 당시, 무려 14조 원의 청약 증거금이 몰리며 K-뷰티 전성 시대의 서막을 열었다. 이는 기술과 콘텐츠를 융합한 에이피알의 성장 공식이 글로벌 시장에서도 통하고 있음을 보여주는 신호였다.

기관투자자의 3대 투자 포인트

기관투자자는 과거 손실을 본 섹터를 회피한다. 정확히 말하면 기업의 장밋빛 미래를 믿지 않고, 싸게 투자할 수 있는 곳만 선별해 투자에 나선다. 국내 기관투자자에게 뷰티 업계는 대표적인 보수적 투자처였다. 그러나 이제 K-뷰티를 바라보는 시선이 달라졌는데, 이런 변화에는 네 가지 큰 포인트가 있다.

첫째, K-뷰티 산업은 유행을 넘어선 구조적 성장 동력을 확보했다. 과거 특정 국가(중국)에 대한 절대적 의존도를 낮추고 미국, 유럽, 일본 등으로 시장 다변화에 성공했다. 에이피알은 미국 매출 비중이 30%에 달하고, 달바 또한 전체 매출의 45%를 해외에서 창출하고 있다. 글로벌 시장 침투력을 바탕으로 단일 시장의 변동성에 취약했던 과거와 달리, 안정적인 성장을 가능케 하는 핵심 기반을 만들었다. 나아가 K-뷰티 기업들은 SNS를 통한 숏폼 콘텐츠와 라이브 커머스로 소비자와 직접 소통하며 트렌드 변화에 민첩하게 대응하고 있다. 이는 전통적인 광고 비용을 절감하고 효율적인 고객 유입을 가능하게 하는 강력한 무기가 되면서 트렌드 변화의 민감성이 내재화되어 기업의 지속 가능한 성장이 가능해졌다.

둘째, K-뷰티는 일반 소비재의 특성을 넘어 K-콘텐츠의 폭발적인 파급력에 기반한 독자적인 성장 궤도를 구축했다. 전 세계를 강타한 K-팝과 K-드라마는 한국 문화에 대한 관심으로 이어졌고, K-뷰티 제품에 대한 자연스러운 수요 증가를 낳았다. 이는 특정 지역의 경제 상황이나 국내 경기침체 등 거시경제 변수에 상대적으로 덜 민감하면서도 강력한 하방 안정성을 구축했다. 경기 침체기에도 K-뷰티는 SNS를 활용한 가성비 높은 제품 전략과 혁신 기술로 꾸준히 소비자들의 지갑을 여는 데 성공했다. 이는 K-뷰티가 단순히 '유행'이 아니라, 글로벌 팬덤을 기반으로 한 '문화 현상'이 됐음을 의미했다.

셋째, K-뷰티 산업은 '혁신적인 비즈니스 모델'과 '기술 접목'을 통해 지속적인 성장을 이끌었다. 달바의 히어로 제품 중심 전략과 에이피알의 디바이스-코스메틱 결합 모델은 단순 제품 판매를 넘어 고객생애가치LTV를 극대화하는 새로운 성공 공식을 제시했다. 또한 AI 기반 개인화 추천, 가상 체험 등 기술 접목은 소비자 경험을 고도화하며 신규 고객 유입을 가속했다.

결론적으로 K-뷰티 산업은 K-콘텐츠의 후광을 넘어 자체적인 혁신과 시장 다변화 전략을 통해 글로벌 미용 산업의 핵심 동력으로 자리매김했다. 중국 의존도를 낮추고 미국이라는 새로운 영토를 구축했으며, 변화하는 트렌드에 민첩하게 대응하는 기업만이 생존을 넘어 지배력을 강화했다. 단순한 외형 성장을 넘어 명확한 글로벌 전략, 차별화된 비즈니스 모델, 그리고 기술 접목을 통해 효율성을 극대화한 기업만이 지속 가능한 가치를 창출할 수 있음을 증명했다.

AI 데이터센터 산업,

모든 것이 달라진 거대한 전환점

"하드웨어가 뇌라면, 소프트웨어는 영혼이다." 오랜 시간 이어왔던 기술산업 담론은 고故 스티브 잡스 애플 CEO의 발언으로 요약된다. 이후 한동안 소프트웨어 중심 가치관이 업계를 지배했지만, AI 기술이 전례 없는 속도로 발전하면서 상황이 바뀌었다. 배후에서 조용히 움직이던 데이터센터 존재감이 주목받기 시작하면서 AI의 물리적 두뇌 역할을 하는 데이터센터 없이는 기술 혁신이 불가능한 상황에 이르렀기 때문이다.

AI, 특히 대규모 언어 모델LLM 훈련과 추론은 막대한 병렬 연산을 필요로 하는데, 중앙처리장치CPU가 핵심이었던 기존 컴퓨팅 환경으로는 감당할 수 없는 수준의 부하가 발생한다. AI가 똑똑해질수록 기존 데이터센터 성능은 한계가 뚜렷해졌는데, AI가 요구하

[표 6] AI 시대의 전력 소비량 변화			
목록	기존 데이터센터(A)	AI 데이터센터(B)	증가율(B-A/A)
랙당 전력 소모	5~15kW	40~100kW	600%↑
칩당 전력 소모	400W(A100)	700W(H100)	75%↑
글로벌 전력 사용량	460TWh(2022)	1,050TWh(2026)	128%↑

출처: IEA, NVIDIA, 각 사 공시자료(2024)

는 상상 이상의 계산 능력과 전력, 그리고 여기서 파생되는 엄청난 수준의 열을 감당하는 것이 새로운 기술 과제가 됐다. AI 발전은 단순히 서버를 더 많이 쌓는 것으로는 해결되지 않는다.

AI 데이터센터 시장의 구조 : 거대한 변화의 3가지 축

첫 번째 주목할 요소는 AI가 열 관리 필요성을 크게 높였다는 점이다. AI 등장은 데이터센터 전력 소비 단위를 바꿔버렸는데, AI 연산을 위한 고성능 반도체는 기존 반도체보다 훨씬 더 많은 전력을 소모한다. 예를 들어 엔비디아의 H100 반도체는 이전 버전인 A100(400W)의 4배에 달하는 700W의 고출력을 필요로 한다.

개별 칩 전력 소모량 증가는 데이터센터의 물리적 구조에 직접적인 영향을 미친다. 과거 서버 선반(랙) 하나에 5~15kW의 전력이면 충분했지만, AI 서버는 랙당 40~100kW까지 전력을 요구하며 일부 차세대 시스템은 600kW/랙을 예상하기도 한다. 전력 밀도 증가는 막대한 열 발생으로 이어지며, 공기 냉각만으로는 감당하기 어려운 수준이다. 따라서 전력과 열을 효율적으로 관리하기 위해 공기-액체 하이브리드 냉각 시스템과 같은 혁신적인 기술이 불가피하다.

전력 수요 폭증은 세계 데이터센터의 지형을 바꿨다. 국제에너지기구IEA에 따르면 전 세계 데이터센터의 전력 사용량은 2022년 460TWh에서 2026년에는 1,050TWh로 두 배 이상 증가할 것으로 예상된다. 같은 기간 세계 전력 소비 증가율보다 약 네 배 빠른 속도다. 2023년 AI는 세계 데이터센터 전력 수요의 14%를 차지했다. 2027년에는 27%까지 그 비중을 늘릴 것으로 전망된다.

전력 수요 폭증은 '제본스의 역설Jevons Paradox'과 유사한 현상을 보여준다. AI 하드웨어와 소프트웨어 효율이 개선돼 단위 연산당 에너지 소모량이 줄어든다 해도 AI 기술의 광범위한 확산 탓에 총 전력 소비량은 줄어들지 않고 있으며, 오히려 기하급수적으로 증가하는 양상이다. 전력 문제 외에도 데이터센터에 들어가는 물의 양도 새로운 변수다. 데이터센터 한 곳에 필요한 물의 양은 인구 4만~5만 명의 도시 소비량에 달한다. 환경, 물류 측면에서 고민도 커질 것이다.

두 번째는 수요가 공급을 압도하면서 발생하는 공급 절벽이다.

[표 7] AI 시대의 전력 소비량 변화

항목	기존 시스템	신규 시스템
GPU 전력 소모량	엔비디아 A100: 400W	엔비디아 H100: 700W (약 1.75배)
서버 랙당 전력 밀도	10~15kW	40~100kW (최대 10배)
글로벌 전력 소비 전망	-	2026년 600TWh (AI 포함 시 800TWh)

[표 8] AI 전력 소비 규모의 직관적 비교

AI 데이터센터 전력 소비	비유 대상
50MW급 데이터센터	중소도시 전체 전력 소비량
316TWh 이상(글로벌)	인도네시아 전체 전력 소비량
26억 kWh(국내 111개)	원자력 발전소 1기 연간 생산량의 36%

글로벌 데이터센터 용량은 매년 15%씩 성장했지만, AI가 촉발한 수요는 그보다 훨씬 빠르게 증가했다. 2023년 하반기 북미 데이터센터 공실률은 역대 최저치인 2.8%를 기록했으며 이는 수요가 공급을 압도하고 있다는 방증이다. 2026년 말에는 세계 데이터센터의 빈 공간이 5%도 남지 않을 것이라는 경고가 나왔다. 일시적 현상이 아니라 AI 시대의 폭발적인 수요 증가가 장기적으로 공급망을 압박하는 구조적인 문제로 자리 잡았음을 의미한다.

기업 투자는 이 같은 흐름을 더욱 가속했다. 2025년에는 기업의

33%가 연간 160억 원 이상을 클라우드 서비스에 지출할 것으로 예상되는데, 72%의 기업이 생성형 AI 서비스를 활용하기 시작했기 때문이다. 데이터센터 공급 부족은 단기적인 문제가 아니라 한동안 서비스 가격 상승과 신규 투자 경쟁을 부추길 구조적인 현상으로 자리 잡았다. 공급망 교란은 데이터센터 구축 비용에도 영향을 미치고 있으며 엔비디아 AI 칩 공급난도 프로젝트 지연의 원인으로 지목된다.

세 번째는 국내 AI 산업의 폭발적 성장과 이로 인해 파생되는 과제들이다. 국내 데이터센터 산업은 정부의 강력한 AI 육성 정책과 국내외 기업들의 활발한 투자에 힘입어 폭발적인 성장을 거듭하고 있다. 한국의 데이터센터 임대 서비스 시장은 2024년 3조 4,000억 원에서 2030년 9조 5,000억 원 규모로 성장할 것으로 예측된다.

한국 기업의 클라우드 이용률은 30%에 불과해 높은 성장 잠재력을 가지고 있으며, 국내 상업용 데이터센터 용량은 2027년까지 연평균 23% 성장할 전망이다. 실제 현장에서도 데이터센터 구축 움직임이 분주하다. SK그룹과 아마존웹서비스AWS가 총 7조 원을 투자해 울산에 국내 최대 규모 AI 데이터센터를 구축했고, 한국남동발전과 삼성물산은 당진시에 2조 2,000억 원을 투자한다. 이처럼 대기업 주도하에 조 단위 프로젝트들이 이어지고 있다.

국내 데이터센터 콜로케이션Colocation 시장은 2024년 3조 4,000억 원에서 2030년 9조 5,000억 원 규모로 성장할 것으로 예측된다.

하지만 폭발적 성장 이면에는 그림자도 존재한다. 한국데이터센터 연합회에 따르면 국내 데이터센터의 79.1%가 수도권에 집중됐으며, 서울의 데이터센터 공실률은 6%에 불과해 극심한 공급 부족을 겪고 있다. 전력 확보의 어려움, 부지 문제, 환경 규제 등이 수도권의 발목을 잡았기 때문이며, 이는 데이터센터를 수도권에 집중시키는 것이 아닌 다른 지역으로 골고루 분산시켜야 한다는 과제를 남겼다.

AI 시대의 3가지 권력 법칙

AI 데이터센터 혁명은 다수 기업이 경쟁하는 수평적 시장이 아니라, 각 계층의 절대적 지배자가 다음 계층의 운명을 결정하는 명확한 수직적 권력 구조를 가졌다. 이 생태계를 지배하는 세 가지 성공 방정식, 즉 '게임의 룰'은 다음과 같다.

법칙 1. 룰을 만드는 자 The Rule Maker

"우리가 가는 길이 곧 길이 된다."

엔비디아 NVIDIA의 독점적 표준화 전략을 상징하는 캐치프레이즈다. 생태계의 정점에는 '칩 설계자' 엔비디아가 있다. AI 칩 시장의 80% 이상을 장악하고, 데이터센터용 그래픽처리장치 GPU 시장에서 98%의 점유율을 기록한 엔비디아는 단순히 부품을 파는 회사

가 아니다. 엔비디아 '블랙웰' 칩의 전력 소모량과 발열량이 데이터
센터의 설계, 냉각 방식, 전력 인프라 규모까지 모든 것을 결정하는
산업 표준이다.

AWS, 마이크로소프트 같은 거대 기업조차 엔비디아 칩을 확보
하기 위해 조 단위 자금을 투입하며 줄을 서야 했다. AI 데이터센터
혁명은 사실상 엔비디아가 던진 기술적 과제를 나머지 산업 전체
가 풀어가는 과정이라고 봐도 무방할 정도다.

법칙 2. 영토를 지배하는 자 The Empire Builder

"우리 생태계 안에서 모든 것을 해결하라."

하이퍼스케일러(AWS, 마이크로소프트, 구글)들의 플랫폼 종속 전
쟁은 이 문구로 요약할 수 있다. 엔비디아 바로 아래 계층에는 클라
우드 서비스를 제공하는 하이퍼스케일러가 있다. 이들은 엔비디아
칩의 최대 구매자이자, AI 서비스의 최종 제공자로서 실제 패권 경
쟁을 벌이는 중이다. 점유율 싸움을 넘어 사용자를 자신들의 플랫
폼 안에 가두려는 거대한 '영토 전쟁'인 셈이다.

과거에는 콜로케이션 데이터센터를 임대, 운영하는 방식이 보편
적이었지만 AI 시대에는 자체 구축 방식으로 전환됐다. 기업들이
막대한 투자를 단행하는 이유다. 마이크로소프트는 2025년에만
105조 원을 투자하며 OpenAI의 기술을 자사 클라우드에 독점적으
로 녹여내는 '선점 및 통합' 전략을 펼쳤다. AWS도 자체 AI 칩인 트

레이니엄 개발에 속도를 내고 있다. 엔비디아 의존 탈피와 클라우드 최적화를 목표로 독립 및 수직계열화 전략으로 맞섰다.

법칙 3. 왕을 결정하는 자 The Kingmaker

마지막 계층에는 왕의 운명을 결정하는 '킹메이커'들이 있다. 데이터센터가 전기를 먹는 하마가 되면서 안정적인 전력 공급 능력이 프로젝트 성패를 좌우하는 최우선 조건이 됐다. 과거에는 '을'이었던 전력 회사가 이제는 핵심 파트너이자 '갑'으로 부상했다.

에퀴닉스Equinix 같은 데이터센터 전문기업은 하이퍼스케일러가 미처 신경 쓰지 못하는 지역에 거점을 마련하여 '디지털 부동산 임대업'으로 막대한 영향력을 행사했다. 이들은 보이지 않는 곳에서 AI 시대의 혈맥과 영토를 통제하는 실질적인 권력자로 지목된다.

[표 9] AI 데이터센터 산업의 권력 구조

법칙	플레이어	역할	핵심 전략	시장점유율
룰 메이커	엔비디아	산업 표준 설정	기술 독점 및 생태계 지배	AI 칩 80%+
영토 지배자	하이퍼스케일러	플랫폼 경쟁	선점·통합, 수직계열화	클라우드 70%+
킹메이커	인프라/에너지	핵심 자원 공급	전력 및 부지 통제	-

전략적 인수합병과 자본 흐름
: 투자 시장의 새로운 지형

AI 데이터센터 산업은 단순한 물리적 자산 확보를 넘어 AI 생태계의 핵심 역량을 내재화하고 시장의 변화에 대응하기 위한 전략적 M&A가 활발하게 이뤄졌다.

국내에서는 2023년 SK네트웍스의 엔코아 인수를 들 수 있다. SK네트웍스는 AI 산업에 본격적으로 진출하기 위해 데이터 관리 기업인 엔코아를 951억 원에 인수했다. 자체적으로 데이터 관리 및 분석 기술을 구축하는 것보다 인수를 통해 AI 기반 사업 모델을 신속하게 고도화하려는 전략적 선택이었다.

삼성전자의 플랙트그룹 인수도 주목된다. 삼성전자는 2025년에 독일 중앙공조 업체인 플랙트그룹을 2조 4,000억 원에 인수하면서 AI와 데이터센터의 핵심인 냉난방공조HVAC 분야를 미래 성장 동력으로 육성하겠다는 의지를 보였다.

국내는 물론 해외에서도 숨 가쁘게 M&A가 벌어지고 있다. AMD는 2025년 브리움이라는 스타트업을 인수했다. 브리움은 AI 소프트웨어 최적화 역량을 가진 곳으로 AMD는 브리움 인수를 바탕으로 엔비디아의 시장 지배력에 도전한다. 엔비디아의 강력한 소프트웨어 생태계인 CUDA에 맞서 소프트웨어 기술을 내재화하려는 전략으로 풀이된다. 애플과 메타 등 미국 빅테크들이 구사하는 '어크하이어Acquihire(인재 확보를 위한 인수)' 전략도 스터디해볼 필요가 있다. 애플은 AI 스타트업 퍼플렉시티AI를, 메타는 데이터 라벨링 스타트업 스케일AI를 인수하려는 움직임을 보였다. 사업 확장을 넘어 치열한 AI 경쟁 속에서 우위를 점할 핵심 인재와 기술을 확보하기 위한 행보로 평가된다.

자, 그렇다면 조 단위 자금이 오가는 '쩐의 전쟁'에서 금융의 역할은 무엇일까. 데이터센터는 이제 전통 인프라 자산의 성격을 넘어 성장형 자산으로 인식된다. 예측 가능한 장기 현금흐름 창출과 인플레이션 헤지 특성뿐만 아니라 향후 가치가 유의미하게 오를 수 있다는 기대감 덕분이다. 실제 글로벌 인프라 펀드 등 기관투자자 자본이 이 분야에 대규모로 유입되고 있다. 자본의 움직임을 보면 AI의 폭발적 수요에 대한 시장의 강력한 확신을 엿볼 수 있다.

글로벌 하이퍼스케일 데이터센터 시장은 2022년 374억 달러 규모에서 2032년 3,485억 달러까지 연평균 25%의 성장률을 기록할 것으로 전망된다. 에퀴닉스와 같은 글로벌 데이터센터 기업들은 싱가포르투자청과 5억 2,500만 달러 규모의 공동 투자를 진행하는 등 대규모 자본을 유치하여 인프라를 확장하고 있다. 이는 데이터센터가 단순한 창고가 아닌 미래 산업의 핵심 동력임을 방증하는 것이다.

AI 데이터센터, 새로운 시대를 여는 4가지 법칙

AI 데이터센터 산업은 전력, 냉각, 공급망, 규제라는 거대한 벽에 부딪히기도 했다. 하지만 제약 조건에도 불구하고 새로운 시대의 법칙을 써 내려갈 것으로 보인다.

규모의 전쟁: 이제 '하이퍼스케일'이 기본값이다

과거 50MW급이 대형으로 여겨지던 시대는 끝났다. 이제는 500MW를 넘어서는 초대형 데이터센터 단지가 아니면 AI 시대의 경쟁에서 살아남을 수 없기 때문이다. 마이크로소프트가 우리 돈 100조 원이 넘는 1,050억 달러를 AI에 투자한다는 건 AI 경쟁력 선점이 얼마나 중요한지를 보여준다. 한 시대를 좌우할 AI 시장에서 이기기 위해서는 상상을 초월하는 과감한 투자도 감행해야 한다.

인프라가 왕이다: 소프트웨어에서 하드웨어로의 권력 이동

시장의 관심은 알고리즘과 소프트웨어에서 전력망, 냉각 시스템, 특수 자재와 같은 물리적 인프라로 이동했다. AI 혁신의 가장 큰 병목이 하드웨어적 한계라는 사실이 명백해지면서 안정적인 인프라를 확보하는 능력이 곧 기업의 핵심 경쟁력이 되었다.

지속 가능성: 비용이 아닌 투자의 최우선 순위

친환경, ESG는 더 이상 홍보 문구가 아니다. 전력 비용을 절감하고 규제 리스크를 회피하고 투자 유치를 위한 핵심 경영 전략으로 자리를 잡았다. 소형 원자력발전SMR과 재생에너지, 폐열 재활용 기술 투자가 기업의 장기 생존을 결정하는 가장 중요한 변수가 됐음을 보여준다.

국가 대항전: 민관 협력 없이는 미래도 없다

거대 인프라 프로젝트는 한 기업의 힘만으로는 해결할 수 없다. 특히 AI와 같은 천문학적 투자가 요구되는 규모라면 더욱 그렇다. 랜드코퍼레이션RAND Corporation 보고서가 지적했듯, AI 패권을 차지하기 위한 국가 경쟁으로 정부와 민간 기업의 강력한 파트너십이 국가 경쟁력을 좌우하는 핵심 요소가 됐다.

AI 데이터센터 대전환은 이미 시작됐다. 모든 과제가 국가적 대응을 요구한다. AI 시대의 승패는 이 네 가지 축을 통합적으로 이해하고 선제적으로 대응하는 능력에 좌우된다.

'웰다잉 산업'

인구 구조 변화가 이끄는 새로운 투자 기회

인구 감소 시대, 죽음이 돈이 되다

"한국의 인구 감소는 거스를 수 없는 흐름이며, 이는 새로운 산업의 탄생을 예고한다."

한국은 전 세계 최저 출산율과 높은 사망률을 기록하며 인구 감소 시대에 진입했다. 2020년부터 사망자 수가 출생아 수를 지속적으로 초과하는 데드 크로스Dead Cross 현상이 나타났다. 예측 기관에 따라 다르지만 이런 추세는 최소 2050년까지 계속될 전망이다.

급격한 인구 구조 변화 속에 웰다잉Well-dying 은 어엿한 산업으로 자리매김했다. 한국이 초고령사회(고령인구 비율 20% 이상, 2024년 기준)에 진입하며 죽음은 우리의 일상에 자연스럽게 스며들었다.

2020년 고령화사회(고령인구 비율 7% 이상) 진입 전만 해도 삶의 마지막을 준비하는 이들에게 제공되는 서비스는 장례가 고작이었다. 하지만 오늘날은 다르다. 고령층이 인구의 5분의 1을 넘어섰고, 경제적으로 풍요로워지면서 존엄하게 생을 마무리하고 싶은 수요가 커지면서다.

웰다잉 산업은 이들의 마지막 길을 배웅하며 매해 성장 중이다. 서비스 영역도 세분화, 다양화하면서 포괄적인 라이프 케어 서비스로 확장되었다. 웰다잉 산업은 요양, 시니어 리빙, 디지털 유산 관리 등 삶의 마지막 여정 전체를 아우르는 고부가가치 서비스로 거듭나는 중이다. 웰다잉 산업은 시간이 지날수록 고객이 늘고, 이들이 찾는 서비스가 다양해질 수밖에 없다. 우상향하는 산업인 셈이다. 성장세가 높은 산업을 국내외 PE와 SI들이 외면할 리 없다. M&A를 통해 서비스별, 지역별로 나뉘었던 업체들을 끌어모으고 있다.

'고령화 가속·돌봄 수요 급증·서비스 확대'··· 웰다잉 산업 성장 이끄는 세 축

"고객이 급격히 늘어나고 이들의 요구사항도 넘쳐나는데, 당장 충족시킬 만한 서비스는 부족해요."

연도	출생아 수(명)	사망자 수(명)
2018	32만 6,800	29만 8,800
2019	30만 2,700	29만 5,100
2020	27만 2,300	30만 4,900
2021	26만 600	31만 7,700
2022	24만 9,200	37만 2,900
2023	23만	35만 2,700
2024(잠정)	23만 8,300	35만 8,400

[표 10] 대한민국 출생률과 사망률 추세(2019~2024년)

출처: 통계청(KOSIS) 자료 기반 재구성

웰다잉 산업이 처한 상황이다. 수요가 공급을 초과할 때 공급자 우위 시장이 펼쳐진다. 가격과 서비스 공급의 키를 기업이 쥐고 있는 셈이다. 국내에서 웰다잉 산업은 이제 막 대기업화가 이뤄지는 중이다. 당분간은 서비스 공급자보다는 수요자가 많은 시장 환경이 계속될 여지가 크다는 의미다.

웰다잉 산업 성장을 논할 때 빠질 수 없는 건 고객(고령층) 수요가 우상향한다는 점이다. 한국의 인구 고령화는 전 세계에서 가장 빠른 속도로 진행 중이다. 웰다잉 산업의 수요를 결정하는 가장 근본적인 요인이다. 2025년 기준 65세 이상 인구가 전체의 20.6%를 넘어 초고령사회에 진입했다. 나이가 들면 언젠가 생의 끝자락이 올 수밖에 없다. 경기 변동과 무관하게 사망자 수는 지속적으로 증가하는 추세다. 슬프게도 고령인구와 사망자 수의 꾸준한 증가는 웰다잉 산업의 장기적이고 안정적인 성장을 보장하는 탄탄한 기반이다.

2000년대와 그 이전만 해도 돌봄과 요양은 온전히 가족의 몫이었다. 병원이나 요양원에서 생의 마지막을 맞이하는 분들도 있었지만, 비용 부담이 커 대중적이지는 않았다. 자식들 입장에서도 부모님 마지막 가는 길을 남의 손에 맡긴다는 게 부담으로 작용했다.

오늘날은 다르다. 부모 못지않게 자식들도 늙어가고 있다. 의료 기술의 발달로 평균 수명이 길어지며 부모를 부양해야 할 자식들도 환갑을 넘긴 경우가 부지기수로, 요양과 돌봄 수요가 급증할 수밖에 없는 환경이다.

급속한 고령화의 진행으로 만성 질환자도 함께 늘고 있다. 누군가는 이들을 돌봐야 하기 때문에 요양과 돌봄 서비스 수요가 폭발적으로 늘어나는 이유다.

2023년에 70대 이상 인구가 20대 인구를 처음으로 초과했다. 2035년에는 65세 이상 인구가 약 770만 명으로 급증할 전망이다. 급증하는 수요에 비해 현재의 요양 시설 및 돌봄 인력 공급은 턱없이 부족하다. 노년들도 요새는 자녀에게 의존하길 꺼리고 있다. 전문 시설에서 품위 있는 노년을 보내고자 하는 수요가 증가하면서 고급 시니어 리빙 시설에 대한 잠재 수요가 커지고 있다. 요양과 돌봄 시장의 양적, 질적 변화는 관련 시설과 서비스의 가치를 더욱 높이는 중이다.

과거 웰다잉 산업이 장례 서비스에만 머물렀다면, 이제는 새로운 부가가치를 창출하는 단계로 넘어갔다. 상조 산업은 단순한 장례 상품을 넘어 여행, 가전 렌털, 반려동물 장례 등을 결합한 종합 라이프 케어 서비스로 확장됐다. 디지털 자산이 급증하면서 이를 안전하게 관리, 이전, 삭제하는 '디지털 유산 관리' 시장도 열렸다. 2034년까지 글로벌 시장 규모는 약 103조 원에 이를 전망이다.

미래 웰다잉 시장의 경쟁력은 '상조-요양-시니어 리빙-디지털 유산'으로 이어지는 밸류체인 전체를 통합하고 융합하는 플랫폼 기업이 장악하게 될 것이다.

웰다잉 산업 'M&A' 줄이어… '큰손'들이 움직인다

최근 몇 년간 웰다잉 산업은 국내외 '큰손'들의 활발한 투자와 M&A가 이어지며 시장 재편이 본격화됐다.

상조 1위 업체인 프리드라이프는 한국 웰다잉 산업을 대표하는 기업이다. 시계를 거슬러 올라가면 VIG파트너스가 첫 투자를 한 2016년이 그 시작이다. VIG는 2016년부터 파편화된 상조 업체들을 통합해 1위 기업으로 성장시킨 후 2025년 웅진그룹에 8,830억 원에 매각했다. 사모펀드가 볼트온 전략으로 성공적인 바이아웃까지 이룬 대표 사례로 꼽힌다.

딥다이브파트너스 사례도 빼놓을 수 없다. 이곳은 약 270억 원 규모 프로젝트 펀드를 통해 수도권 요양원 네 곳을 인수, 브랜드 통합과 비급여 서비스 강화를 통해 수익성을 높이는 전략을 추진하며 요양 시장의 기업화 가능성을 보여줬다.

해외 큰손들도 국내에서 활발히 활동 중인데, 워버그 핀커스Warburg Pincus가 유명하다. 2022년부터 SK D&D와 손잡고 서울 방배동에 하이엔드 시니어 리빙 'VL르웨스트' 개발을 추진해 단순한 부동산 개발을 넘어 맞춤형 케어 플랫폼 비즈니스로 확장하려 한다. 블랙스톤Blackstone과 해리슨스트리트Harrison Street는 2023년부터 한국의 시니어 주택 및 요양 시설을 안정적인 현금흐름을 창출하는 매력적인 대체투자 자산으로 보고 포트폴리오 편입을 적극 검토 및 실행하고 있다.

위기를 기회로, 웰다잉 산업을 떠받치는 황금률

웰다잉 산업의 수요(사망자 수, 고령인구)는 필연적으로 증가하지만, 공급(요양 시설, 전문 인력)은 제한적이다. 이 근본적인 불균형이 바로 흔들림 없는 성장성과 높은 잠재 수익을 보장하는 가장 강력한 기반이다. 주식으로 치면 경기를 타지 않는 방어주로 평가된다.

<table>
<tr><td colspan="4" align="center">[표 11] 웰다잉 산업 주요 섹터별 시장 규모 추이(국내)</td></tr>
<tr><td align="center">분야</td><td align="center">2022년</td><td align="center">2023년</td><td align="center">2024년</td></tr>
<tr><td>장례 서비스</td><td>7조 원</td><td>7조 5,000억 원</td><td>8조 원</td></tr>
<tr><td>장기 요양</td><td>12조 5,000억 원</td><td>14조원</td><td>15조 5,000억 원</td></tr>
<tr><td>디지털 자산 관리</td><td>1,000억 원</td><td>1,200억 원</td><td>1,500억 원</td></tr>
</table>

출처: 보건복지부, 건강보험공단, IMARC Group 등 국내외 시장 보고서 추정치(2024)

장례, 요양, 돌봄 서비스는 인간의 삶과 죽음에 필수적인 요소로, 경기가 침체해도 수요는 크게 흔들리지 않는다. 이처럼 예측 가능한 수요와 제한된 공급의 조합은 다른 섹터가 불확실성에 떨고 있을 때 든든한 역할을 한다.

성장도 가시적이다. 웰다잉 산업은 이제 단순히 죽음을 준비하는 시대를 넘어 고품격 시니어 리빙, 디지털 유산 관리, 종합 라이프 케어 등 새로운 서비스로 확장하며 부가가치를 창출하고 있다. 특히 정부의 규제 완화와 정책 지원은 새로운 인프라와 기술에 대한 막대한 투자를 촉진하는 강력한 동력이 될 것이다.

끝으로 웰다잉 산업은 '인구 감소'라는 사회적 위기를 '지속 가능한 성장'이라는 새로운 기회로 전환하는 메가트렌드 중 하나다. 지금 이 순간에도 시장은 재편되고 있으며, 변화의 흐름을 먼저 읽고 전략적으로 움직이는 투자자만이 다가오는 거대한 기회의 주인공이 될 것이다.

맥줏집 성공 신화 쓴 케이스톤파트너스,
'F&B 그룹 꿈꾼다'

_신효식 케이스톤파트너스 대표

"맥줏집?" 케이스톤파트너스가 '얼음맥주'로 유명세를 탄 역전할머니맥주를 경영권 인수(바이아웃)한다고 했을 때 시장에서는 다소 의외라는 반응이었다. 소비재보다는 구조조정·기술 기업에 강점을 가진 하우스의 특성과 F&B 섹터에 대한 부정적 시각 탓이었다. 당시 한 기관투자자LP는 "F&B는 유행을 타지 않는 치킨, 햄버거, 커피, 도시락 분야의 5위권 내 기업만이 투자 검토 대상"이라고 설명했다. 그만큼 브랜드의 짧은 생명력에 대한 우려가 짙었다. 무엇보다 외국계 사모펀드인 모건스탠리프라이빗에쿼티가 인수한 부대찌개·보쌈 프랜차이즈 '놀부'의 실패 사례가 F&B 섹터에 꼬리표처럼 따라다녔다. 1,000억 원 넘게 주고 인수한 놀부를 지속적으로 매각하려 했으나 번번히 시장에서 외면받았다. 인수한 지 11년 만에 가까스로 보유 지분 절반을 200억 원에 매각하는 굴욕을 겪어야 했다.

이뿐만이 아니다. 짧은 브랜드 생명력에 대한 우려도 팽배했다. 저렴한 안주와 시원한 생맥주를 강점으로 세운 스몰비어 브랜드들이 자취를 감추고 있었다. 압구정 봉구비어는 가맹점이 반토막, 용구비어는 4분의 1 토막이 났다. 엎친 데 덮친 격으로 전 세계를 강타한 코로나19로 오프라인 매장의 영업이 사실상 중단됐다.

역전할머니맥주 인수를 추진한 신효식 케이스톤 대표 역시 이런 부담감을 가지고 딜에 접근했다고 당시를 회상했다. 역전할머니맥주는 저온숙성맥주와 오징어입 안주로 큰 인기를 끌고 있던 프랜차이즈로, 설립 6년 만에 가맹점 수가 800여 개에 달했다. 가성비 맥줏집으로 인기를 얻자 사모펀드에서도 관심을 가졌다. 이름을 들어도 알 수 있는 중대형 사모펀드가 역전할머니맥주 인수를 연거푸 시도했다.

그러나 가보지 않는 길을 걷는 것은 녹록지 않았다. 그 누구도 가보지 않은 길은 모험심을 자극하지만 이는 벤처캐피탈vc에 보다 적합하다. 사모펀드는 원금 손실을 보지 않도록 '지지 않는 게임'을 해야 한다. 그렇다 보니 더 저렴하게 인수하는 것이 협상 전략의 우선순위로 설정됐다. 창업주와의 가격 눈높이가 맞지 않아 딜은 번번히 깨졌다. 여기에 코로나19가 확산되면서 오프라인 매장을 운영하고 있는 역전할머니맥주 매각은 공회전을 이어갔다. 신 대표는 딜 가격보다 회사의 본질 가치 분석에 집중했다. 더 큰 성장이 가능하다면, 가격은 부차적인 요소가 되기 때문이다. 창업자가 원하는 기업가치를 맞추면서도 퀀텀 점프가 가능한 요소들을 찾기로 했다.

신 대표는 선입견을 버리고 프랜차이즈 성공 요소 분석에 집중했다. 프랜차이즈 고객은 소비자가 아닌 점주다. 점주가 높은 수익을 얻어야 매출이 증가하고, 다른 곳에 가맹점을 내려는 수요가 발생한다. 역전할머니맥주는 점주의 매출과 이익이 지속적으로 증가하는 추세였다. 앞서 스몰비어 브랜드와는 정반대 그래프를 그리면서 본사에는 가맹점 신청서가 두텁게 쌓여가고 있었다. 성장 지표는 입증됐다.

다음으로 유통에서 규모의 경제가 가능해야 한다는 점을 살펴봤다. 신 대표는 "500개 이상 프랜차이즈는 유통 협상력을 갖추기 적합"하다고 봤다. 실제 역전할머니맥주는 식자재 공급처와 유리한 계약조건을 달성하고 있었으며, 인수 후 더 개선할 여지가 있었다.

마지막으로 브랜드 생명력을 살펴봤다. 브랜드의 생명력은 가맹점 간 통일성과 우수한 서비스를 유지하는 데 있다. 역전할머니맥주는 우수한 가맹점 관리를 진행하고 있었으며, 인수 후 전문경영인을 통한 개선 프로세스도 충분히 마련됐다. 인수를 위한 컨설팅에서도 '개선을 위한 부분이 극히 제한적'인 프랜차이즈 브랜드였다고 한다. 극히 제한적인 부분에 대해 케이스톤파트너스는 지속적인 안주 개발, 세무 서비스 및 매장 음원 B2B 구매, 낮은 단가의 배달 B2B 계약 등 점주 패키지를 제공해 점주들에게 큰 호응을 얻었다.

신 대표는 내부 투자심의위원회를 앞두고 만반의 준비를 했다. 그도 그럴것이 역전할머니맥주를 운영하는 역전에프앤씨를 1,000억 원 이상에 인수하기로 했기 때문이다. 브랜드 생명력이 검증되지 않은 맥주 프랜차이즈에 뭉칫돈을 투자하는 것은 그간 업계의 선입견을 생각하면 녹록지 않을 것이 분명했다. 그러나 뚜껑을 열어보니 상황은 예상과 전혀 달랐다. 코로나19 시기에도 성장한 프랜차이즈는 되레 브랜드의 생명력을 입증했고, 매년 수백억 원의 영업이익은 배당과 재투자가 가능한 '황금알을 낳는 거위'로 평가됐다. 역전할머니맥주 인수 건은 투자심의위원회 통과가 어렵다는 케이스톤파트너스에서 격론 없이 만장일치로 통과된 드문 케이스가 됐다.

큰 산은 넘었지만 난관이 사라진 것은 아니다. 에쿼티(지분) 투자는 앞서 조성한 블라인드 펀드를 통해 집행하면 됐으나 인수금융 조달이라는 숙제가 남아 있었다. 코로나19 시기 F&B에 대규모 대출을 집행하는 것은 말처럼 쉬운 일이 아니었다. F&B 섹터라는 이유만으로 난색을 표하는 담당자들이 있었다. 딜 검토조차 설득의 대상이었다. 신 대표는 '백문이 불여일견'이라고 판단해 인수금융 심사 담당자를 역전할머니맥주 지점으로 안내했다. 아직 코로나19의 여파로 오프라인 매장이 정상화되지 않았으나 역전할머니맥주만큼은 고객으로 꽉 차 있었다. 숫자와 현장이 맞물리자 인수금융 출자는 막힌 댐이 뚫리듯 순조롭게 진행됐다.

딜 완료 후 케이스톤파트너스는 즉각 인수 후 통합PMI 절차에 착수했다. 본사와 점주, 소비자가 모두 만족할 수 있는 밸류체인 구축과 국내 최고 수준의 세무·배달 서비스를 본사 차원에서 마련했다. 사모펀드는 단기적 이익 추구라는 오명이 있지만, 프랜차이즈 생명력을 연장하지 않고서는 매각도 불가능했다. 단기적 수익 추가가 아닌 안주, 서비스 등 본질 가치 강화에 역량을 집중했다.

'돈 버는 프랜차이즈'로 인식되자 가맹점 문의가 확대됐다. 근접 출점이 아닌 수익성 중심으로 출점 전략을 구축해 폐점은 최소화하면서 지속 가능한 브랜드 구축에 집중했다. 매장 내 캐니벌라이제이션(점포 간 잠식효과) 우려가 해소되며 인수 전 800여 개의 매장이 2025년 4월 1,000여 개를 돌파했다. 다만 내부적으로 추산한 최대 매장 수에 근접함에 따라 추가 성장 동력이 필요했다.

신 대표는 역전할머니맥주가 성장 한계선에 다다르자 추가 성장
판 만들기에 나섰다. 저가 가성비 브랜드인 역전할머니맥주는 소
비 수준이 높고, 임차료가 비싼 곳에 진출하기 적합하지 않았다. 이
를 개선하기 위해 프리미엄 매장 할맥레드를 출시했다. 식사 가능
한 맥줏집으로 객단가를 높이면서도 편하게 맥주를 즐길 수 있는
매장을 표방해 서울 여의도와 강남역에 매장을 냈다. 타깃 고객이
다른 만큼 주요 오피스 상권 중심으로 100~200개의 지점을 내는
것을 목표로 하고 있다. 이에 더해 K-푸드의 인기를 바탕으로 해외
진출을 시작했다. 2025년 7월 인도네시아 자카르타에 1호점을 개
장했다. 현지 사업자가 브랜드를 들여와 운영하는 마스터 프랜차
이즈 형태로 현지 사업자는 공급망부터 메뉴 구성까지 현지화한
다. 인도네시아 외에도 마스터 프랜차이즈를 내주는 형태로 해외
진출을 본격화한다는 복안이다.

마지막으로 브랜드 포트폴리오의 다변화이다. 프랜차이즈 운영
경험을 바탕으로 미국 샌드위치 브랜드 '지미존스'의 국내 마스터
프랜차이즈 권한을 확보했다. 우선적으로 손익분기점BEP을 넘기
는 가맹점 수 확보가 목표다. 40여 개의 가맹점을 확보한 후 동종업
계 경쟁사인 서브웨이와 본격 경쟁한다는 계획이다. 성장 전략이
순조롭게 진행되며 역전할머니맥주의 경영 지표도 빠르게 개선되
고 있다. 매출은 인수 전 660억 원에서 2024년 말 기준 1,086억 원

으로 껑충 뛰었다. 상각전이익_{EBITDA} 역시 같은 기간 194억 원에서 356억 원으로 증가했다.

　케이스톤파트너스는 역전할머니맥주를 빠르게 엑시트하기보다는 안정적 현금 창출을 바탕으로 추가적으로 프랜차이즈 기업을 인수하는 볼트온 전략을 구사하기로 했다. MBK파트너스는 아웃백, 창고43 등 유망한 프랜차이즈를 인수해 'BHC 모델'을 구축하며 F&B 그룹으로 키워냈다. 케이톤파트너스 역시 MBK파트너스의 성장 로드맵을 그리고 있다. F&B는 실패한다는 선입견을 버리고, 브랜드 생명력을 바탕으로 성장 전략을 펼치고 있는 케이스톤파트너스의 향후 행보에 관심이 쏠리고 있다.

'영화 같은' 요아정의 투자…
하버드 교재 수록 기대감 '훨훨'

_허준영 제이앤드파트너스 대표

2024년 하반기 디저트 브랜드 요거트아이스크림정석(요아정)이 깜짝 매각되면서 인수합병M&A 시장이 술렁였다. 신생 사모펀드가 20~30대 소비자들 사이에서 디저트 조합 만들기 열풍이 밈meme 으로 확산된 브랜드를 바이아웃 인수한 탓이다.

요아정은 인스타그램, 틱톡, 유튜브 쇼츠 등에 레시피 콘텐츠가 수백 개에 이를 정도로 MZ세대에게 큰 인기를 끌었다. 유명 연예 인과 인플루언서 등이 자발적으로 콘텐츠를 올리면서 마케팅 비용 없이 디저트계의 대세로 자리 잡았다.

그러나 대다수 업계 전문가는 요아정을 '탕후루' 열풍의 대체제 로 평가했다. 탕후루는 유명 인플루언서의 먹방 콘텐츠로 소개된

이후 폭발적인 인기를 끌자, 프랜차이즈 가맹점이 전국에 우후죽
순 생겨났다. 한 상권에 여러 탕후루 프랜차이즈가 개업하면서 캐
니벌라이제이션이 생겨났고, 인기가 양은 냄비처럼 급격히 뜨거워
졌다 빠르게 식어버렸다. 대만카스테라와 함께 대표적인 소상공인
의 잔혹사로 기록된다.

　허준영 제이앤드파트너스 대표는 시장의 냉혹한 평가와 달리 요
아정의 잠재력을 알아봤다. 그 비결은 남들이 보지 못하는 통찰력
과 같은 신화는 결코 아니다. 한 언론사에서 그를 '야전사령관'이라
고 평가한 특성이 딜의 원동력이었다.

　시작은 한 편의 잘 짜인 영화와 같았다. 갓 사모펀드를 설립한 허
대표는 마수걸이 투자를 위해 수많은 기업을 검토하고 있었다. 이
때 가족이 '요아정 프랜차이즈를 창업할 것'이라고 통보했다. 요식
업 경험이 없는 가족의 도전을 마냥 반길 수는 없었지만 가족의 의
지는 확고했다.

　MZ세대가 사랑하는 브랜드이면서 요거트 디저트 브랜드의 생
명력이 대만카스테라, 탕후루와 같은 반짝인기가 아닐 것이라는
분석이었다. 실제 요거프레소는 20년간 스테디셀러 브랜드로 살아
남았고, 오픈 가맹점만 1,400호가 넘는다. 계절성이 뚜렷한 빙과류
프랜차이즈로 넓히면 설빙, 배스킨라빈스는 그 어떤 프랜차이즈보
다 꾸준한 사랑을 받고 있다.

가족보다 먼저 창업을 경험한 허 대표는 사업 초기 해야 할 많은 일이 떠올랐다. 잠시 본업을 미뤄두고 2024년 3월 요아정 가맹점 사업을 시작했다.

"요아정은 일반 프랜차이즈와 다르다."

허 대표는 요아정 가맹점을 운영하면서 직감적으로 '미다스의 손'을 떠올렸다. 요아정은 아이스크림 파우더를 제외한 핵심 원재료인 과일, 우유 등을 본사가 통제하지 않고, 가맹점이 개별적으로 구매하는 시스템이었다. 소비자의 최종 가격도 가맹점마다 달랐고, 원재료의 차이로 맛도 달랐다. 남들이 보면 치명적인 약점이었으나 허 대표에게는 '돈 냄새'가 짙게 묻어났다.

본사의 통제력이 부재했지만, 요아정은 가맹점마다 본인만의 무기를 만들어 다양한 제품과 레시피를 만들어냈다. 우수 사례만 모아 본사 노하우로 흡수해도 다른 요거트 브랜드와 질적 차이를 만들어낼 수 있다는 판단이 섰다.

더 큰 기회는 본사 물류의 부재였다. 가맹점마다 사입으로 이뤄지고 있던 과일 등 핵심 원재료를 본사가 가맹점에 직접 공급한다면 '규모의 경제'를 통한 가격 경쟁력을 확보하고, 동일한 품질관리가 가능하다. 여기에 당장 본사에 막대한 매출이 추가로 발생할 수 있는 구조였다.

야전사령관인 허 대표는 무작정 가맹점주이자 사모펀드 투자자로 본사를 찾아갔다. 2021년 요아정을 설립한 창업주는 3년 만에 폭발적으로 성장한 사업에 다소 혼란을 겪고 있었다. 창업주와 지속적인 소통을 이어온 허 대표는 요아정의 매각을 공식 제안했고, 인수 제안 가격은 무려 400억 원에 달했다. 2023년 매출 51억 원, 영업이익 3억 원에 불과한 기업을 시장 기대치를 웃도는 파격적인 가격에 사겠다고 하자 창업주의 마음도 매각으로 기울었다.

인수 전 허 대표는 요아정의 기업가치를 인수가의 최소 수 배 이상으로 봤다. 가맹점별로 인수 직전 판매 원가로 약 월 150억 원가량의 물동량이 있었다. 여름 계절성을 고려하더라도 프랜차이즈 물류 정상화와 가맹점의 자연 증가를 고려하면 연 1,000억 원의 매출을 올리는 기업으로 재평가됐다. 영업이익은 최소 200억~300억 원가량으로 평가됐는데, F&B 매각 멀티플을 보수적으로 산정해도 5~6배다.

"시장가 대비 저평가된 가격으로 살 수 있는 경영권 인수 딜에 머뭇거릴 투자자가 있을까?"

확신이 선 허 대표는 기관투자자LP를 만났다. 그러나 집단 경험의 벽은 높았다. 공차, 메가커피, 역전할머니맥주와 같은 F&B의 성공 투자 사례가 있었지만, 유행에 민감하고 매각처가 불투명한 분야에 투자를 머뭇거리는 분위기가 여의도에 팽배했다. 특히, 부대찌개·보쌈 프랜차이즈 '놀부'의 실패 사례가 발목을 잡았다.

무조건적인 거부감에 지쳐갈 때 우연히 삼화식품공사와 만났다. 70년 전통의 간장 식품기업인 삼화식품은 '아라치치킨'과 오프라인 밀키트 브랜드 '식사준비'를 운영하며 사업 다각화에 나서고 있었다. F&B 투자에 선입견이 없던 삼화식품은 허 대표의 투자 구조와 분석을 듣고 곧바로 투자를 결정했다. 오랜 업계 경험에서 나오는 통찰력과 사업가 정신이 발휘된 것이다.

허 대표의 분석은 인수 직후 톱니바퀴처럼 맞아떨어졌다. 2024년 7월 400억 원에 요아정 인수를 마무리했다. 인수 전 7개월 동안 본사 매출은 70억 원에 불과했다. 그러나 인수 직후 물류의 구조 결함을 바로 잡았더니 8월 한 달에만 매출이 80억 원에 달했다. 물류 시스템 안정화를 이룬 뒤 인수 후 통합PMI에 즉각 돌입했다. 식품 분야는 삼화식품이 중심을 잡고 진행했다.

허 대표는 레거시 식품기업의 운영 원칙에 큰 교훈을 얻었다고 회상했다. 삼화식품을 방문했을 때 공장뿐 아니라 주변 아스팔트도 거울처럼 먼지 한 톨 없었고, 제조 관리도 5단계로 규격화해 철저히 관리했다. 안전한 식품만 생산한다는 고집스러운 원칙이 70년의 업력을 가능케 한 것이다. 삼화식품은 '안전 DNA'를 요아정에 그대로 이식했다.

컨설턴트 출신인 허 대표는 사업화 모델에 집중했다. 물류시스템 도입으로 가맹점 관리 프랜차이즈 모델을 확립하고, 사내 조직 간 커뮤니케이션 툴을 일원화했다. 인력도 20명에서 40명으로 확장하고, 인사관리 시스템을 도입했다. 시스템이 안정화되면서 인수 직전 200여 개였던 가맹점이 2025년 8월 기준 700여 개를 돌파했다. 이런 성장세에 힘입어 2025년 매출은 700억 원, 영업이익은 200억 원에 달할 것으로 점쳐진다. 초기 인수 목표가 벌써 이뤄진 셈이다.

제이앤드파트너스는 요아정을 지속 가능한 브랜드로 육성한다는 목표다. 국내 시장은 캐니벌라이제이션을 고려해 점진적 확장을 하는 대신 해외 시장 공략에 집중한다. 요아정은 미국 하와이, 중국 상하이, 홍콩, 일본 오사카, 호주에 각각 1호점을 열었다. 테스트베드(실험장)가 마무리되면 집중 진출 지역을 선정해 해외 시장 확대에 본격 나선다는 방침이다.

여름 계절성 매출을 보완하기 위해 신규 메뉴도 지속해서 출시했으며 아사이볼, 그릭 요거트, 화채, 크림 찹쌀떡은 벌써 스테디셀러 메뉴로 자리 잡았다. 특히 아사이볼은 건강한 디저트로 부각되며 요거트만큼 높은 인기를 끌고 있다.

요아정은 아사이볼 외 슈퍼푸드 메뉴를 식사류까지 확대해 겨울에도 즐겨 찾는 매장으로 변모하겠다는 복안이다. 벌써 투자 목표

를 이룬 요아정이 하버드 MBA 교과서에 실린 '공차'의 잭팟 투자

사례를 재현할 수 있을지가 남은 관전 포인트다.

PART 2

2026년 M&A 시장과 사모펀드 전망

3장

국내외 사모펀드 투자 트렌드

2026년
산업경제를 조망하다

상법 개정·노란봉투법까지··· 정책발 딥임팩트

2026년 산업 경제는 한 치 앞을 내다보기 힘든 대내외 변수에 직면했다. 국내 기업들의 경영환경이 더욱 악화할 수 있다는 우려가 제기되고 있다. 우선 살펴볼 부분은 대내 변수다. 여당인 더불어민주당이 2025년부터 상법 개정에 드라이브를 걸면서 자사주 의무소각, 의무공제매수제 도입에 속도가 붙었다. 그간 재계의 결사 반대 속에 국회 문턱을 넘지 못했던 법안들이 이재명 정부 들어 대거 현실화될 가능성이 커졌다. 상법 개정에 따른 충격파는 앞서 충분히 기술했다. 2025년 9월 기준 본회의에서 3차 상법 개정이 논의되었으며, 상법 개정이 탄력을 받기 시작하면 2026년부터는 새 상법이 대거 적용될 것으로 보인다.

2026년에는 재계 우려처럼 경영권 방어에 취약해지는 모멘텀이 올지 지켜봐야 한다. 더불어 상장사 거버넌스가 강화되면서 주가 상승이 지지부진하던 국내 증시가 활력을 되찾을지도 관전 포인트다. 다만 2025년 상법 개정 예고 후 국내 증시가 대거 상승했던 만큼, 시장 지수를 끌어올릴 긍정 요소가 될 것으로 전망된다. 상법 개정과 맞물려 국내 증권시장 지형은 달라지고 있는데, 소액주주들과 액티비즘 펀드들이 대주주에 반기를 들고 나서는 사례가 늘었다.

또한 재계는 노란봉투법(노동조합법 개정안) 통과 여부를 주시한다. 재계 반대는 격렬하다. 이 법안이 통과되면 원청 기업이 하청 노동자의 근로조건에 실질적 영향력을 미치는 것으로 간주, 결국 원청 기업은 단체교섭 의무를 지게 된다. 파업 손해배상 청구 역시 제한될 전망이다. 예를 들면 현대자동차는 1차 협력사만 300여 개가 넘는데, 2~3차까지 협력사를 포함한다면 그 수는 헤아리기 어려울 정도다. 추후 현대차는 하청 기업들의 노사 문제까지 일일이 개입해야 할 수 있다. 노조가 경영진의 중대 의사결정에 본격적으로 반기를 들고 일어날 것이란 우려 역시 있다.

국내 기업은 해외로 거점을 옮기고, 국내 투자를 고려하던 해외 기업은 이를 거둬들일 것이라는 지적이다. 기우에 그칠지, 우려가 현실이 될지는 곧 육안으로 확인할 수 있다. 다만 노란봉투법은 기업으로서는 리스크를 키우는 셈이어서 기업의 국내 투자를 억제하는 효과가 있을 것으로 점쳐진다.

미국 변수와 글로벌 공급망 재편의 압박

국내 경제에 있어 도널드 트럼프 미국 대통령의 '입'은 2026년 한 해를 좌우할 변수다. 트럼프 대통령은 국내 기업들의 대미 투자 금액과 현지 생산거점 확대를 일관되게 요구해왔다.

실제 트럼프 행정부 2기가 시작된 후 대기업들이 앞다퉈 현지 투자를 약속하고 나섰는데, 이차전지 업종이 대표적이다. 인플레이션 감축법IRA 보조금 지급 요건이 더욱 까다로워지자 현지 생산 비중을 크게 늘릴 수밖에 없는 상황에 직면했다. 조립공장 차원이 아니라 소재부터 완제품까지 공급망 전반을 미국 현지에서 구축해야 한다는 요구가 거세졌다. 국내 주요 그룹이 미국 현지 투자 확대를 약속한 이유다.

하지만 거액 투자를 약속했음에도 트럼프 행정부의 '변덕'은 국내 기업들의 경영 불확실성을 키우고 있다. 한 예로 LG에너지솔루션은 미시간과 애리조나에서 배터리 셀 공장뿐 아니라 양극재·음극재 공급망까지 구축해야 하는 부담을 떠안게 됐다.

그런데 2025년 9월 LG에너지솔루션이 미국 조지아주에 현대차

그룹-LG에너지솔루션의 합작 배터리 공장(HL-GA 배터리회사)을 건설하는 과정에서 미 이민세관당국의 불법 체류자 단속이 벌어졌다. LG에너지솔루션 직원과 협력사 인력 등 250여 명이 구금되는 초유의 사태로 국내 기업은 물론 외교당국도 초비상이 걸렸다. 결국 관련자들이 석방되면서 일단락됐지만 글로벌 시장에 미치는 파장은 컸다.

특히 해외 기업이 미국 현지에 투자하는 건임에도 불구하고 이민당국이 마치 전쟁을 방불케 하는 검거 작전을 벌였던 것으로 알려지면서 논란을 키웠다. 현지 투자를 요구했던 트럼프 행정부에선 이번 사태에 대해 이렇다 할 설명을 내놓지 않았고, 트럼프 대통령은 논란에도 불구하고 "한국과의 관계는 매우 좋다"라고 답변했다.

미국에 대한 기업들의 불안감과 불확실성은 더욱 커지게 됐다. 투자 약속이 무색하게 미 당국의 행보는 적대적이라고 느끼기에 충분하기 때문에 장기적으로 대미 투자를 위축하는 악수가 될 수 있다. 미 현지 언론에서도 해당 사안을 중대하게 인식하는 이유다.

미국의 대중국 견제 드라이브에까지 사실상 국내 기업들이 동원된다는 점은 또 다른 우려를 낳는다. 미국은 중국의 AI 산업을 견제하기 위해 중국 현지에 첨단 반도체 칩과 장비 반입을 통제 중이다. 중국 매출 비중이 상당한 국내 반도체 기업들에는 직접적인 피해가 발생한다. 트럼프 행정부의 한마디로 기업 경영 전략이 언제든 뒤집힐 수 있다는 건 중대한 경영 리스크다.

산업 공동화 위협, 국내 제조업 붕괴하나

국내 산업계가 처한 제조업 공동화는 2026년에도 계속된다. 그렇지 않아도 높은 인건비, 경직된 노동시장, 노사 갈등이 고질적 약점으로 꼽혀왔는데, 국내 노동 규제가 확대되면서 국내는 물론 국내에 진출한 해외 기업들까지 한국을 떠날 것이라는 우려가 나온다. 여기에 트럼프 행정부가 미국 내 생산 확대를 강요하면서 국내 생산 파이는 더욱 줄어들게 됐다. 트럼프 대통령은 인도, 멕시코, 베트남 등지에도 관세 인상을 검토한다고 밝혀 기업들의 고민이 깊어졌다.

국내 생산거점은 스마트팩토리 기반의 무인화, 자동화가 가속화될 예정이다. 포스코가 포항제철소 일부 공정에 AI 기반 무인화를 도입했고, 현대자동차도 울산 전기차 전용 공장에서 자동화를 확대하고 있다. 현대글로비스는 물류거점에 자동화 시스템을 도입하면서 업무 효율성을 높이고 인력 수요는 줄였다. 생산 자동화가 실질적인 대안이 될지 주목된다. 정부는 중소기업과 중견기업에도 스마트팩토리 보급을 추진 중이다. 중소벤처기업부는 중소기업의 디지털 전환DX과 AI 기반 생산혁신을 핵심 과제로 선정했다. '스마트 제조산업 혁신법' 제정으로 중소기업 스마트팩토리 구축을 전방위적으로 지원하겠다는 목표다.

대규모 블라인드 만든 크레딧 펀드…

돈 쏠 일만 남았다

2022년 급격한 금리 인상 이후 우리는 막연히 금리 인하를 기대했다. 오랜 기간 저금리에 익숙했던 탓에 '저금리가 정상'이라 여겼기 때문이다. "이 상태로는 모두 견딜 수 없어. 결국 다시 금리가 내려갈 거야"라고 주장하는 이들이 많았다. 그러나 애타게 기다리던 금리 인하는 애석하게도 오지 않았다. 2023년에 들어선 오히려 미국 기준금리는 5%를 넘어서기도 했다. 이듬해가 돼서야 금리 인하가 시작됐지만, 2025년에도 우리가 기대하던 수준의 저금리는 오지 않았으며 아직도 미국 기준금리는 4.25~4.5%를 유지하고 있다. 놀랍게도 사람들은 시간이 흐르자 높아진 금리에 익숙해졌다. 오지 않는 금리 인하를 기다리는 것이 아니라, 지금의 금리 수준에 맞춰 행동하기 시작한 것이다.

대체투자 시장도 마찬가지였다. 돈을 비싸게 빌리게 되면서 높은 위험을 감수해야 하는 경영권 인수(바이아웃) 투자에 대한 매력이 떨어졌다. 4%대 금리를 주는 정기예금이 있는데 굳이 불확실성에 뛰어들 이유가 줄어든 것이다. 저금리 시절 값싸게 자금을 조달해 큰돈을 써 경영권 인수에 나섰던 PE들은 투자금 회수에 어려움을 겪기 시작했다. 그들에게 자금을 맡겼던 LP들도 곤란해지긴 마찬가지였다. 통상 바이아웃 투자는 투자금 일부를 인수금융으로 조달한다. 1조 원에 기업 경영권을 산다고 치면 3,000억 원은 은행이나 증권사에서 빌리는 식이다(물론 인수금융을 쓰지 않는 경우도 있고, 그 비중은 개별 투자마다 다르다). 금리가 오르면서 조달 비용이 치솟았고 수익률은 빠르게 떨어졌다.

2024년 이 같은 시장 변화를 언급하며 크레딧 펀드의 부상을 언급한 바 있는데, 일부 대형 PE들이 발 빠르게 크레딧 펀드 시장으로 눈을 돌리고 있었기 때문이다. 대형 PE들은 자회사로 크레딧 펀드를 별도의 법인으로 만들어 투자에 나서기 시작했다. 크레딧 펀드는 지분 투자보다 위험이 낮고, 선순위 대출보다 수익이 높은 중위험·중수익 전략을 추구하며 '까먹지 않는 투자'를 찾던 LP들의 요구에 부합했다. 2021년 10월 자본시장법 개정으로 기관 전용 사모펀드도 대출형 상품을 취급할 수 있게 되면서 한국에서도 크레딧 펀드 운용이 본격화됐다. MBK파트너스, 스틱인베스트먼트가 스페셜시추에이션(특수상황) 투자로 시장 문을 열었고, IMM프라이빗에쿼티, VIG파트너스, 글랜우드프라이빗에쿼티 등 굵직한 운용사들이 크레딧 전담 조직을 세웠다. 설립 초기만 해도 '바이아웃 펀드의 2중대', '뷰티 콘테스트에서 유리한 고지를 선점하려는 꼼수'라는 등의 시선을 받기도 했지만, 2025년에 이들은 눈부신 활약을 펼쳤다. 규모가 큰 거래에서 주요 입찰자로 나서거나, 직전 해에 이룩한 성과에 힘입어 대규모의 크레딧 전용 블라인드 펀드 조성에 성공하기도 했다.

크레딧 펀드 운용사들이 많은 자금을 모을 수 있었던 배경은 연기금 및 공제회 같은 주요 출자자들이 지갑을 열었기 때문이다. 기존 크레딧 펀드 전략을 구사하던 운용사 외에도 다양한 크레딧 전문 운용사들이 생겨나면서 출자자들이 '뷰티 콘테스트'를 열 시장 환경이 갖춰졌다. '뷰티 콘테스트'는 출자자가 복수 운용사를 불러 투자 조건과 전략 등을 비교·평가한 뒤 출자 대상을 선정하는 방식이다. 익숙한 출자 방식이지만, 크레딧 펀드만을 위한 콘테스트는 흔하지 않았다.

무엇보다 2024년 국민연금이 크레딧 펀드 운용사들에 3,500억 원의 출자를 약속한 점이 주요하게 작용했다. 국민연금은 총 운용자산만 900조 원이 넘는 운용업계 '큰손'으로, 국민연금 관계자가 해외에 나가면 공항에서부터 레드카펫이 깔린다는 우스갯소리마저 나올 정도다. 국민연금이 물꼬를 터준 덕분인지 군인공제회와 사학연금, 새마을금고, 우정사업본부, 과학기술인공제회 등이 크레딧 펀드에 자금을 출자했다.

오랜 고금리 상황과 경기 불확실성 속에서 크레딧 펀드는 기관 투자자들에 매력적으로 다가왔을 것이다. PE들은 투자에 앞서 구조화를 통해 하방 안정성을 추구하긴 하지만, 경영권 인수거래의 경우 높은 수익률을 추구하는 만큼 크레딧 펀드만큼 안정성을 갖긴 어렵기 때문이다. 크레딧 펀드의 경우 주로 전환사채나 교환사채 등 채권 성격을 가진 자산이나 상환전환우선주 등에 투자해 원금 손실의 위험을 피했다. 출자했다 원금 회수마저 불투명해진 경험이 있는 기관투자자들에게 '원금 보장'만큼 달콤한 유혹은 없었을 것이다. 우리도 비트코인이나 주식에 투자하다 큰돈을 잃고 실의에 빠져 있을 때 '원금 보장'이라는 문구가 붙은 투자 상품에 눈길이 간 경험이 있지 않은가.

너도나도 펀드 조성했지만… 치열해진 경쟁

2026년 역시 크레딧 펀드 운용사들의 활약이 기대된다. 출자자들의 호응에 힘입어 대규모 블라인드 펀드 조성에 성공한 만큼 적극적으로 투자에 나설 유인이 커졌기 때문이다. IMM크레딧앤솔루션ICS이 9,500억 원 규모의 블라인드 펀드를 가장 먼저 조성하며 시장의 주목을 받았다. ICS의 성공적인 자금 모집은 SK엔무브 투자금 회수 등으로 높은 수익률을 기록한 덕분이다. 또 자사주 처리로 고민하는 대기업들의 교환사채를 연이어 인수하며 주식 교환을 통해 짧은 기간에 많은 시세 차익을 거뒀다. HD현대그룹과 SNT그룹 등의 교환사채를 인수해 가려운 곳을 긁어줬고, 투자 이익도 얻었다. 메자닌 명가로 통하는 도미누스인베스트먼트 역시 7,500억 원 규모의 블라인드 펀드를 약정했고, 글랜우드크레딧(6,000억 원)과 스틱크레딧(3,500억 원), VIG얼터너티브크레딧(2,300억 원)도 대규모 펀드 결성에 성공했다. 도미누스인베스트먼트를 제외하면 모두 첫 블라인드 펀드임에도 큰 자금이 몰리며 크레딧 펀드의 저력을 실감하게 했다.

최근 대두되는 상법 개정안의 방향이 크레딧 펀드의 투자 전략을 제한하고 있다는 점은 운용사 입장에서는 아쉬운 대목이다. 당장 크레딧 펀드의 주요 먹거리였던 교환사채 발행 거래만 해도 기업들의 자사주를 통한 자금 조달을 PE들이 돕는다는 관점에서 평판 리스크로 번질 우려가 있었다(물론 자사주 소각 의무화 자체가 이들의 기업들의 자사주 기반 교환사채 발행 수요를 촉진한 점도 있다).

또 다른 먹거리였던 프리IPO 거래가 위축된 점도 상법 개정 추진의 여파다. 프리 IPO란 말 그대로 기업공개IPO 직전의 자금 조달을 말하는데, 기업은 상장 직전에 자금을 조달하고, 투자자는 상장을 통해 자금을 회수하는 구조다. 문제는 대부분의 프리IPO 딜이

중복 상장 문제와 엮여 있다는 점이다. PE들이 상장을 앞둔 대기업 계열사의 프리IPO 거래에 참여하는 경우가 많았는데, 중복상장 이슈가 불거지며 프리IPO를 꺼리는 분위기가 짙어졌다. 보통 계약을 통해 상장에 실패할 경우 투자금을 회수할 장치를 마련해두지만, 상장을 통한 회수보다는 수익률이 현저히 감소한다. 또 상장에 실패해 공모 자금을 조달하지 못하면, 투자자에게 투자금을 돌려줄 능력 또한 떨어진다. 한국거래소가 기존 투자자의 주식 의무보유 확약 기간을 더 늘리는 기조도 프리IPO 딜을 꺼리게 만드는 요인 중 하나다.

운용사 간 경쟁도 치열해질 전망이다. 수천억 원대의 블라인드 펀드 조성에 성공한 크레딧 펀드 운용사만 5곳이 넘고, 기존 바이아웃 펀드들도 크레딧 펀드의 먹거리를 노리고 있기 때문이다. 일례로 2025년 8월 '한국의 로레알'을 꿈꾸는 구다이글로벌이 발행하는 8,000억 원 규모의 전환사채에 바이아웃 펀드 운용사들이 대거 참여했다. 국내 토종 바이아웃 펀드 운용사인 IMM프라이빗에쿼티는 물론 벤처캐피털인 컴퍼니케이파트너스도 물량 일부를 따내는 데 성공했다. 이러한 행태가 바이아웃 펀드들의 경쟁력을 죽인다는 비판에도 운용사들은 '수익률이 우선'이라며 아랑곳하지 않는 모양새다.

경쟁이 치열해지면 거래를 따내기 위해 불리한 조건을 감내해야 하는 점도 문제가 되는데, 돈이 필요해 투자받는 쪽이 '갑'이 되는 상황이 펼쳐진다. 이미 블라인드 펀드를 대거 조성해놓은 운용사 입장에서는 관리보수 증대를 위해서라도 투자금을 빠르게 소진해야 하기 때문에 오판을 내릴 확률이 높아지기도 한다.

아직 투자 결과가 나오지 않았지만, 2023년 이차전지 양극재 제조사 에코프로비엠 전환사채 투자 유치 사례가 대표적이다. 회사는 4,400억 원 규모의 전환사채를 발행했는데, 국내 PE들이 대거 몰리면서 발행사인 에코프로비엠에게 발행 조건이 유리하게 설정됐다. 전환사채의 표면이자율은 0%, 만기이자율은 2%다. 표면이자율이 0%라는 건 만기 이전에 별도로 이자를 지급하지 않는다는 의미다. 만기이자율 2%는 당시 기준금리보다도 낮다. 사모펀드들이 이자 수익을 포기하고, 주가 상승에 베팅했지만 에코프로비엠 주가는 아직도 전환사채 전환가액을 넘어서지 못해 투자금을 회수하지 못하고 있다.

기존 증권사들도 경쟁에 뛰어드는 점도 변수다. 증권사들은 크레딧 펀드와의 금리 면에서 우위에 설 수 있다. PE들은 남의 돈은 빌려와 대신 굴리고, LP와 GP 모두 수익을 챙겨야 한다. 하지만 증권사들은 자신들의 자금으로 직접 투자하기 때문에 상대적으로 낮은 금리로 돈을 빌려줄 여력이 있다. 규모 면에서도 유리한데, 최근 메리츠증권이 기업금융 분야에 적극적으로 뛰어들고 있는 사례를 보면 알 수 있다.

메리츠금융그룹은 SK이노베이션이 진행하는 5조 원 규모의 자금 조달 거래를 따냈다. 주가수익교환PRS 계약을 통해 SK온에 2조 원의 자금을 투입했는데, 주가 변동으로 인한 위험과 수익은 SK이노베이션이 가져가고, 메리츠는 SK이노베이션으로부터 이자만 수취하는 구조다. 메리츠는 이와 더불어 SK이노베이션의 LNG발전 자회사를 담보로 그 회사 전환우선주 3조 원어치를 사들여 기관투자자들에게 셀다운(재매각)했다. '5조 빅딜'의 경쟁자는 글로벌 사모펀드인 KKR이었지만, 금리 우위를 내세운 메리츠가 승기를 거머쥐었다.

치열한 경쟁 속에서 그나마 유리한 고지를 점하는 이들은 블라인드 펀드를 보유한 대형 운용사들이 될 것으로 보이는데, 거래 종결 가능성이 다른 운용사들에 비해 높아서 기업이 필요한 자금을 신속하게 집행할 수 있기 때문이다. 크레딧 펀드 운용사는 투자자지만, 아직은 제공할 수 있는 서비스가 운용사마다 크게 다르지 않은 것이 현실이다. 또 기업 입장에서는 여러 FI를 들이는 것보다 필요한 자금을 한 번에 지원해줄 소수의 운용사와 협의하는 편이 좋다. 투자 과정에서의 품이 덜 들 뿐만 아니라, 조기에 시장에 소문이 퍼질 확률도 더 낮기 때문이다.

자금력은 투자 시장에서 엄청난 힘이다. 조금은 다른 전략을 추구하는 운용사도 경쟁력을 가질 수 있다. 한국 크레딧 펀드의 딜 구조는 너무 단순해서 대출과 크게 다르지 않다는 비판적 의견도 존재하는데, 아직 크레딧 펀드 시장이 성숙하지 않았기 때문이다. 그러나 골드만삭스나 해외 운용사 등에서 복잡한 딜을 성공으로 이끈 인력들이 한국에도 속속 자리 잡고 있다. 이들이 투자자와 기업 모두 만족하는 참신한 딜 구조를 짜낸다면 자금력이 조금 부족하더라도 충분히 경쟁력을 가질 수 있다.

바이아웃 뛰어드는 VC···

흐릿해지는 경계

VC와 PE는 대체투자 시장을 양분하는 주요 투자 주체다. 두 조직 모두 유망한 기업을 찾아 떠도는 하이에나에 가깝지만, 엄연히 다른 성격을 띤다. 다른 점을 열거하면 끝도 없겠지만, 직관적으로 보면 VC는 다소 부족하지만 대박이 날 만한 일말의 가능성이 있는 기업에, PE는 가능성과 함께 최소한의 건실함을 갖춘 기업에 투자하는 느낌이 강하다. 한 펀드에서 많게는 20개 기업까지 투자하는 VC와 달리, PE는 많아야 예닐곱 개 기업에 투자하는 만큼 당연한 차이기도 하다. 개인적으로 흥미로운 점을 꼽자면 VC 업계 종사자들은 대체로 긍정적이고 활기찬 느낌이 강하다면, PE 업계 종사자들은 약간은 찌들어있고, 보수적인 느낌을 강하게 풍긴다. 복장 역시 전자는 때로는 스타트업 종사자처럼 보이기도 하는 반면, 후자는 한여름에도 넥타이까지 매는 경우도 목격된다.

두 주체가 하는 일의 차이를 중점으로 보면 VC는 '유망한 씨앗에 물 주는 정원사', PE는 '오래된 집을 사서 고쳐 가치를 올리는 리모델러'로 비유할 수 있다. 정원사는 좋은 토양을 골라 씨앗을 뿌리고, 햇볕과 물을 맞춰가며 시간이 만들어내는 성장을 기다린다. 반면 리모델러는 집의 설계도부터 파이프, 단열까지 통째로 손대며 오랜 시간 동안 집의 가치를 끌어올린다.

그런데 요즘 정원사가 공구를 집어 들기 시작했다. 스타트업의 소수 지분을 사서 성장을 기다리던 VC들이 아예 회사를 통째로 인수하는 '바이아웃(경영권 인수)' 시장으로 발을 넓히고 있다는 의미다. IPO 문턱은 점차 높아지고, 스타트업으로 흘러오는 자금이 줄고 있는 영향이다. 투자금 회수가 늦어지는 환경에서 지분 투자만으로는 수익률 제고가 제한적이란 현실을 마주한 것이다. 성장을 기다리기만 하기보다 직접 핸들을 잡고 방향을 틀어 수익률을 높이려는 움직임이다. 과거 PE들이 VC 영역을 넘보던 시절도 있었는데, 유동성 파티로 스타트업에 큰돈이 몰리던 때다. 하지만 당시와 달리 벤처 시장이 얼어붙으면서 상반된 상황이 펼쳐지고 있다.

기후테크 관련 기업에 주로 투자하던 VC인 인비저닝파트너스는 2025년 헤임달프라이빗에쿼티와 함께 모빌리티 경량화 부품

개발 기업인 씨티알에 700억 원을 투자했다. 그간 VC 투자를 이어오던 인비저닝파트너스의 첫 번째 PE 투자다. 이전까지 초기 스타트업 위주로 투자해온 인비저닝파트너스는 2025년 초 PE 라이선스를 취득하며 바이아웃 투자를 준비해왔다. 아직 투자를 집행하진 못했지만, 관련 인력들을 충원하며 PE 투자에 의욕을 드러내는 VC들도 있다.

국내 1세대 VC인 HB인베스트먼트는 올해 PE 본부를 새롭게 출범했다. 회사는 지난해 운용 라이선스를 취득하고 인수합병M&A 등 PE 거래로 영역 확장을 준비해왔다. 주요 PE 인력을 영입해 전열을 갖춘 만큼 연내 프로젝트 펀드를 결성해 투자한다는 계획이다. 솔리더스인베스트먼트 역시 PE 본부를 신설하고 라이선스 취득을 준비하고 있다. 솔리더스의 모회사는 차병원그룹으로 바이오 투자에 특화된 운용사다. 알테오젠과 지노믹트리 등에 투자해 큰 성과를 거뒀을 정도로 강점이 있지만, PE 영역으로 확장을 준비하고 있다. 전통 금융지주 산하 VC인 JB인베스트먼트 역시 PE 라이선스를 획득하며 저변을 확대하고 있다.

일찍이 PE 영역에 도전해 올해 세 번째 바이아웃 투자를 마친 VC도 있다. 코스닥 상장사인 컴퍼니케이파트너스다. 컴퍼니케이는 AI와 바이오, 우주항공 등 미래 산업 및 딥테크 분야에 대한 투자에 적극적인 VC다. 임원진은 물론 심사역 중에서도 공학 전공자들이 다수 포진해 있는데, 이강수 컴퍼니케이파트너스 대표는 스스로를 '우주 덕후'라고 소개할 정도다. 2018년 루미르를 시작으로 12개 우주 기업에 투자했고, 우주항공청이 추진하는 뉴스페이스 펀드의 위탁운용사GP를 맡을 정도다.

그랬던 컴퍼니케이가 경영권 인수에 뛰어들었다. 이들의 첫 투자처는 서울 대치동의 3대 입시학원 중 하나로 꼽히는 세정학원이었는데 약 150억 원을 투자하여 최대주주로 올라섰다. 세정학원은 대입 전문 입시학원으로 2006년 문을 열었고, 이후 학교별 학습관리 노하우를 구축, 고교 내신에 특히 강점을 보유한 종합 입시학원으로 자리매김했다. 2024년 매출은 약 300억 원으로 집계됐고, 상각전영업이익EBITDA은 약 30억 원으로 추산된다. 컴퍼니케이는 세정학원이 꾸준한 외형 성장을 이어온 점을 높이 평가한 것으로 알려졌는데, 세정학원은 코로나19 팬데믹이 시작한 2020년 외에는 한 번도 매출 감소가 없었던 것으로 전해졌다. 최근 의대 증원 추진으로 사교육 시장에 대한 관심이 커진 점도 긍정적으로 작용했다.

컴퍼니케이는 세정학원 인수 두 달 만에 유·아동복 브랜드 로토토베베 경영권 지분 70%를 인수, 최대 주주에 올랐다. 컴퍼니케이는 해당 지분을 사들이는데 160억 원가량을 투자했다. 컴퍼니케이는 로토토베베의 빠른 성장에 주목한 것으로 보인다. 2018년 설립된 로토토베베는 부모가 직접 만든 유아 소화용 역류 방지 쿠션으로 인기를 끌었다. 이후 2020년 소셜미디어SNS 기반의 유·아동복 제조·판매로 사업 영역을 확장, 국내 3위 유아동복 브랜드로 올라섰다. 그간 100억 원대 투자에 그쳤던 컴퍼니케이가 올해는 거래 규모를 대폭 키우며 시장의 주목을 받았다. 화장품 업계 M&A 큰손인 구다이글로벌과 함께 '독도토너'로 유명한 라운드랩 운영사 서린컴퍼니를 6,000억 원대에 인수했기 때문이다. 구다이글로벌이라는 파트너가 있기에 거래 규모를 키울 수 있었지만, 컴퍼니케이 AUM이 1조 원 수준인 것을 감안하면 그야말로 빅딜을 따낸 셈이다. 컴퍼니케이의 바이아웃 성과가 하루아침에 이뤄진 것은 아니다. 2022년부터 일찌감치 PE 본부를 신설하고, 분주히 신규 거래를 물색한 덕분이다. 컴퍼니케이는 창업 3년 초과 7년 이하 중기 스타트업 단계를 넘어선 성숙 단계 벤처기업을 일명 '그로운업'으로 명명하고 이들과의 연합 M&A를 PE 본부 핵심 투자 전략에 올렸다.

직접 바이아웃 펀드를 운용하는 대신 M&A 관련 기업에 투자하는 VC도 있다. 중소기업 M&A 전문 기업 리버티랩스는 2025년 6월 SBVA 등 대형 VC들에서 130억 원 규모의 투자를 받았다. 스마일게이트인베스트먼트, 스톤브릿지벤처스 등 국내 주요 VC들이 돈을 넣었다. 리버티랩스는 존속이 어려운 중소기업을 직접 인수하고, 각 기업의 독립성을 유지한 채 직원 소유 기업으로 전환하는 모델을 운영한다. 2023년 설립 후 2년여간 400곳이 넘는 중소기업과 승계 문제를 논의하고 기업 두 곳은 직접 사들이기도 했다. M&A 매칭 플랫폼 '쿠키딜' 운영사 프렉탈테크놀로지는 창업 초기부터 글로벌 투자사 앤틀러코리아의 지원을 받았다. 기업 정보를 통합해 M&A 거래 상대방의 변동 조건을 실시간 반영하여 거래 성사율을 극대화하고, 딥서치의 리스팅은 기업 매칭, 평가, 분석 등 승계 M&A 프로세스를 인공지능AI으로 자동화한다.

VC들은 자연스레 출자 시장에서도 PE 영역을 넘보기 시작했다. 올해 신설된 모태펀드 기업 승계 M&A 분야에 PE가 아니라 VC들이 지원해 눈길을 끌었다. 나우IB캐피탈이 이 분야에서 1차 서류 심사를 통과해 쇼트리스트에 올랐다. 린드먼아시아인베스트먼트 등 VC 세 곳이 이 분야에 도전장을 냈다. 결과적으로 PE인 다올프라이빗에쿼티가 선정됐지만, 바이아웃 펀드를 향한 VC들의 의지를 엿볼 수 있는 대목이다. 나우IB캐피탈의 경우 이미 화장품 기업인 삐아를 인수해 성공적으로 코스닥 시장에 안착시키기도 했다. 의무보유확약 기간이 남아 아직 투자금을 성공적으로 회수할 수 있을지는 지켜봐야 할 대목이다.

출발 자체가 VC와 PE의 경계에 있는 운용사도 있다. 명함 관리 앱 리멤버를 5,000억 원 중반에 글로벌 PE인 EQT파트너스에 매각하며 존재감을 과시한 아크앤파트너스다. '그로스 바이아웃'을 추구하는 아크앤파트너스는 2020년 김성민, 안성욱 대표가 설립했는데, 두 사람은 십여 년가량 보고펀드와 VIG파트너스에서 함께 일했다. '그로스 바이아웃'은 투자가 필요한 성장 단계에 있는 기업에 단순한 소수 지분투자가 아니라 성장을 직접 주도하여 가치를 높이는 투자 전략이다. 일반적으로 PE의 바이아웃 거래는 그로스 단계의 기업보다는 어느 정도 실적이 나오는 '건실한' 기업들을 대상으로 이뤄진다. 그로스 단계의 기업들은 바이아웃 경험이 없는 VC들이 나서기도 쉽지 않았지만, 그럼에도 이런 기업들의 경영권 매각 수요는 적지 않았다. 창업자들이 쉼 없이 달려 회사를 키우다 보면 지치는 시간이 오기도 한다. 스타트업의 문법으로 키웠던 회사가 더 이상 성장하지 않아 외부 조력을 필요로 하는 경우도 있다. 아크는 이러한 수요를 파고들었다. 아크가 그간 투자한 회사들을 보면 숨고와 카시나, 리멤버앤컴퍼니, 팀스파르타 등 스타트업에 가까운 회사들이 대부분이다. 첫 투자 규모도 1,000억 원을 넘지 않았다. 아크는 규모는 작지만 성장성 있는 기업의 경영권을 사들이거나, 2대 주주로 올라서 회사 운영에 적극 관여해 기업가치를 끌어올렸다. PE와 VC의 중간 역할을 한 셈이다. 여담이지만 아크앤파트너스는 사무실도 서울 성동구 성수동에 있다. VC가 주로 포진한 GBD(강남업무지구) 지역과 PE가 주로 분포한 CBD(도심업무지구) 지역 중간 즈음이다.

'대세'가 된 스테이블코인

: 돌아온 투자 열풍, 사모펀드 주력 투자처 될까

'코인'을 논하자면 여러 투자자의 심정은 복잡할 것이다. 어떤 이들은 '대박'을 얘기하지만 또 어떤 이들은 '쪽박'의 아픈 기억을 토로한다. 거래소에 상장된 코인이 하루아침에 상장폐지 되는 사례들도 적잖다. 안정감보다는 불신이 앞선다. 실제 코인을 둘러싸고 여러 사람의 시각이 엇갈리는 이유이기도 하다. 여전히 상당수의 사람이 코인을 투자 대상으로 간주하지 않는 이유다.

2025년 들어 스테이블코인이 다시 주목받고 있다. 스테이블코인은 루나·테라 폭락 사태의 영향으로 국내 투자자들에게 여전히 불편한 기억을 불러온다. 하지만 스테이블코인은 일반적인 코인과 달리 변동성을 최소화한 실질적 결제 수단이라는 긍정적 평가도 뒤따른다. 현실 화폐와 1 대1로 연동된 구조 덕분이다. 가치 안정성을 확보하면서 큰 변동성으로 거래가 어렵다는 기존 코인의 한계를 보완했다. 스테이블코인은 글로벌 금융 시장과 투자 시장에서 새로운 '대세'로 부상했다. 코인 시장은 주기적으로 투자 열풍이 불었지만, 이번에는 분위기가 사뭇 다르다. 코인을 둘러싼 제도권 편입 논의가 속도를 내고 있으며, 이전까지 회의적인 반응을 보였던 각국 정부와 전통 금융기관들까지 발 벗고 나섰다.

미국이 움직이고 국내도 따라간다

도널드 트럼프 미국 대통령이 재선에 성공한 후 코인에 대한 호의적인 언행을 계속하고 있다. 트럼프 가문이 직접 관여한 프로젝트가 코인을 발행해 투자자를 모은 사례도 나왔는데, 월드리버티 파이낸셜World Liberty Financial의 토큰인 '$WLFI'다. 트럼프 대통령의 의중에 맞추듯 미국 금융기관들 역시 친코인 행보를 보인다.

코인과 연동된 상장지수펀드ETF 상품이 미국 현지에서 출시됐고, 코인을 전략적으로 매집해왔던 미국 상장사들은 코인 가치 상승과 맞물려 주가가 수직 상승했다. 대표적으로 마이크로스트레티지가 있다. 2025년 상장된 서클CRCL이 스테이블 코인 바람을 타고 가시적인 주가 상승세를 보였고, 같은 해 골판지 제조사였던 에이티코홀딩스OCTO는 '월드코인' 매입 계획을 외부에 알리면서 주가가 3,000%가량 폭등했다.

2025년 2분기에 국제통화기금IMF이 발표한 크립토-애셋 모니터Crypto-Asset Monitor에 따르면 글로벌 스테이블코인 시장 규모는 2,300억 달러를 돌파했으며, 특히 테더USDT가 1,500억 달러 이상, USD코인USDC이 600억 달러 안팎을 차지했다. 이미 두 코인만으로 전체 시장의 약86~88%를 점유하는 것으로 나타났다.

뉴욕 연준은 2025년 4월 보고서에서 유사한 수치를 제시했다. 당시 스테이블코인 전체 시가총액은 2,320억 달러로 추산됐으며, USDT와 USDC가 합쳐서 약86%를 차지한다는 분석을 내놨는데 이는 IMF 측 자료와 유사하다.

투자은행 골드만삭스는 2025년 8월 스테이블코인 서머Stablecoin Summer 리포트에서 시장 규모를 더 크게 잡았다. 전체 시가총액은 2,680억 달러, 이 중 USDT가 1,660억 달러, USDC를 680억 달러로 집계했는데 2,300억~2,700억 달러 사이 시장 규모라는 데는 이견이 없어 보인다.

해외 금융기관의 코인 '러브콜'…
사모펀드 진입 시점 주목

글로벌 자본시장에서 스테이블코인은 이미 제도권 금융과 깊숙이 연결되고 있다. 2022년 4월 블랙록BlackRock과 피델리티Fidelity가 참여한 서클의 4억 달러 투자 라운드가 대표적인데, 서클은 USDC 발행사다.

블랙록은 단순 투자에 그치지 않고 USDC 준비금 운용을 맡아 머니마켓펀드를 직접 관리한다. 2024년에는 자체 토큰화 펀드 'BUIDL'을 출시해 USDC와 교환 가능한 상품을 제공하기 시작했다. 피델리티는 스테이블코인 기반 결제·투자 서비스를 적극 개발하고 있다.

전통 금융사들이 적극적으로 코인 생태계에 진입하면서 사모펀드 업계에도 파급력을 미치고 있다. 당장은 PE가 적극적으로 코인 생태계에 투자하는 사례를 찾기는 힘들다. 하지만 거래 인프라·보관 서비스·규제 준수 솔루션 등 생태계와 연관된 기업 투자가 이어질 것으로 기대된다.

국내 코인 관련 투자는 VC 업계를 중심으로 조심스러운 행보를 보이고 있다. 블록체인 전문 VC인 해시드Hashed가 코인을 비롯한 블록체인 산업 전반에 적극적으로 투자했다.

하지만 언제 대규모 투자의 물꼬가 터질지는 주목해봐야 한다. 코인에 보수적인 입장이었던 기성 금융권의 움직임이 심상치 않으며, 코인에 신중한 태도를 보였던 금융권마저 코인 대응을 본격화하고 있다. 기득권에 대한 도전을 현실로 받아들인 셈이다.

2025년 KB국민은행, 신한은행, 하나은행, 우리은행 등 4대 은행이 히스 타버트 서클 사장과 면담했고, 같은 해 BC카드는 스테이블코인 결제 특허를 출원하며 코인 결제 시대를 대비하기 시작했다. 게임사로 유명한 위메이드는 원화 스테이블코인 메인넷 출시를 예고했다.

코인은 아직 사모펀드가 다루기에는 여러모로 적절하지 않다. 운용사 관계자들 사이에서도 코인을 바라보는 시각은 상반된다. "개인적으로 관심 있게 지켜보고 있다"라는 반응 정도이지, 운용사 차원에서 코인을 투자 아이디어로 꺼내는 곳을 본 적은 없었다. "신입 면접에서 지원자가 코인 얘기를 하면 무조건 탈락"이라고 딱 잘라 말하는 관계자도 있었다.

비즈니스의 먼 미래 성장성이 투자 잣대가 되는 VC와는 투자 접근법이 다르다. 매년 안정적인 현금흐름이 받쳐주면서 기업가치가 증가할 투자처를 찾는 게 사모펀드다. 대부분 국내 PE는 제조업·소비재·서비스업·인프라 등 실물 기반 성장기업을 선호한다.

스테이블코인에 대한 호의적인 환경이 조성되고 있지만, 여전히 제도적인 불확실성을 쥐고 있다. 현재로선 사모펀드가 관련 투자를 단행하긴 어려운 환경이다. 그나마 가장 코인과 가까운 투자를 단행한 사모펀드는 KCGI다.

본래 행동주의를 표방했던 KCIG는 최근 한양증권 인수와 함께 행동주의 이미지를 탈피하고 있다. KCGI는 국내 상장사인 IT 기업 SGA(현 비트플래닛) 유상증자에 참여했다. 대만계 VC 소라벤처스와 함께 투자했는데, 이들은 비트코인을 매입해 기업가치를 끌어올리는 이른바 '스트래티지' 전략을 취하는 VC로, 인수한 기업을 비트코인 전문 투자 회사로 전환해 주가를 끌어올리는 식이다.

대표 사례로 국내 투자자들도 많이 매수한 일본 도쿄증권거래소 상장사 메타플래닛이 있다. 호텔·관광 사업이 주력이었던 메타플래닛의 자산을 매각해 비트코인을 매입했고, 이 회사 주가는 2024년 한 해 동안 1,000% 넘게 상승했다. 업계에서는 SGA 사내이사로 선임된 제이슨 팡 대표가 메타플래닛과 비슷한 전략으로 회사를 이끌어갈 것으로 보고 있다. SGA 유상증자 단가는 586원이지만, 소라벤처스 투자 소식에 주가는 3,000원을 넘어섰다.

코인, 마이너에서 메이저로

코인 투자가 본격화되는 시점은 국내 정책의 변화와 밀접할 것이다. 국내에서는 원화 스테이블코인 제도화 논의가 가속화되는 중이다. 이재명 대통령의 대선 공약 중 하나였던 만큼 금융당국은 원화 기반 스테이블코인 안착에 힘을 실어줄 전망이다.

2025년 상반기를 지나면서 스테이블코인 법제화가 점차 구체화하고 있다. 2025년 상장 후 주가가 연일 떨어지던 LG CNS의 주가는 4만 6,500원까지 주저앉았지만 하반기부터 폭발적인 주가 상승세를 보이며 52주 최고가 10만 800원을 기록하는 기염을 토했다. 법제화 움직임 덕분이었다. LG CNS는 금융권 인프라를 구축하는 데 강점이 있고, 스테이블코인 시스템 구축 수요에 수혜를 입을 것으로 예상된다.

2025년 하반기 코인 시장을 달군 또 하나의 대형 이슈는 바로 네이버의 두나무 인수다. 네이버파이낸셜이 양사 주식 교환을 통해 국내 1위 가상자산거래소 운영사 두나무를 100% 자회사로 편입하기 때문이다. 두나무 편입 소식에 네이버 주가는 10% 이상 상승하기도 했다. 이번 소식은 시사하는 바가 크다. 코인이 더 이상 소수 투자자의 전유물이 아니라 주류 경제의 영역으로 넘어왔다는 의미로도 해석된다.

스테이블코인 도입은 이제 가시권에 들어왔다. 국내에 스테이블코인이 뿌리를 내린다면 추후 국내 사모펀드들의 투자 레이더에도 코인 업계가 들어올 것으로 보인다. 발행 코인 자체보다는 결제 인프라와 같은 생태계 투자에 투자금이 향할 가능성이 크다. 인프라 투자는 변동성과는 거리가 멀고 리스크를 회피하면서도 꾸준한 현금흐름을 창출할 수 있다.

참지 않는 소액주주,
힘 받는 행동주의

2025년 한국 자본시장에서 도드라지는 흐름 중 하나는 소액주주의 목소리가 커졌다는 점이다. 즉 '행동주의Activism'의 부상이다. 과거 대주주·경영진 중심 의사결정에 수동적으로 따라오던 것과는 달리 적극적으로 주주 권리를 행사하고 있다.

2025년 7월 상법 개정은 국내 행동주의에 날개를 달아줬다. 이사 충실의무 범위가 '회사'에서 '회사 및 주주'로 확대됐는데, 일명 '주주 충실의무' 명문화다. 이사들은 회사의 이익뿐만 아니라 주주의 이익까지 챙겨야 한다. 만약 주주 이익을 침해하는 결정을 방관한다면 주주 충실의무를 다하지 않은 것으로 간주할 수 있다.

주주 충실의무 명문화는 소액주주 권익을 지지하는 법적 토대를 강화하는 점이 구조적 변곡점인 셈이다. 감사위원 선임 시 3% 룰 적용 범위 확대, 전자주총·전자투표 의무화 등 지배구조 투명성을 높이는 방향으로 상법이 변모하고 있다는 평가다.

2025년 9월 기준 국회에서는 3차 상법 개정(의무공개매수제·자사주 의무소각 도입)이 본회의 상정을 목표로 논의 중이다. 여당인 더불어민주당은 의무공개매수제와 자사주 의무 소각 등을 관철하겠다는 입장이어서 자본시장 거버넌스는 또 한 번 격변할 것으로 전망된다.

'액트' 등 소액주주 조직화 플랫폼의 등장, 연기금의 스튜어드십 코드 확산 역시 국내 행동주의에는 힘을 실어준다. 2025년 3월 정기 주총 시즌에 상정된 주주제안 건수는 217건으로 집계됐는데, 2024년보다 두 배 가까이 늘어난 수준이다. 이는 더 이상 소액주주들이 대주주의 행보에 관망만 하지 않는다는 사실을 상징적으로 보여준다.

롯데렌탈 유상증자에 파열음

2025년 소액주주와 대주주가 크게 맞붙은 이벤트로 롯데렌탈 인수전을 우선적으로 꼽을 수 있겠다. 필자 역시 대규모 경영권 거래와 결부된 이슈로 관심을 두고 취재했던 건이다.

롯데렌탈 유상증자에 왜 소액주주들이 들고 일어선 것일까? 우선 시계열을 앞으로 돌려야 한다. 2025년 3월 어피니티에쿼티파트너스가 롯데그룹으로부터 롯데렌탈 경영권 지분을 매입하는 본계약을 발표했다. 공시에 따르면 호텔롯데 등 롯데렌탈 대주주가 어피니티에 매각한 구주 단가는 주당 7만 7,115원이었다. 이때까지만 해도 이번 경영권 거래의 파장이 커질 것이라고는 상상하기 어려웠다.

문제는 롯데렌탈이 어피니티를 대상으로 한 제3자 배정 유상증자 발표였다. 핵심 쟁점은 7만 원이 넘는 구주 매각 단가와 유상증자로 발행되는 신주가와의 괴리였다. 신주 발행가는 주당 2만 9,180원로 도합 2,219억 원을 조달한다. 구주 단가와 신주 단가 사이에는 약 4만 8,000원 차이가 있는데, 지나치게 낮은 신주발행가로 주주가치가 훼손된다는 게 소액주주 측 입장이다.

여기에 행동주의 성향인 VIP자산운용이 공개 주주서한을 통해 해당 유상증자의 재검토·철회를 요구하며 판이 커졌다. 주주 충실 의무라는 개정 상법 취지에 부합하도록 이사회가 안건을 다시 심의해야 한다고 압박하는 구도다. 유상증자가 암초에 부딪히자 롯데그룹은 적잖이 당황한 모습이다.

롯데렌탈이란 동일 기업을 두고 구주는 약 160% 수준의 경영권 프리미엄을 인정받은 것과 달리, 소액주주는 아무런 이득을 취하지 못했다. 반면 신주 발행가는 구주 거래가에 크게 미치지 못했다는 점이 소액주주들로부터 형평성 이슈를 촉발한 셈이다.

현재까지 이 사안은 공정위 기업결합 심사 종결 전이므로, 결론이 나지 않은 상황에서 속단은 조심스럽다. 투자 업계와 법조계 관계자들은 롯데렌탈 유상증자 결정이 법률상 제3자 배정 요건을 충족하는 한 사전 차단은 쉽지 않고, 분쟁 시 사후 소송으로 갈 가능성이 크다고 본다. 다만 이재명 정부의 기조가 소액주주 가치 보호에 적극적이라는 점에서 이 같은 집단적 대응은 예상 밖 변수가 될 수 있다.

티웨이항공 M&A를 둘러싼 논쟁

2025년 상반기 예림당은 티웨이항공을 지배하는 티웨이홀딩스 지분 전량을 대명소노그룹에 매각했다. 당초 티웨이홀딩스에 대명소노 측이 인수 뜻을 밝히자 예림당과 티웨이항공 경영진은 강하게 반감을 드러냈다. 예림당과 대명소노와의 분쟁이 격화될 조짐을 보였지만 양측의 신경전은 예림당이 지분을 전량 매각함으로써 싱겁게 마무리됐다.

이 과정에서 소액주주들이 들고 일어났다. 예림당은 구주를 경영권 프리미엄을 인정받아 주당 4,776원에 매각했다. 이 과정에서 기존 주주들은 대주주와 달리 보유 지분을 매각할 기회가 없었다며 반발했다. 경영권 매각 과정에서 대주주의 지분만 주가 대비 웃

돈을 얹어 거래되는 사례는 빈번한데, 이를 두고 소액주주들은 형평성에 문제가 있다는 입장이었다.

소액주주와의 갈등은 롯데렌탈 사례처럼 확전되는 모습을 보이진 못했다. 일부 주주들은 주총 현장에 직접 참석해 항의하기도 했지만 유의미한 변화는 없었으며, 이후 이렇다 할 이벤트는 발생하지 않았다.

다만 대명소노 내부적으로는 소액주주들의 집단적인 반발에 상당히 당황했다는 후문이다. 대명소노는 티웨이항공과 함께 에어프레미아를 함께 인수, 저비용항공사LCC 양사를 통합해 FSC Full Service Carrier로 재탄생시키겠다는 청사진을 갖고 있었다.

티웨이항공 인수 과정에서 예상 밖 변수에 직면하자 대명소노는 에어프레미아 지분을 매각하며 사실상 철수했다. 이후 타이어뱅크 그룹이 에어프레미아 지분을 끌어올리며 확고한 최대주주가 됐다.

2025년 국내 행동주의의 특징

국내 행동주의는 전문성과 체계성, 디지털화로 무장했다. 실제 행동주의를 핵심 투자 전략으로 표방한 운용사들이 하나둘씩 늘어났다. 기존에는 KCGI라는 대표적 운용사가 있었지만, 최근 KCGI는 블라인드 펀드 조성 등으로 전략을 다변화하며 공개 캠페인은 줄이는 모습이다. 하지만 이것이 끝이 아니다. 최근에는 VIP자산운용, 트러스톤자산운용, 얼라인파트너스 등 운용사들이 국내 행동주의를 리드하고 있는데, 이들은 투자 여력을 갖춘 데다 다수의 전문가로 구성돼 전문성과 체계성을 보인다. 각개 전투를 벌였던 개인 투자자들과는 전투력 차이가 클 수밖에 없다.

주주들이 디지털 플랫폼을 적극적으로 이용하기 시작했다는 사실을 주목해야 한다. '액트'가 대표적으로, 소액주주들이 디지털 플랫폼으로 손쉽게 의견을 일치하고 세를 불릴 수 있기 때문이다. 액트는 큼지막한 분쟁에 어김없이 등장한다. 2024~2025년에만 하더라도 하나마이크론·파마리서치 인적 분할 등에 뛰어들어 목소리를 냈다. 디지털 플랫폼이 없었다면 전국 각지 소액주주들이 한목소리를 내긴 어려웠을 것이다.

일각에서는 액트가 특정 세력의 돈을 받고 주주행동 방향을 유도한다는 지적도 제기된다. 2024년부터 불거진 MBK파트너스-영풍과 고려아연 간 경영권 분쟁 과정에서 액트가 고려아연 측과 공조했다는 취지의 문제 제기가 나왔다. 현시점에서 어느 한쪽의 입장을 사실이라고 단정지을 수 없다. 하지만 주주행동 방향성이 일부 세력에 의해 의도적으로 조종된다면 문제가 될 수 있으므로, 이는 앞으로도 국내 행동주의가 경계해야 하는 대목이다.

행동주의의 과도한 경영 개입은 기업에 있어 핵심 의사결정의 지연과 불확실성을 초래할 수 있다. 소액주주 측 주장이 언제나

100% 옳다고 단정할 수도 없다. 이해상충이 발생했을 때 전체 주주에 최선의 이익은 무엇인지를 따져야 하는 것도 숙제다.

국내 상장사들의 열악한 거버넌스를 감안한다면 행동주의의 발전은 고무적이다. 대주주의 일방적인 의사결정에 대해 여러 주주가 견제하는 구도는 달라진 패러다임을 보여준다. 행동주의가 확장되면서 단기적으로는 상장사 내 새로운 갈등 요소가 되겠지만, 장기적으로는 코리아 디스카운트를 만회하는 한 축이 될 전망이다.

"밸류업, 상법은 순항인데…
세제가 길 막고 있다"

_이창환 얼라인파트너스 대표

"대주주 양도세 10억 환원은 주주권 침묵법…

배당세 개편은 유인 부족" 쓴소리

"PBR 1.7배면 코스피 5000, 거버넌스 개혁하면 5년 내 가능"

정부의 '기업 밸류업 프로그램'이 한국 증시의 숙원인 '코리아 디스카운트' 해소의 구원투수가 될 수 있을까. 시장의 기대와 우려가 교차하는 가운데, SM엔터테인먼트와 7대 금융지주 캠페인을 연달아 성공시키며 행동주의의 새 역사를 쓴 얼라인파트너스자산운용의 이창환 대표를 만났다.

그의 목소리에는 확신과 아쉬움이 공존했다. 그는 이사의 주주충실의무 도입 등 상법 개정 방향에 대해서는 '올바른 순풍'이라며 환영했지만, 최근 발표된 세제 개편안에 대해서는 '정책적 엇박자'이자 '개혁의 발목을 잡는 역풍'이라며 강도 높은 비판을 쏟아냈다.

얼라인파트너스는 단순한 행동주의를 넘어 성과로 실력을 입증했다. 대표 펀드인 '얼라인파트너스 일반 사모투자신탁 제1호'는 2021년 9월 15일 설정 이후, 2025년 7월 31일까지 4년여 만에 184.4%라는 경이로운 누적 수익률을 기록했다.

이 대표는 인터뷰에서 "코스피 5000은 결코 꿈이 아니며, 올바른 제도 개혁이 뒷받침된다면 5년 내 충분히 도달 가능한 목표"라고 단언했다.

코리아 디스카운트의 본질: 지배주주에 종속된 이사회

이 대표는 인터뷰 내내 코리아 디스카운트의 근본 원인은 단 하나, 바로 기업 거버넌스 문제에 있다고 강조했다. 수십 년간 이어진 고질병의 핵심에는 지배주주의 사익을 위해 움직이는 이사회가 있다는 것이다.

"코리아 디스카운트의 가장 큰 원인은 독립적으로 전체 주주의 공평한 이익을 위해 일해야 하는 상장기업들의 이사회가 지배주주에 종속돼 제 기능을 수행하지 못하고 있기 때문입니다."

최근 단행된 1차 상법 개정은 이 문제의 심장부를 겨냥한 첫걸음이라는 점에서 긍정적이다. 이사의 충실의무 대상을 '회사'에서 '주주'로 확장하고, 모든 주주의 이익을 공평하게 대우할 의무를 부과했기 때문이다. 그는 이어 "8월 임시국회에서 통과될 2차 상법 개정안은 더 큰 변화를 가져올 것"이라고 기대했다. 자산 2조 원 이상 대기업이 정관으로 집중투표제를 배제할 수 없게 하고, '3% 룰'을 적용받는 분리선출 감사위원 독립이사 수를 두 명으로 늘리는 조치들이 포함돼서다. 이 대표는 "이 모든 조치는 이사회가 지배주주의 거수기 역할에서 벗어나 진정한 독립성을 갖추도록 보장하기 위한 장치"라고 설명했다.

아직 현장의 변화는 미미하지만, 물밑에서는 의미 있는 기류가 형성되고 있다. 그는 "과거에는 주주서한을 보내도 무시로 일관하던 기업들이 이제는 공식적으로 검토하고, 법률 및 기업관계IR 전문가의 자문을 받으며 적극적으로 대응 논리를 수립하는 움직임을 보이고 있다"라며 "정부의 확고한 정책 기조와 높아진 주주 의식이 만나 기업의 태도를 바꾸고 있다"라고 진단했다.

개혁의 발목 잡는 '엇박자 세제'

그러나 이처럼 긍정적인 거버넌스 개혁의 흐름에 세제 개편안이 찬물을 끼얹고 있다고 이 대표는 목소리를 높였다. 특히 두 가지 독소 조항을 지적했다.

첫째는 주식 양도소득세가 부과되는 대주주 기준을 50억 원에서 10억 원으로 되돌리려는 시도다. 그는 이를 '주주권 침묵법'에 가깝다고 비판했다. 이 대표는 "세수 증대 효과는 거의 없을 겁니다. 대부분의 고액 개인 투자자들은 과세 기준일인 연말 전에 10억 원 초과분을 모두 처분할 것이기 때문이죠. 문제는 그다음입니다. 이들은 의결권을 포기하고 CFD(차액결제거래) 같은 파생상품으로 투자를 이어갈 수 있습니다. 결국 세금은 더 걷지 못하면서, 기업 거버넌스 개혁에 가장 적극적으로 목소리를 내야 할 핵심 개인 주주들의 의결권만 사라지게 만드는 결과를 초래합니다"라고 단언했다.

둘째는 실효성이 떨어지는 배당소득세 분리과세 안이다. 정부안의 최고세율 38.5%는 현행 종합과세 최고 실효세율인 42.85%와 비교해 큰 차이가 없어, 지배주주가 배당을 획기적으로 늘릴 유인이 되지 못한다는 지적이다. 이 대표는 "배당세 개편의 핵심은 세계 최하위권인 한국 기업의 배당 성향을 정상화하는 데 있다"라며 구체적인 대안을 제시했다. "국회에 계류된 이소영 의원안처럼 배당성향 35% 이상인 기업에 한해 최고세율을 27.5%로 파격적으로 낮춰주는 방식이 필요합니다. 이는 지배주주에게 분리과세 혜택을 받기 위해 배당을 늘리라는 확실한 신호를 줍니다. 전체 배당금이 늘어나면 외국인과 법인 투자자의 배당세수를 포함한 총 세수는 오히려 기존보다 늘어날 수 있습니다." 이 대표는 12월 2일 세법 개정안 통과 전까지 국회의 신중한 재검토를 촉구했다.

"PBR 1.7배면 코스피 5000… 5년 내 가능하다"

이 대표는 거버넌스와 세제라는 두 개의 큰 산만 넘는다면 '코스피 5000'은 결코 허황된 구호가 아니라고 힘주어 말했다. 그는 "코스피 5000은 특정 숫자라기보다 한국 증시가 마침내 '정당한 가치Fair Value'를 회복하는지의 문제"라고 정의했다.

이 대표는 다음과 같이 명확한 근거를 제시했다.

"현재 한국 증시의 평균 PBR은 1.1배에 불과합니다. 일본 닛케이225 지수는 2.3배, 대만 TAIEX 지수는 2.6배 수준입니다. 코스피 5000은 PBR 1.7배면 도달하는 수치로, 비교 대상 국가들을 보면 지금 당장 코스피가 5000을 달성해도 전혀 이상할 것이 없는 상황입니다."

그는 기업들의 자본Book Value이 꾸준히 성장하고 있기에 제도 개혁을 통해 PBR이 1.3~1.4배 수준으로만 상승해도 5년 내 목표 달성이 가능하다고 자신했다. 이를 위한 조건으로는 현재 진행 중인 상법 개정, 자본시장법 개정, 스튜어드십 코드 개정 등을 통한 거버넌스의 글로벌 표준화와 실효성 있는 세제 개편을 꼽았다.

'한국형 행동주의'의 길: 소통과 전문성

얼라인파트너스의 성공 비결은 무엇일까. 이 대표는 "우리는 행동주의 이전에 투자자"라고 선을 그었다. 안정적인 현금흐름을 창출하지만 거버넌스 문제로 기업가치가 지분 100% M&A 가치 대비 현저히 저평가된 기업이 주요 타깃이다.

은행주 캠페인 당시 KB금융지주와의 협력은 그가 추구하는 '건설적 행동주의'의 모범 사례다. 그는 "우리의 주주서한에 대해 KB 금융 이사회는 매우 전문적이고 심도 있는 논의를 진행했고, IR 담당 임원을 통해 건설적으로 소통했습니다. 그 결과, 업계에서 가장 모범적인 자본 배치 정책을 선제적으로 발표했고, 주가 상승과 시장의 평판이라는 두 마리 토끼를 모두 잡았습니다"라고 설명했다.

물론 20~30%의 소수 지분으로 이사회 전체를 장악하는 지배주주가 존재하는 한국 시장의 특수성은 여전히 큰 장벽이다. 그는 "지배주주의 이익과 일반주주의 이익이 상충하는 경우가 많아 대부분의 기업이 방어적, 적대적으로 대응한다"라며 "이를 극복하려면 치밀한 분석, 명쾌한 대안 제시, 그리고 한국의 문화적 맥락을 고려한 정교한 커뮤니케이션 전략이 필수적"이라고 말했다.

모두의 역할: "1,400만 개인 투자자, 잠자는 권리 깨워야"

이 대표는 자본시장 개혁은 특정 펀드만의 과제가 아니라고 강조하며 모든 시장 참여자의 역할을 당부했다. 특히 시장의 '최대 큰손'인 국민연금에 대해 "일본의 GPIF(일본 공적연금)처럼 위탁운용사의 스튜어드십 활동을 적극적으로 독려하며 시장의 리더십을 발휘하는 것이 시장 발전에 매우 중요한 필요조건"이라고 말했다.

1,400만 명에 달하는 개인 투자자들에게는 "스스로 권리 위에 잠자지 말라"고 호소했다. "주주총회 참여율은 여전히 매우 낮습니다. 법으로 주어진 주주로서의 권리조차 행사하지 않으면 누구도

나의 정당한 이익을 지켜주지 않습니다. 의무화된 전자주총 제도를 활용해 내가 투자한 기업의 주주총회에 꼭 한번 참여해보시길 권합니다.”

마지막으로 그는 SM과 은행주 캠페인의 가장 큰 성과로 ‘인식의 전환’을 꼽았다. 이 대표는 “이 캠페인들은 일반주주가 힘을 모으면 실제로 기업을 바꿀 수 있고, 그것이 주주가치 상승으로 이어진다는 사실을 증명했습니다. 이제 시장에는 ‘일반주주는 더 이상 무시해도 좋은 존재가 아니며, 주주가치를 훼손하면 언제든 거센 도전에 직면할 수 있다’는 건강한 경각심이 생겨나기 시작했습니다”라고 말했다. 그는 “이 경각심이 한국 자본시장 전체를 한 단계 성숙시키는 출발점이 될 것”이라고 확신했다.

4장

안중성 변호사의 사모펀드 제도·규제 변화 분석

상법 개정,
사모펀드의 득실은?

2025년 여름 국회를 통과한 상법 개정은 한국 자본시장의 구조적 전환을 상징하는 사건이었다. 상법 개정안은 단순히 법 조항 몇 가지를 손질한 수준에 그치지 않았다. 이번 개정은 주주 권리 강화와 지배구조 투명성 확보라는 시대적 요구를 법률에 반영한 것으로, 그 파급력은 기업 경영 전반뿐만 아니라 PE 산업에도 직접적으로 미칠 수밖에 없다. 특히 이사의 충실의무를 주주에 대해서도 명문화한 점, 전자 주주총회 제도의 법제화, 독립이사 제도의 강화, 감사위원 선출 구조의 보완, 집중투표제 의무화 등은 모두 주주의 영향력을 확대하는 방향으로 작동한다. 이러한 변화는 PE들에게 새로운 기회이자, 도전이다.

사모펀드는 기본적으로 기업을 인수해 일정 기간 동안 가치를 제고한 뒤 매각이나 상장을 통해 투자금을 회수한다. 이 과정에서 PE는 경영에 일정 부분 개입하거나, 파견 이사·임원을 통해 기업 진략에 영향을 미친다. 그런데 이번 개정으로 주주의 권리가 강화되면서 운용사가 통제하는 기업에서조차 의사결정 과정에 소수주주가 더 강하게 목소리를 낼 수 있게 됐다. 이는 단기적으로는 PE의 전략적 운영에 제약을 줄 수 있지만, 장기적으로는 기업의 투명성과 건전성이 높아져 오히려 투자 회수 과정에서 프리미엄을 받을 가능성이 생긴다.

이사의 충실의무 확대

가장 눈에 띄는 변화는 이사의 충실의무 확대다. 충실의무란 이사가 자신의 이익보다 회사의 이익을 우선시해야 하는 법적 의무를 의미한다. 개정 전에는 이사가 회사에 대해서만 충실의무를 부담했지만, 이제는 '총주주의 이익 보호'와 '전체 주주의 이익을 공평하게 대우'하는 의무까지 추가된 것이다. 이는 특히 PE가 인수한 기업에서 소수주주의 권익 보호에 획기적인 변화를 가져올 전망이다. 경영진이 의사결정을 할 때 단순히 회사 전체의 이익만 고려하는 것이 아니라, 개별 주주의 권리 보호까지 고려해야 한다는 의미다. PE가 인수한 기업의 이사회에서 흔히 발생하는 쟁점이 바로 배당 정책이나 자사주 매입, 우호지분 거래와 같은 사안들이다. 이러한 안건이 소수주주에게 불리하게 작용한다면 법적 책임이 가중될 수 있다. 결과적으로 운용사들은 과거보다 훨씬 더 정교한 법률 자문과 절차적 정당성을 확보해야 한다.

PE 관점에서 이 개정의 의미는 복합적이다. 우선 긍정적 측면을 살펴보면, 투자자 신뢰도 제고 효과를 기대할 수 있다. 그동안 일부 PE가 '기업사냥꾼'이라는 부정적 이미지를 갖게 된 배경에는 단기 수익 극대화를 위해 소수주주 이익을 경시하는 사례들이 있었다. 그러나 새로운 상법하에서는 이러한 관행이 법적으로 제한될 수 있다. 결과적으로 PE 투자에 대한 시장의 신뢰도가 향상될 수 있다. 또한 ESG(환경·사회·지배구조) 경영 강화 측면에서도 긍정적 효과를 기대할 수 있다. 이사가 모든 주주의 이익을 고려해야 한다는 의무는 단기적 재무 성과뿐만 아니라 장기적 기업가치 창출에 더욱 집중하게 만들 것이다. 이는 글로벌 투자자들이 점점 중시하는 ESG 기준에 부합하는 경영을 유도할 수 있다.

반면 우려되는 측면도 적지 않다. 가장 큰 문제는 경영진의 의사결정 복잡성 증가다. 과거에는 회사의 이익만 고려하면 됐지만, 이제는 다양한 주주 그룹의 상충하는 이익을 조화시켜야 한다. 예컨대 구조조정 상황에서 PE는 효율성 제고를 위해 일부 사업 부문 매각을 추진할 수 있지만, 소수주주들은 이를 자산 헐값 매각으로 인식할 수 있다. 이런 상황에서 이사가 어떤 결정을 내려야 할지 명확하지 않다. 더욱 심각한 문제는 소송 리스크의 급증으로, 주주 충실의무 위반을 이유로 한 소송이 증가할 가능성이 높아졌다. 미국에서는 이미 주주 대표 소송이 기업 경영진에게 큰 부담이 되고 있는데, 한국도 비슷한 상황이 될 수 있다. 특히 PE가 인수한 기업에서는 소수주주들이 더욱 적극적으로 권리를 주장할 가능성이 크다.

감사위원 선임 방식 강화와 집중투표제 의무화: 2025년 7~8월 연속 개정의 파급효과

2025년 상법 개정은 두 차례에 걸쳐 단계적으로 이뤄졌다. 7월 개정에서는 감사위원 선임·해임 시 최대주주 의결권 제한(3% 룰)의 강화가, 8월 개정에서는 집중투표제 의무화와 감사위원 분리선출 확대가 추가됐다. 이러한 연속적인 강화는 PE에 매우 중대한 영향을 미친다.

기존 상법은 사외이사인 감사위원 선임·해임의 경우에는 모든 주주에게 소위 '개별 3% 룰(개별 주주의 의결권을 3%까지만 행사할 수 있도록 제한하는 규정)'을 적용하고, 사외이사가 아닌 감사위원 선임·해임의 경우에는 최대주주에게는 '합산 3% 룰(특수관계인 등 지분율을 합산하여 3%를 초과하는 경우 의결권을 제한하는 규정)'을, 그 외 주주에게는 '개별 3% 룰'을 적용하고 있었다. 그러나 7월 상법 개정을 통해 사외이사가 아닌 감사위원 선임·해임뿐만 아니라, 사외이사인 감사위원 선임·해임의 경우에도 최대주주에게 합산 3% 룰을 적용하도록 한 것이다. 과거에는 계열사나 백기사가 지분을 나눠 가진 다음에 표결하는 지분 쪼개기, 지분 빌려주기 등의 행태를 통해 우회 시도가 빈번했다. 그러나 이제는 최대주주 및 특수관계인의 지분을 모두 합치더라도 의결권 있는 발행주식 총수의 3%를 넘길 수 없다.

8월 국회 본회의를 통과한 2차 상법 개정안은 더욱 강력한 변화를 담고 있다. 첫째, 자산총액 2조 원 이상 대규모 상장회사에서 집중투표제를 정관으로 배제할 수 없도록 의무화했다. 집중투표제란 주주총회에서 이사를 선임할 때 1주당 선임할 이사의 수만큼 의결권을 부여하는 제도로, 소수주주가 특정 후보자에게 표를 집중해 대주주의 영향으로부터 독립된 이사를 선임할 수 있게 한다. 둘째, 감사위원 분리선출 대상을 기존 1명에서 2명으로 확대했다. 분리선출이란 주주총회에서 여러 명의 이사를 뽑은 후 그중에서 감사위원을 정하는 일반적인 방식과 달리, 처음부터 '감사위원이 될 이사'를 별도로 선출하는 방식이다. 이는 감사위원의 독립성을 강화하기 위한 조치다.

이러한 연속적인 규제 강화는 PE에 다층적 영향을 미친다. 우선 감사위원회의 독립성이 크게 강화돼 투명한 경영이 가능해진다. 감사위원들이 대주주의 눈치를 보지 않고 독립적으로 감사 업무를 수행할 수 있어, 내부통제 시스템의 실효성이 높아진다. 이는 특히 기관투자자들이 중시하는 지배구조 수준 향상으로 이어져 투자 유치에 도움이 될 수 있다. 또한 집중투표제 의무화로 소수주주들이 연합할 경우 실제로 감사위원을 선출할 가능성이 생겼다. 예를 들어 감사위원 3명을 뽑는 상황에서 1주를 가진 주주는 총 3표의 의결권을 갖게 되며, 이 3표를 한 명의 후보에게 몰아서 투표할 수 있다. 소수주주들이 연합하면 대주주의 영향력으로부터 독립된 감사위원을 선임할 수 있게 되는 반면, PE 입장에서는 운영상 상당한 제약이 증가한다.

가장 큰 문제는 의사결정 복잡성의 급증이다. 분리선출된 감사위원 2명이 PE의 투자 전략이나 구조조정 계획에 대해 독립적인 시각에서 견제할 가능성이 커졌다. 특히 관련당사자 거래나 대규모 투자 결정 등에서 감사위원회의 사전 승인이 필요한 경우가 늘어날 수 있다.

실무적으로는 감사위원 후보 추천 과정이 매우 복잡해질 것으로 예상된다. PE는 자신들이 원하는 후보를 감사위원으로 선임하기 어려워지고, 행동주의 펀드나 소수주주들이 추천한 후보가 선임될 가능성이 커진다. 이에 따라 PE는 사전에 소수주주들과의 충분한 소통을 통해 적절한 후보에 대한 합의를 끌어내는 것이 중요해진다. 또한 감사위원회 운영 방식도 변화가 필요하다. 독립성이 강화된 감사위원들에게 충분한 정보를 제공하고, 회사의 사업 전략과 리스크 요인에 대해 정기적으로 보고해야 한다. 감사위원들의 전문성 제고를 위한 교육과 지원도 강화해야 한다.

독립이사 선임비율 상향 조정 및
전자 주주총회 제도의 의무화

또 다른 중요한 변화는 독립이사 선임비율 상향 조정 및 전자 주주총회 제도의 의무화다.

먼저 상장회사의 경우 사외이사 명칭이 독립이사로 변경됐고, 상장회사의 독립이사 선임 의무비율이 이사 총수의 4분의 1에서 3분의 1로 상향 조정됐다. 개정 상법은 상장회사에서 사외이사의 독립성을 강조하기 위해 회사의 외부자라는 의미에서 더 나아가 지배주주로부터의 독립이라는 의미로 독립이사라는 명칭을 사용한다. 별도로 정의 규정을 마련하여 사내이사, 집행임원 및 업무집행지시자로부터 독립적인 기능을 수행한다는 점을 명시하고 있다. 이는 독립이사의 독립성을 강화하여 지배주주와 경영진을 효과적으로 감시·견제하고 기업경영의 공정성과 투명성을 제고하려는 목적이다.

상장회사의 독립이사 선임의무 확대는 전문성을 가진 독립이사 확보를 어렵게 하고, 이사회 구성 및 회사 운영에 차질을 초래할 우려가 있다. 또한 독립이사 선임 의무 비율 3분의 1 요건을 충족시켜야 하므로 적합한 독립이사 후보군을 사전에 발굴·관리해야 할 필요성이 발생했다.

또한 2027년부터 상장회사에 전자 주주총회가 의무화된다. 이는 주주 참여를 활성화하고 의사결정의 투명성을 제고하려는 조치다. 전자투표와 원격 참여가 활성화되면, 그동안 소극적이었던 소액주주들도 손쉽게 의결권을 행사할 수 있게 된다. 이는 곧 주주총회에서의 변수를 크게 늘리는 결과로 이어진다. 예전처럼 소수주주의 무관심을 전제로 안건을 처리하기는 어려워졌으며, PE가 보유한 기업의 경영진 역시 주주총회를 앞두고 훨씬 치밀한 IR 전략과 위임장 확보 작업에 나서야 한다. PE 관점에서는 소수주주들의 적극적 참여가 늘어나 의사결정 과정이 복잡해질 수 있다. 특히 중요한 안건에 대한 반대가 증가할 가능성이 있어 사전 소통과 설득 작업이 더욱 중요해졌다.

PE의 대응 전략

이러한 변화 속에서 상법 개정에 따른 PE의 대응 전략은 크게 세 가지 방향으로 정리할 수 있다. 첫째, 투자 실사 과정에서 지배구조 리스크 평가를 강화해야 한다. 기존에는 주로 재무적·운영적 리스크에 집중했다면 이제는 소수주주 구성, 잠재적 이해상충 요소, 주주 간 갈등 가능성 등을 면밀히 검토해야 한다. 둘째, 포트폴리오 기업의 거버넌스 체계를 선제적으로 정비해야 한다. 독립이사 선임, 내부통제 시스템 구축, 투명한 공시체계 마련 등을 통해 법적 리스크를 최소화하고 투자자 신뢰를 제고해야 한다. 셋째, 주주 소통 전략을 근본적으로 재검토해야 한다. 과거의 일방적 의사결정 방식에서 벗어나 소수주주들과의 적극적 대화와 협력을 통한 합의형 경영이 필요하다. 이를 위해 전문 IR팀 구성이나 외부 전문가 활용도 고려해야 한다.

PE의 득실을 종합해보면, 단기적으로는 경영권 안정성 약화와 법무 비용 증가라는 실이 더 크게 체감될 것이다. 그러나 장기적으로는 기간 투자자 신뢰 회복, 해외 기관투자자 유치 확대, 기업가치 프리미엄 상승이라는 성숙한 투자 생태계 구축에 기여할 것으로 전망된다. 규제 준수 비용은 증가하겠지만, 투명하고 책임감 있는 경영을 통해 더 큰 투자자 신뢰를 얻을 수 있다. 결국 이 변화에 능동적으로 적응하는 PE만이 2026년 이후의 새로운 시장환경에서 경쟁우위를 확보할 수 있을 것이다. PE가 이러한 변화 속에서 살아남으려면 단순히 레버리지와 차익을 노리는 재무적 투자자가 아니라, 기업 지배구조 개선을 동반하는 책임 있는 투자자로 자리매김해야 한다. 그것이 2026년 이후 한국 M&A 시장에서 PE가 성공을 이어가기 위한 관건이 될 것이다.

LBO 규제 강화의
배경과 파장

2025년 홈플러스 회생절차 신청은 LBO 규제 강화 논의에 새로운 전환점을 제공했다. 정치권과 노동계는 이 사건을 PE의 문제점을 보여주는 대표 사례로 지적하며, 보다 강력한 규제 도입을 주장하고 있다. 그러나 이러한 접근에는 몇 가지 우려스러운 측면이 있다. 문제는 홈플러스 사례 하나만을 근거로 LBO 전체를 문제시하는 것이 과연 적절한가 하는 점이다. 홈플러스의 경영 악화는 코로나19 팬데믹, 온라인 쇼핑 급증, 오프라인 유통 업계 전반의 구조적 변화 등 복합적 요인에 기인한 것으로 보인다. 단순히 LBO 구조만의 문제로 귀결시키기에는 무리가 있어 보인다.

2025년 들어 사모펀드의 차입 규제와 관련하여 국회에서 발의된 자본시장법 개정안들은 상당히 광범위한 규제를 담고 있어 업계의 우려를 사고 있다. 현재 사모펀드의 차입 규제와 관련하여 국회에서 발의된 자본시장법 개정안은 사모펀드의 차입 한도를 기존 순자산액의 400%에서 200%로 대폭 축소했다. 또한 PE가 기업을 인수한 후 일정 기한 내 배당, 자사주 매입, 자본 매각 등의 형태로 자산을 유출하는 것을 엄격하게 제한하고 있는 내용에 더해 내부 통제 및 공시 의무 강화 등을 주요 골자로 한다.

이와 같은 LBO 규제 강화는 사모펀드 업계에 여러 우려를 발생시킨다. 가장 직접적인 문제는 규제 준수를 위한 운영비용 증가다. LBO 규제가 도입될 경우 인수자금 조달 방안을 보다 보수적으로 짜야 하고, 특수목적법인과 펀드, 피인수 기업까지 포함한 내부통제와 보고 체계를 구축하려면 운용비용이 증가해 중소 운용사나 신규 진입자는 사실상 어려움을 겪을 수 있다. 특히 컴플라이언스 비용은 펀드 규모가 작을수록 상대적으로 더 큰 부담이 된다.

대형 PE들은 이미 인력과 시스템을 갖추고 있지만, 중소 PE들에는 상당한 부담이 될 수 있다. 더욱 심각한 우려는 외국계 PE와의 경쟁 조건 격차다. 대기업 인수 투자에 필요한 출자 약정액 1조 원 이상의 대형 펀드를 보유한 국내 PE는 극소수에 불과하다. 시장의 상당 부분을 이미 해외 PE가 차지하고 있는 상황에서 자본시장법 개정으로 국내 PE만 추가 규제를 받게 된다면 경쟁 여건이 더욱 불리해질 수 있다.

외국계 PE는 기관투자자에서 한국 투자자를 배제하는 방식으로 쉽게 자본시장법 적용 범위에서 빠져나올 수 있어 결과적으로 해외 PE는 놓치고 국내 펀드만 위축되는 문제가 발생할 가능성이 있다. 또한 대부분 M&A에서는 인수 주체와 관계없이 인수가액의 최소 50% 이상을 외부 인수금융으로 조달하고 있기 때문에 LBO 규제는 PE뿐만 아니라 M&A 시장 전반에 영향을 미칠 수밖에 없다. 형평성을 고려한다면 모든 인수 주체에게 동일한 규제를 적용해야 하는데, 그렇게 될 경우 M&A 시장 자체가 위축될 우려가 있다. 이는 M&A를 통한 산업 구조조정과 효율성 개선이라는 긍정적 기능까지 제약할 수 있다.

LBO는 인수 대상 기업의 자산이나 미래 현금흐름을 담보로 대규모 차입을 통해 기업을 인수하는 방식이다. 이는 전 세계적으로 널리 사용되는 M&A 기법이며, 자본 효율성을 높이고 기업가치를 제고하는 중요한 수단이다. 일반적으로 인수금액의 60~70%의 일정 부분을 차입금으로 조달하는 것은 글로벌 시장에서 표준적인 관행이다. LBO에 대한 평가는 균형 잡힌 시각에서 이뤄져야 한다. 분명히 위험 요소가 있지만, 동시에 경제에 기여하는 긍정적 측면도 간과해서는 안 된다.

LBO의 위험 요소는 다음과 같다. 첫째, 부채로 인한 고정비용이 지나치게 높을 경우 경기 변동과 경쟁 심화 등 외부 환경 변화에 적절히 대응하지 못할 위험이 있다. 둘째, 단기적 수익 극대화를 위한 과도한 구조조정으로 고용불안이 발생할 수 있다. 셋째, 자산매각을 통한 급속한 부채 상환 과정에서 기업의 장기적 경쟁력이 훼손될 가능성이 있다.

반면, LBO의 장점은 명확하다. 첫째, 자본 효율성이다. 자기자본 비율을 최소화하고 부채를 활용하면, 기업가치가 상승할 때 투자자의 자기자본수익률ROE이 크게 확대된다. 이른바 레버리지 효과다. 예를 들어 기업가치가 20% 상승했을 때, 부채를 활용한 인수 구조에서는 자기자본수익률이 두세 배로 확대될 수 있다. 이는 단순히 수익률 극대화에만 그치지 않고, 제한된 자본으로 여러 건의 투자를 병행할 수 있게 한다. 이것이 사모펀드가 단기간에 산업 전반에 걸쳐 영향력을 확대할 수 있었던 배경이다.

둘째, 경영 효율화 인센티브다. 차입 상환을 위해서는 기업의 현금흐름을 안정적이고 지속적으로 확보해야 한다. 따라서 LBO를 실행한 PE는 인수 기업의 비용 구조를 효율화하고, 불필요한 자산을 정리하며, 신사업 기회를 적극적으로 모색한다. 이는 기업의 내재적 경쟁력을 끌어올리는 효과로 이어진다. 실제로 다수의 LBO 거래는 기업의 수익성을 개선하고, 구조조정을 통해 장기적으로 산업 경쟁력을 강화했다.

셋째, 산업 재편 촉진이다. LBO는 침체된 산업의 비효율적 기업이나 계열사 매각 과정에서 중요한 역할을 한다. 대기업이 비핵심 자산을 정리할 때 PE가 LBO를 활용해 해당 자산을 인수하고, 재무 구조를 개선하여 다시 시장에 매각함으로써 산업 전반의 효율성을 높인 사례가 많다. 이는 공적 자금에 의존하지 않고 민간 자본이 구조조정 비용을 부담한다는 점에서 사회적 효용이 크다.

해외 규제 동향을 참고할 때는 각국의 시장 상황과 발전 단계를 종합적으로 고려해야 한다. EU는 2024년부터 AIFMD 2를 시행하여 사모펀드에 대한 감독을 강화하고 있다. 주요 내용은 PE가 기업을 인수한 후 24개월 이내 자산 유출 제한, 총부채 비율 제한, 정보 공시 확대 등이다. 그러나 이는 EU의 성숙한 PE 시장과 시스템 리스크 우려라는 특수한 상황을 반영한 것이다.

한국 PE 시장은 여전히 발전 단계에 있으며, 오히려 더 많은 모험자본 공급이 필요한 상황이다. 따라서 EU의 규제를 그대로 도입하는 것보다는 한국의 현실에 맞는 점진적 접근이 필요해 보인다. 미국은 SEC를 통한 점진적이고 신중한 규제 개편을 추진하고 있다. 특히 대형 PE에 대한 정기보고 의무와 투자자 보호 강화 조치를 단계적으로 도입하면서 시장 충격을 최소화하고 있다. 이러한 접근 방식은 한국이 참고할 만한 균형 잡힌 모델로 평가된다.

LBO 규제 문제에 대한 해법은 무조건적인 강화보다는 합리적 개선에서 찾아야 한다는 지적이 설득력을 갖는다.

첫째, 업계에서 제시하는 자율규제 형식의 가이드라인 제정은 현실적인 대안으로 검토해볼 만하다. 이는 과도한 규제로 인한 시장 위축을 방지하면서도 투자자 보호를 달성할 수 있는 방안이다. PEF운용사협의회나 금융투자협회를 중심으로 자율적인 행동강령을 마련하고, 이를 바탕으로 업계의 자정 노력을 유도하는 것이 바람직해 보인다. 이는 규제 당국의 과도한 개입 없이도 시장의 건전성을 유지할 수 있는 효과적인 방안일 수 있다.

둘째, 사모펀드 직접 규제보다는 대출을 제공하는 금융기관에 대한 규제 강화가 더 현실적이고 효과적일 수 있다. 이는 금융기관들이 이미 리스크 관리 체계를 갖추고 있어 추가적인 제도 구축 비용이 적고, 모든 형태의 LBO에 대해 동일한 기준을 적용할 수 있어 형평성 문제도 해결할 수 있다.

셋째, 한국의 LBO 규제 방향 설정에서는 글로벌 경쟁력 유지와 시장 건전성 확보 사이의 균형점을 찾는 것이 중요하다.

넷째, 규제 강화가 필요하다면 급진적 변화보다는 단계적 접근이 바람직하다. 시장 참여자들이 충분한 준비 기간을 갖고 적응할 수 있도록 하고, 규제의 실제 효과를 모니터링하면서 점진적으로 개선해나가는 방식이 적절해 보인다. 특히 중소 PE들이 규제 변화에 대응할 수 있는 충분한 시간과 지원을 제공하는 것이 중요하다. 이들의 시장 퇴출은 결국 시장 집중도를 높이고 경쟁을 제약하는 결과를 낳을 수 있기 때문이다.

차입매수 규제 강화 논의는 감정적 대응이 아닌 신중한 분석에 기반해야 한다. 홈플러스 사태는 분명 문제가 있었지만, 이를 근거로 전체 PE 산업에 과도한 제약을 가하는 것은 바람직하지 않다.

LBO는 위험과 기회를 동시에 가진 금융 기법이지만, 중요한 것은 위험을 최소화하면서도 그 순기능을 살릴 수 있는 균형점을 찾는 것이다. 이를 위해서는 획일적인 규제보다는 시장의 자율성을 존중하면서도 필요한 부분에서 적절한 견제 장치를 마련하는 정교한 접근이 필요하다. 무엇보다 한국의 PE 시장은 여전히 발전 과정에 있다는 점을 고려해야 한다. 성급한 규제 강화는 시장의 성장 동력을 약화할 수 있으므로 투명성 제고, 전문성 강화, 그리고 시장 참여자들의 자율적 개선 노력을 통해 건전한 PE 생태계를 구축하는 것이 바람직한 방향으로 판단된다.

의무공개매수제도 도입의
의미와 실무 대응

2025년 현재 대한민국 자본시장과 사모펀드 업계에서 가장 큰 파장을 일으키고 있는 제도 변화는 바로 의무공개매수제도Mandatory Tender Offer의 도입이다. 의무공개매수제도는 회사의 특정 지분율 이상의 주식을 취득할 때 나머지 주주들의 지분도 동일 조건으로 일정 비율 이상을 의무적으로 매수하도록 하는 제도다. 취지는 지배주주만 경영권 프리미엄이 반영된 높은 가격에 주식을 매각하고, 소액주주들은 동일한 혜택을 받지 못하는 문제를 해결하기 위한 것이다. 하지만 동시에 거래 비용을 폭증시키고 M&A 시장 자체를 위축시킬 수 있다는 점에서 국내 M&A 시장, 특히 사모펀드 생태계에 미칠 부작용에 대한 논란이 끊이지 않는다.

우리나라는 1997년 1월 구 증권거래법 개정을 통해 상장회사의 발행주식 총수의 25% 이상을 취득하려는 의무적으로 발행주식 총수의 50%+1주를 공개매수하도록 하였으나, IMF 외환위기 당시인 1998년 2월 M&A를 어렵게 해 구조조정을 지연시킨다는 우려로 1년 만에 폐지된 바 있다. 그러나 최근 몇 년 사이 일부 대주주의 '먹튀' 논란이 불거지면서 소수주주 보호 장치에 대한 사회적 요구가 커졌다.

이에 따라 금융위원회는 2022년 12월 주식양수도 방식의 경영권 변경 시 일반주주 권익 제고를 위해 의무공개매수제도 도입을 추진하겠다고 발표했고, 이후 국회에서는 의무공개매수와 관련된 여러 자본시장법 개정안을 발의했다. 소액주주 보호의 필요성이 강조되고 있으나, 이는 실제로는 국내 M&A 시장의 역동성을 크게 훼손할 가능성이 크다. 특히 사모펀드의 경우 한정된 자금으로 효율적인 투자를 통해 기업가치를 제고하는 것이 핵심 역할인데, 의무공개매수로 인한 추가 자금 부담은 이러한 본연의 기능을 제약할 수 있다.

현재 의무공개매수제도를 둘러싼 가장 큰 쟁점은 공개매수 범위를 어디까지 설정할 것인지의 문제다. 당초 금융위원회에서 주도하던 내용에 따르면, 상장회사의 지분 25% 이상을 보유한 최대주주가 되는 경우 잔여 주주를 대상으로 '총지분의 50%+1주' 이상을 공개매수해야 하는 의무가 발생하도록 설계되었다. 그러나 최근 국회에서는 최대주주 여부와 관계없이 25% 이상의 지분을 취득할 경우 잔여주식 전량(100%)을 인수해야 한다는 개정안도 발의되고 있다. 이는 정부안보다 훨씬 강화된 내용으로, 실무적으로는 상당한 파급효과를 가져올 것으로 예상된다.

해외에서도 미국을 제외한 많은 국가에서 의무공개매수제도를 도입하고 있는 것으로 알려져 있다. EU·영국형은 일정 규모(25~33%) 이상의 주식을 취득하려는 경우 잔여주주 모두를 상대로 매수를 청약할 의무를 부과한다. 가장 엄격한 형태의 제도로 소수주주 보호에 중점을 둔다. 일본형은 EU 모델보다 완화하여 도입하고 있다. 3분의 1을 초과하여 주식을 취득할 경우 공개매수 방식이어야 하고(1/3룰), 3분의 2를 초과하여 주식을 취득하는 경우 잔여주주가 보유한 모든 주식에 대해 매수 의무를 부과한다(2/3룰). 미국형은 의무공개매수제도는 없지만, 지배주주가 회사를 약탈할 의도를 가지는 자looters에게 매각할 경우 지배주주가 책임지도록 하는 등 다른 방식의 소수주주 보호 장치를 두고 있는 것으로 파악된다.

사모펀드 업계의 시각에서 보면 도입의 긍정적 측면은 분명 존재한다. 소수주주가 대주주와 동일한 조건으로 주식을 매각할 수 있어 자본시장의 신뢰가 높아지고, 거래 절차가 투명해지며, 글로벌 스탠더드와의 정합성을 확보할 수 있다는 점은 장점으로 평가된다. 그러나 부정적 측면이 더 크게 체감될 수 있다.

의무매수공개제도가 도입될 경우, 인수금액은 단순히 늘어나는 수준을 넘어 기존 투자 구조 자체를 뒤흔드는 수준으로 폭증한다. 예컨대 대주주 지분 30%만을 인수하려던 거래에서 나머지 주식까지 동일 조건으로 매수해야 한다면, 거래 총액은 단순히 두세 배가 아니라 시장 상황에 따라 네다섯 배까지 불어날 수 있다. 이처럼 예상치 못한 자금 부담은 운용사에게 지나치게 가혹한 조건이 되고, 결국 상당수 거래는 초기 검토 단계에서부터 포기될 위험이 크다.

또한 이는 곧 LBO 전략의 약화로 직결된다. 한국 PE의 대표적 투자 방식인 LBO는 상대적으로 적은 자기자본을 투입하면서 인수금융을 적극 활용해 투자 효율성을 극대화하는 구조다. 하지만 의무공개매수로 인해 인수금액이 기하급수적으로 커지면, 금융기관이 제공할 수 있는 대출 한도를 넘어서는 경우가 많아진다. 결국 LBO 전략은 실질적으로 봉쇄되고, 이는 PE 산업의 경쟁력을 약화하는 결과로 이어질 수 있다.

나아가 M&A 시장 전반의 위축이 우려된다. 투자자들이 한국을 '거래 비용이 과도하게 높은 시장'으로 인식하면, 해외 PE나 글로벌 전략적 투자자들이 한국을 우회하거나 투자 비중을 줄일 가능성이 커진다. 자본시장의 개방성과 역동성이 약화되면 오히려 한국 기업의 구조조정이나 산업 재편이 지연되는 역설적인 상황이 발생할 수도 있다. 이는 단순히 특정 거래의 손익 차원을 넘어 산업 전반의 혁신과 경쟁력에도 부정적 영향을 미칠 수 있다.

무엇보다 업계가 크게 우려하는 것은 소수주주 보호의 역설이

다. 제도의 취지는 소수주주에게 공정한 투자금 회수 기회를 제공
하는 것이지만, 현실에서는 거래 자체가 무산되어 소수주주가 오
히려 매각 기회를 잃는 경우가 생길 수 있다. 소수주주 보호라는 명
분 아래 도입된 제도가 결국 소수주주를 더 고립시키는 결과를 낳
는다면, 이는 제도적 정당성에 심각한 의문을 제기하게 될 것이다.

　마지막으로, 이미 한국 자본시장에서 다양한 규제가 시행되고
있다는 점도 고려해야 한다. 5% 이상 지분 취득 보고, 대량 보유 보
고, 공시 강화, 내부자 거래 규제 등 소수주주 보호와 시장 투명성
을 위한 장치들은 이미 상당히 촘촘히 마련되어 있다. 이런 상황에
서 또 하나의 강제 규제를 도입하는 것이 과연 실질적 보호 효과를
가져올지, 아니면 단순히 행정적 부담과 규제 비용만 가중시킬지
에 대한 회의적인 시각이 확산하고 있다. 실제로 운용사 입장에서
는 새로운 제도가 도입될 때마다 법률 검토, 외부 자문, 내부 리스
크 관리 체계를 강화해야 하고, 이는 모두 비용 증가로 이어진다.
이러한 비용이 궁극적으로 기관투자자의 수익률을 잠식하게 된다
면 글로벌 투자자들이 한국 PE에 대한 출자 비중을 줄이는 결과로
이어질 수도 있다.

　PE들이 직면하게 될 제도 변화에 대응하기 위해서는 여러 층위
에서 전략적 조정이 필요하다. 무엇보다 먼저 고려해야 할 것은 자
금조달 구조의 다각화다. 지금까지 많은 PE가 인수금융에 크게 의
존해 거래를 설계해왔다. 그러나 의무공개매수제도가 도입되면 잔

여 주식까지 동일 조건으로 매수해야 하므로, 단일 금융기관 대출만으로는 필요한 자금을 충당하기 어렵다. 이에 따라 공동투자Co-investment 구조를 확대해 다수의 기관투자자가 함께 참여하는 방식이 보편화될 수 있으며, 국내 연기금·공제회 같은 대형 기관투자자와 사전 협력 관계를 강화하는 것이 필수적이다. 또한 메자닌 증권, 우선주, 전환사채 등 다양한 하이브리드 금융 수단을 적절히 활용함으로써 자기자본과 부채 사이의 균형을 맞추는 전략도 요구된다. 이러한 다층적 자본 조달은 단순히 자금의 규모를 확보하는 차원을 넘어 위험을 분산시키고 거래 안정성을 높이는 효과도 함께 가져올 것이다.

둘째, 거래 계약의 정교화가 반드시 뒤따라야 한다. 과거에는 대주주와의 블록딜 계약만 체결하면 경영권 확보가 가능했으나, 의무공개매수제도가 도입되면 공개매수 절차와 그 조건을 계약서에 명확히 반영해야 한다. 예컨대 공개매수가 완료되지 않을 경우 잔금 지급을 유보하는 조건을 삽입하거나, 소수주주가 매각에 참여하지 않을 경우 가격을 조정하는 메커니즘을 마련하는 방식이 필요하다.

셋째, 투자금 회수 전략의 다변화가 불가피하다. 지금까지 PE는 전략적 매각이나 다른 PE에 대한 2차 매각을 주요 회수 수단으로 삼아왔지만, 공개매수 부담이 더해지면 매수 의향자 자체가 줄어들 가능성이 크다. 이로 인해 IPO 의존도가 높아질 수밖에 없는데,

IPO는 시장의 변동성에 좌우되므로 불확실성이 크다. 따라서 운용사들은 IPO만을 염두에 두기보다 부분 매각Partial Sale, 리캡Recapital-ization, 특정 사업부 분리 후 매각Carve-out 같은 대체 경로를 병행적으로 검토해야 한다. 해외 상장이나 이중상장Double Listing과 같은 글로벌 자본시장 활용 전략 역시 이전보다 더 중요해질 것이다. 이는 한국 시장 내 규제 리스크를 피하는 동시에 투자자들에게 보다 폭넓은 회수 기회를 제공하는 수단으로 작용할 수 있다.

넷째, 소수주주와의 관계 관리가 한층 더 중요해진다. 의무공개매수제도 환경에서는 소수주주가 의무적으로 동일 조건의 투자금 회수 기회를 갖게 되므로, 초기 단계에서부터 이들과의 신뢰 관계를 구축하는 것이 곧 거래 성사 가능성과 직결된다. 따라서 운용사들은 정기적인 IR 활동을 강화하고, 경영 성과와 전략을 투명하게 공개해야 한다. 더 나아가 주주협의체를 구성하거나, 사전 합의서를 통해 이해관계를 조율하는 방식으로 분쟁을 예방할 수 있다. 최근 글로벌 PE들은 투자 초기 단계에서부터 이해관계자와의 커뮤니케이션 계획을 수립하고 실행하는 경우가 많다. 한국 PE들도 이러한 글로벌 스탠더드를 적극적으로 수용해야 제도 변화 속에서 경쟁 우위를 유지할 수 있다.

마지막으로, 규제 대응과 내부 거버넌스 강화가 핵심 과제로 부상한다. 공개매수 가격 산정 기준, 환원 규정, 예외 적용 여부 등은 모두 법적 분쟁 소지가 크기 때문에 전문 로펌·회계법인과의 긴밀한 협력이 필수적이다. 특히 가격 산정 기준을 두고 분쟁이 발생할 경우, 선행 매수 가격과 시세, 기업가치평가 중 어느 기준이 우선하는지가 핵심 쟁점이 될 수 있다. 따라서 운용사는 이러한 문제를 사전에 검토하고 문서화하여 증거를 확보하는 것이 바람직하다. 동시에 내부적으로는 전담 컴플라이언스 조직을 확대하고, 위험 관리 프로세스를 정교하게 설계해 규제 준수 능력을 높여야 한다. 이는 단기적으로는 비용 증가 요인이지만, 장기적으로는 법적 리스크와 평판 리스크를 줄이고, 기관투자자들에게 투명성과 신뢰성을 제공한다는 점에서 오히려 경쟁력이 될 수 있다.

결국 의무공개매수제도는 소수주주 보호와 시장 투명성 강화라는 순기능을 가지고 있으나, 사모펀드 업계 입장에서는 거래 비용 급증과 M&A 위축이라는 부작용이 더욱 크게 느껴질 수밖에 없다. 따라서 한국형 MTO는 전량 매수 의무 대신 '50%+1주' 수락 요건과 같은 현실적인 절충안을 중심으로 설계하되, 가격 산정 기준의 명확화와 합리적 예외 규정을 병행해야 한다. PE들은 제도의 도입을 단순한 규제 강화로만 볼 것이 아니라, 새로운 환경 속에서 자금 조달, 계약 구조, 투자금 회수 전략, 소수주주 관리, 거버넌스 체계를 재정비할 기회로 삼아야 한다. 이러한 준비가 선행된 운용사만이 변화된 제도 환경에서도 안정적으로 수익을 창출하고 글로벌 투자자들과의 신뢰 관계를 유지할 수 있을 것이다.

자기주식 활용 제한과 거버넌스 이슈

자기주식은 기업의 재무정책과 지배구조 전략에서 오랫동안 중요한 역할을 해왔다. 통상적으로 자기주식 매입은 배당과 더불어 대표적인 주주환원 정책으로 이해되지만, 실제로는 단순한 환원 수단을 넘어 훨씬 더 다양한 기능을 갖는다. 기업은 자기주식을 매입해 주가를 부양하거나 경영권 방어 장치로 활용할 수 있으며, 필요할 경우 전략적 투자자에게 처분하여 자금조달 수단으로 사용하기도 한다. 또한 임직원 인센티브 제공, 합병·분할 시 주식 교부 등 여러 상황에서 활용된다. 이런 다목적 성격 덕분에 자기주식은 경영진과 주주 간 이해관계가 충돌하는 지점이자, 자본시장의 투명성과 신뢰 문제와 직결되는 논란의 대상이 되어왔다.

특히 사모펀드 업계는 기업 인수 후 구조조정이나 지배구조 개편 과정에서 자기주식을 전략적으로 활용해왔기에 최근 국회에서 제기된 자기주식 활용 제한 논의는 업계의 경영 전략과 실무 운영에 직격탄이 될 수 있다. 2025년 현재 국회에는 자기주식 처분을 제한하는 여러 법안이 발의돼 있는데, 일부 안은 '신규 자기주식 즉시 소각' 또는 '1년 내 소각 의무화'를 내용으로 하고 있다. 이러한 입법 논의의 배경에는 과거 일부 기업과 PE가 자기주식을 우호세력에게 넘기거나 경영권을 우회적으로 이전하는 수단으로 사용하여 소수주주의 권익을 침해하고 시장의 공정성을 훼손한 사건들이 자리 잡고 있다.

입법 취지는 분명하다. 자기주식이 특정 세력의 경영권 안정화 도구로 사용되는 것을 막고, 소수주주도 경영권 거래에서 배제되지 않도록 하는 것이다. 주주총회 특별결의나 공개입찰 절차를 거치도록 함으로써 주주의 참여권을 보장하고, 경영권 이전 과정의 투명성을 확보할 수 있다는 논리다. 실제로 자기주식 편법 활용에 대한 비판 여론은 꾸준히 존재해왔기 때문에 제도의 필요성 자체에 대한 사회적 공감대는 적지 않다.

그러나 사모펀드 업계 입장에서는 이러한 규제가 가지는 부정적 효과가 더 크게 다가온다. 무엇보다 자기주식은 인수 후 구조조정 과정에서 빠른 자금조달과 지배구조 안정화에 활용할 수 있는 중요한 수단이다. 예컨대 자기주식을 매각해 신규 자금을 확보하거나, 전략적 투자자에게 넘겨 경영권 분쟁을 정리하는 방식은 실무적으로 자주 활용되어왔다. 하지만 자기주식 처분이 전면적으로 제한된다면 이러한 합리적 경영 판단은 불가능해지고, 기업의 회생이나 산업 재편 과정이 지연될 수밖에 없다. 이는 단순히 PE만의 문제를 넘어 한국 자본시장의 효율성과 유연성을 저하할 위험이 있다.

더 나아가 자기주식 활용 제한은 의도치 않게 기업지배구조의 경직성을 심화시킬 수 있다. 자기주식을 시장에 활용하지 못한다면 기업은 이를 장기간 사내에 보유하게 되고, 결과적으로 대주주와 경영진이 지배력을 공고히 하는 효과가 나타날 수 있다. 지금까지는 자기주식을 유연하게 처분·활용하는 과정에서 시장의 균형이 어느 정도 유지됐지만, 제도가 경직되면 자기주식은 '사내 금고'에 갇혀 자본의 유동성을 해치게 된다. 이는 특히 재무적 투자자로서 기업가치를 높이고 회수 전략을 설계하는 PE에게 치명적 제약이 된다.

사모펀드 업계가 특히 우려하는 부분은 투자금 회수 전략의 축소다. 많은 PE가 투자 회수 단계에서 자기주식과 연계된 블록딜이나 제3자 배정을 활용해 투자금을 회수해왔다. 그러나 자기주식 처분이 제한되면 IPO나 단순 매각 같은 소수의 경로에만 의존해야하며, 이는 곧 시장 변동성에 따른 위험 증가로 이어진다. IPO는 시황에 따라 성패가 좌우되므로 회수 예측 가능성이 작고, 단순 매각은 경영권 프리미엄을 온전히 실현하기 어렵다. 결과적으로 글로벌 기관투자자들이 한국 PE에 출자를 주저하게 만들 수 있고, 이는 한국 PE 시장의 성장 잠재력을 크게 약화한다.

자기주식 소각 의무화가 사모펀드 업계에 미치는 또 다른 중대한 영향은 경영권 방어 수단의 실질적 소멸이다. 2000년 스위스 다국적 기업 쉰들러의 현대엘리베이터 공격, 2003년 소버린의 SK 공격, 2018년 엘리엇의 현대자동차 공격 등에서 자기주식을 활용해 경영권을 방어한 전례가 있다. 그런데 자기주식 소각이 의무화되면 이러한 방어막이 사라지게 된다. 특히 한국의 경우 1주만으로 거부권을 행사할 수 있는 황금주, 특정 주식에 의결권을 더 많이 배정하는 차등의결권, 적대적 인수합병 때 기존 주주가 싼값에 신주를 매수할 수 있는 포이즌필 등 외국에서는 일반화된 제도 자체가 없거나 극히 예외적으로만 허용되어 있다.

이런 상황에서 자기주식마저 활용할 수 없게 되면, 국내 기업들은 외국 투기자본의 공격에 무방비 상태로 노출될 위험이 크다. 사모펀드 업계의 관점에서 보면, 이는 이중의 딜레마를 의미한다. 한편으로는 자신들이 인수한 기업이 다른 적대적 인수자들의 공격에 취약해지고, 다른 한편으로는 자신들도 기존 경영진이나 대주주들의 저항을 극복하기 어려워진다. 기업 오너들이 주주 환원보다는 단순 자기주식 매입으로 경영권 강화에만 열을 올리고 있다는 비판이 있긴 하지만, 이것이 PE의 M&A 전략에 미치는 부정적 영향은 상당할 것으로 예상된다.

그럼에도 불구하고 자기주식 활용 제한 논의가 가지는 순기능은 무시할 수 없다. 과거 편법적 활용이 반복돼왔다는 점에서 일정 수준의 규제는 필요하다. 최소한 주주총회 특별결의나 공개입찰 같은 절차적 장치가 도입된다면, 소수주주 보호와 시장 신뢰 제고라는 목표를 달성할 수 있다. 문제는 규제가 지나치게 경직될 경우다. 자기주식을 모든 상황에서 사익 편취의 도구로만 보는 관점은 현실의 다양성을 반영하지 못한다. 기업 경영의 자율성을 존중하면서도 소수주주 보호라는 공익적 가치를 지켜낼 수 있는 균형점이 필요하다.

자기주식 소각 의무화와 관련 규제들이 본격 시행되면, 사모펀드 업계는 기존의 투자 전략을 근본적으로 재편해야 할 상황에 직면할 것으로 예상된다. 과거 차입매수 과정에서 자기주식을 활용한 다양한 재무 엔지니어링 기법들이 사용 불가능해지면서 PE들은 새로운 투자 모델을 개발해야 한다. 우선 투자 대상 기업 선정 기준이 바뀔 것으로 예상된다. 기존에는 자기주식 비중이 높은 기업들이 상대적으로 매력적인 투자 대상이었다면, 향후에는 이러한 기업들에 대한 투자 매력도가 크게 떨어질 수밖에 없다. 특히 지주회사 체제로 전환 과정에서 대량의 자기주식을 보유하게 된 기업들의 경우, PE 입장에서는 투자 후 투자금 회수 전략 수립에 상당한 어려움을 겪을 것으로 예상된다. 또한 인수 후 기업가치 제고 전략도 크게 달라져야 한다. 과거에는 자기주식 정리, 배당정책 조정, 지배구조 개편 등이 PE의 주요 부가가치 창출 수단이었지만, 새로운 규제 환경에서는 이러한 재무적 엔지니어링보다는 실질적인 사업 개선과 운영 효율성 제고에 더욱 집중해야 할 것으로 보인다.

자기주식 규제 강화는 표면적으로는 기업 거버넌스 개선과 시장 신뢰 회복을 목표로 하고 있지만, 사모펀드 업계의 관점에서는 오히려 시장의 활력을 저해하는 요소로 작용할 가능성이 높다. 특히 한국의 자본시장이 여전히 선진국 대비 밸류에이션 디스카운트를 받고 있는 상황에서 이러한 규제 강화가 과연 시장 활성화에 도움이 될지 의문스럽다는 시각이 많다. 자기주식을 활용한 경영권 방어의 경제적 효과를 검토해볼 필요가 있으며, 사업 연관성이 큰 두 기업을 동시에 경영하여 생기는 효율 증가와 거래비용 감소로 인한 이득이 자기주식 거래로 인한 손실보다 크다면 지배주주가 자기주식을 활용해서 경영권을 방어하더라도 일반주주 및 소액주주에게도 이득이 된다고 분석할 수 있다.

하지만 동시에 회사의 가치를 훼손하고 일반주주 및 소액주주의 피해를 야기하는 과도한 경영권 방어는 제어될 필요가 있다는 지적도 있어 균형 잡힌 접근이 필요하다. 사모펀드 업계에서는 이러한 규제 변화가 장기적으로 한국 자본시장의 경쟁력을 약화할 것이라고 우려하고 있다. 특히 글로벌 PE들과의 경쟁에서 불리한 위치에 놓일 것이라는 점을 강조하고 있다. 해외 PE들은 상대적으로 자유로운 규제 환경에서 다양한 투자 전략을 구사할 수 있는 반면, 한국 PE들은 과도한 규제로 인해 투자 수익률과 경쟁력에서 뒤처질 가능성이 크다는 것이다.

2025년 하반기 현재 진행되고 있는 자기주식 소각 의무화 논의는 사모펀드 업계에게 상당한 도전과제를 제시하고 있다. 주주환원 확대와 기업 거버넌스 개선이라는 명분하에 추진되고 있는 이러한 규제들이 실제로는 PE의 투자 전략과 수익성에 근본적인 타격을 가할 것으로 예상되기 때문이다. 특히 차입매수 한도 축소, 의무공개매수제도 도입 등과 맞물려 진행되는 자기주식 규제는 사모펀드 업계에 삼중고를 안겨주고 있다. 투자 자금 조달의 제약, 인수 전략의 제한, 그리고 인수 후 자본 구조 최적화 수단의 박탈이 동시에 이뤄지고 있는 것이다. 하지만 이러한 규제가 모두 부정적인 것만은 아니다. 과도한 레버리지를 통한 무분별한 기업 인수나 단기 수익 추구를 위한 자산 매각 등의 부작용을 방지할 수 있다는 긍정적 측면도 있다.

또한 장기적으로는 사모펀드 업계가 재무적 엔지니어링보다는 실질적 기업가치 향상에 집중하도록 유도하는 효과도 기대할 수 있다. 결국 중요한 것은 주주보호와 시장 효율성, 그리고 사모펀드 업계의 건전한 발전 사이의 균형점을 찾는 것이다. 무조건적인 규제 강화보다는 단계적 접근을 통해 시장의 적응 기간을 확보하고, 동시에 PE들이 새로운 환경에 맞는 투자 모델을 개발할 수 있도록 지원하는 정책적 배려가 필요할 것으로 보인다. 그래야만 한국의 M&A 시장과 PE 산업이 지속 가능한 성장을 이룰 수 있을 것이다.

GP와 LP의 관계 변화

: 신뢰 회복과 수익 공유 구조

PE는 기본적으로 GP General Partner(운용사)와 LP Limited Partner(출자자)의 계약적 파트너십을 바탕으로 운영된다. GP는 투자 실행과 관리, 회수까지 전 과정에서 의사결정을 전담하며, LP는 자금을 제공하는 대신 운용에 직접 개입하지 않는다. 이러한 구조는 효율적 자산 운용을 가능하게 하지만, 동시에 성과 배분과 정보 비대칭, 책임 소재를 둘러싼 갈등을 내포할 수밖에 없다. 최근 몇 년간 한국 자본시장을 뒤흔든 사건과 제도 변화는 GP – LP 관계의 균형을 재정립할 필요성을 강하게 제기하고 있으며, 2025년 현재 그 논의는 제도적·실무적 차원에서 활발히 전개되고 있다.

GP와 LP 간 신뢰 관계는 2019년 라임·옵티머스 사태 이후 뿌리 깊은 상처를 입었다. 일부 운용사가 내부통제를 소홀히 하거나 투자자에게 허위 또는 불완전한 정보를 제공한 사실이 드러나면서 LP들은 "운용사를 어디까지 신뢰할 수 있는가"라는 근본적 의문을 품게 되었다. 여기에 홈플러스 사태와 같이 과도한 차입매수LBO 구조가 활용된 뒤 피인수 기업의 재무 건전성이 급격히 악화하고, GP는 조기 투자금 회수를 통해 단기 이익을 챙기는 사례가 보도되면서 불신은 더욱 커졌다.

또한 글로벌 저금리 환경 종료와 함께 LP들의 투자 기준이 까다로워지고 있다. 과거에는 높은 수익률만 보장되면 GP의 운용 방식에 대해 상대적으로 관대했지만, 이제는 투명성, 책임성, 지속 가능성 등을 종합적으로 고려한다. 특히 연기금, 보험회사 등 기관투자자들은 ESG 기준과 장기적 가치 창출을 더욱 중시하고 있다.

이러한 상황 속에서 국회와 금융당국은 GP의 충실의무를 강화하는 방향으로 법·제도를 정비하고 있다. 2021년 개정된 자본시장법에서 LP는 GP가 업무를 집행할 때 현저하게 부적합하거나 업무수행에 중대한 위반행위가 있는 경우에 PE 또는 SPC(특수목적법인)의 업무와 재산 상황을 검사할 수 있도록 LP의 직접적인 검사 권한을 부여했다. 또 2025년 국회에 발의된 자본시장법 개정안은 GP가 펀드 자금을 운용할 때 이해 상충이 발생할 가능성이 있으면 이를 사전에 LP에게 고지하고, 일정 규모 이상의 거래는 LP의 사전 승인을 받도록 하는 조항을 담고 있다. 이는 단순한 규제 강화가 아니라, GP와 LP 사이의 신뢰 기반을 회복하기 위한 최소한의 제도적 안전장치로 평가된다.

　과거 LP들은 수익률만 보장된다면 GP의 운용 방식을 크게 문제 삼지 않았다. 그러나 지금은 상황이 달라졌다. 국민연금, 사학연금, 주요 공제회 등 대형 기관투자자들은 단순한 고수익보다 투명성, ESG 준수, 장기적 기업가치 제고를 더 중시하는 출자 전략을 펴고 있다. GP가 단기 성과 위주의 전략을 고수하면 출자 유치 경쟁에서 불리해질 수밖에 없는 구조다. 예컨대 국민연금은 2024년 이후 GP 선정 기준에서 내부통제와 리스크 관리, 이해 상충 방지 체계, 책임투자 원칙 이행 정도를 주요 평가 항목으로 반영하고 있다. 이는 단순히 "얼마나 높은 수익을 낼 수 있는가"가 아니라, "얼마나 책임 있고 투명하게 운용하는가"가 GP – LP 관계의 새로운 기준으로 자리 잡았음을 보여준다.

　GP와 LP의 이해가 가장 직접적으로 충돌하는 지점은 성과보수 구조carried interest다. 전통적인 사모펀드의 수익 구조는 '2-20 모델'인데, 운용보수management fee 2%와 성과보수carried interest 20%를 GP가 가져가는 구조다. 그러나 최근 들어 이러한 구조에 변화가 일어나고 있다. 즉, 최근 LP들 사이에서는 "GP가 과도한 보수를 챙긴다"라는 불만이 제기되고 있다. 특히 일부 사례에서 GP가 단기적 투자금 회수를 통해 빠른 성과를 실현하고도 높은 보수를 가져간 반면, 장기적으로 투자 기업은 어려움에 빠진 경우가 있었다. 이런 상황은 LP로 하여금 성과보수 구조의 정당성에 의문을 품게 한다.

이에 따라 LP들은 ① 최소 수익률 기준Hurdle Rate의 상향 조정, ②GP 자기자본 출자 비율 확대, ③ 성과보수 체계의 단계적 차등화 등을 요구하고 있다. 구체적으로 성과보수 지급 조건이 강화되고 있다. 과거에는 단순히 목표 수익률을 달성하면 성과보수를 지급했지만, 이제는 벤치마크 대비 초과수익alpha 창출을 요구하는 경우가 늘고 있다. 또한 성과보수 지급 시점도 펀드 종료 시점으로 연기하거나, 단계별로 나누어 지급하는 사례가 증가하고 있다. 또한 운용보수 인하 압력이 커지고 있다.

특히 대형 LP들은 투자 규모를 늘리는 대신 운용보수 인하를 요구하고 있다. 이는 GP에 규모의 경제를 제공하는 대신, 비용 절감 효과를 공유하려는 것이다. 나아가 투명성 제고 요구가 증가하고 있다. LP들은 운용보수와 성과보수 외에 GP가 받는 각종 부대수익(monitoring fee, transaction fee 등)에 대한 투명한 공시를 요구하고 있다. 일부 LP들은 이러한 부대수익을 펀드 수익에 환입하도록 요구하기도 한다. 이는 GP가 단기 수익에 집착하지 않고, LP와 장기적 이해를 공유하도록 유도하려는 장치다.

사모펀드 업계는 이러한 흐름을 무시할 수 없게 됐다. 일부 운용사들은 이미 LP의 신뢰 회복을 위해 자율적으로 제도를 개선하고 있다. 가장 중요한 것은 투명한 소통이다. 정기적인 보고서 외에도 분기별 전화회의, 연례 LP 미팅 등을 통해 펀드 운용 상황을 상세히 공유하고 있다. LP 자문위원회의 권한을 확대하거나, 분기별 보고서의 정보 수준을 높이고, 주요 투자 건에 대해 사전 브리핑을 제공하는 사례가 늘고 있다. 또한 리스크 관리 체계를 강화하고 있다. 독립적인 리스크 관리 부서 설치, 외부 감사 확대, 내부통제 시스템 고도화 등을 통해 운용 과정의 투명성과 안정성을 제고하고 있다. 특히 밸류에이션(가치평가) 과정에서 외부 전문기관을 활용하는 사례가 늘고 있다.

나아가 ESG 투자도 중요한 신뢰 회복 수단이 되고 있다. LP들, 특히 연기금과 보험회사들이 ESG 투자를 중시함에 따라 GP들도 ESG 기준을 투자 의사결정과 포트폴리오 관리에 적극 반영하고 있다. 이는 단순한 마케팅 수단이 아닌, 장기적 투자 성과 개선을 위한 전략으로 인식되고 있다.

마지막으로 성과보수 체계도 점차 수정하는 움직임이 나타나고 있다. 단기 회수 성과보다 장기 기업가치제고 성과에 더 큰 가중치를 두는 구조를 시범적으로 도입하는 것이다. 이는 단순히 규제를 피하려는 방어적 행위라기보다는 LP와의 관계에서 신뢰를 확보하기 위한 적극적 전략으로 평가된다.

최근 GP‒LP 관계에서 특히 주목받는 쟁점은 컨티뉴에이션 펀드Continuation Fund다. 이는 기존 펀드 만기가 다가올 때 GP가 특정 자산을 매각하지 않고, 새로운 펀드를 만들어 동일한 자산을 이관하는 구조를 말한다. GP는 해당 자산을 더 오래 보유하며 추가적인 가치제고 기회를 얻을 수 있고, 기존 LP는 매각을 통해 투자금 회수를 할지, 아니면 새 펀드에 재출자할지를 선택할 수 있다.

이 구조는 GP에게는 '투자 유연성'을 제공하지만, LP에게는 상당한 갈등 요인을 낳는다. 우선 GP는 자산을 새 펀드로 옮기는 과정에서 이중 보수를 취할 수 있다. 즉, 기존 펀드에서 이미 관리보수를 받았던 자산을 새 펀드로 이관하면서 또다시 관리보수와 성과보수를 받을 수 있는 것이다. LP 입장에서는 "GP가 자기 이익을 위해 자산을 제값에 매각하지 않고, 보수 구조를 연장하려는 것 아니냐"라는 의심이 제기될 수밖에 없다. 또한 이해 상충 문제가 크다. GP가 특정 자산을 외부 제3자에게 매각하지 않고 자신이 운용하는 새 펀드에 넘기는 경우, 거래 가격의 공정성을 담보하기 어렵다. 가격 산정이 GP의 의도에 따라 왜곡될 수 있고, 기존 LP는 합리적 회수 기회를 박탈당할 수 있다. 이런 이유로 해외에서는 컨티뉴에이션 펀드 거래 시 반드시 외부 제3자 평가기관의 가치평가 등을 거치도록 권고하고 있다. 나아가 LP의 선택권이 제한될 수 있다.

명목상으로는 기존 LP가 매각 대금을 받아 나가거나 새 펀드에 재출자할 수 있는 선택권을 가진다고 하지만, 실제로는 GP가 거래를 주도하는 구조 속에서 LP가 실질적 협상력을 행사하기는 어렵다. 특히 국내 기관 LP들은 내부 의사결정 구조가 경직적이어서 신속한 재출자가 쉽지 않다. 이로 인해 GP와 LP 사이에 갈등이 격화될 수 있다. 한국에서도 2023년 이후 일부 대형 PE들이 해외 자산을 중심으로 컨티뉴에이션 펀드를 시도하고 있으며, 이에 대한 규제와 감독의 조화로운 문제 해결 필요성이 논의되고 있다. 이는 결국 GP와 LP 간 신뢰 문제와 직결되는 사안으로 향후 사모펀드 업계 전반에 큰 영향을 미칠 쟁점이 될 것이다.

한국의 LP 시장은 몇 가지 독특한 특성을 가지고 있다.

첫째, 기관투자자 중심의 구조다. 국민연금, 사학연금, 공무원연금 등 3대 연기금과 보험회사들이 LP 시장의 주요 플레이어다. 이들은 상대적으로 보수적인 투자 성향을 가지고 있어 GP들에게 안정성과 투명성을 중시하는 투자를 요구한다.

둘째, 정부 정책의 영향이 크다. 한국성장금융, 한국산업은행 등 정책금융기관들이 LP로 참여하면서 정부의 산업정책이나 경제정책이 사모펀드 투자에 직접적 영향을 미친다. 예를 들어 신산업 육성이나 중소기업 지원 정책에 따라 특정 분야에 대한 투자가 늘어나기도 한다.

셋째, 해외 LP의 비중이 상대적으로 낮다. 이는 한국 사모펀드 시장의 규모와 인지도가 아직 제한적이기 때문이다. 그러나 최근 들어 일본, 중동, 유럽 등의 해외 LP들이 한국 시장에 관심을 보이면서 점진적으로 다양화되고 있다.

LP들의 GP 선택 기준이 까다로워지면서 실사 과정도 더욱 정교해지고 있다. 과거에는 주로 과거 수익률과 투자 경험에 집중했다면 이제는 조직 역량, 리스크 관리, ESG 정책, 갈등 관리 능력 등을 종합적으로 평가한다. 특히 팀의 안정성과 계속성을 중시한다. 핵심 인력의 이탈은 펀드 성과에 직접적 영향을 미치므로, LP들은 GP의 조직문화, 인센티브 구조, 인재 유지 전략 등을 면밀히 검토한다. 또한 ESG 정책의 실효성도 중요한 평가 요소가 되고 있다. 단순히 정책이 있는지보다는 실제로 투자 의사결정과 포트폴리오 관리에 어떻게 반영되는지를 확인한다. 리스크 관리 체계도 핵심 평가 항목이다. 독립적인 리스크 관리 부서의 존재, 포트폴리오 다양화 전략, 스트레스 테스트 실시 등을 통해 GP의 리스크 관리 역량을 평가한다. 특히 코로나19 팬데믹과 같은 극한 상황에서의 대응 능력을 중시하는 추세다.

최근 사모펀드 시장의 분야별 전문화가 진행되면서 GP-LP 관계에도 변화가 일어나고 있다. 헬스케어, 테크놀로지, 인프라, 부동산 등 특정 분야에 특화된 GP들이 등장하면서 LP들도 분야별로 차별화된 접근을 하고 있다. 예컨대 테크놀로지 분야의 GP에는 빠른 의사결정과 네트워크 활용 능력을 중시하는 반면, 인프라 분야의 GP에게는 안정적인 현금흐름 창출과 리스크 관리 능력을 더 중요하게 평가한다. 이에 따라 분야별로 다른 수익공유 구조나 투자 조건이 적용되는 경우도 증가하고 있다. 또한 섹터별 전문 LP들도 등장하고 있다. 예를 들어 대학의 연구기금은 바이오헬스케어 분야에, 연기금은 인프라나 부동산 분야에 특화된 투자를 선호하는 경향이 있다. 이러한 전문화는 GP와 LP 간의 더욱 정교한 매칭을 가능하게 한다.

핀테크와 데이터 분석 기술의 발전은 GP-LP 관계의 투명성을 크게 높이고 있다. 실시간 포트폴리오 모니터링, 자동화된 보고 시스템, 블록체인 기반 투명성 확보 등이 가능해지면서 LP들은 훨씬 상세하고 실시간에 가까운 정보를 얻을 수 있게 되었다. 일부 GP들은 LP 전용 포털을 구축해 24시간 언제든지 포트폴리오 현황, 투자 성과, 리스크 지표 등을 확인할 수 있도록 하고 있다. 또한 AI를 활용한 리스크 예측, 빅데이터 기반 투자 기회 발굴 등을 통해 LP들에 더 나은 서비스를 제공하려고 노력하고 있다. 이러한 기술 발전은 GP의 운용 능력을 더욱 객관적으로 평가할 수 있게 해준다. LP들은 과거 실적뿐만 아니라 실시간 의사결정 과정, 리스크 관리 능력, 시장 대응력 등을 종합적으로 평가할 수 있게 되었다.

GP와 LP 간의 이해 상충이나 갈등이 발생했을 때 이를 해결하는 메커니즘도 발전하고 있다. 전통적으로는 법적 분쟁으로 발전하는 경우가 많았지만, 이제는 중재나 조정을 통한 해결을 선호하는 추세다. LP자문위원회LP Advisory Committee의 역할도 강화되고 있다. 주요 갈등 발생 시 중재 역할을 하도록 하는 등 실질적인 견제 기능을 부여하고 있다. 또한 독립적인 제3자의 역할도 중요해지고 있다. 펀드 관리자fund administrator, 독립적인 밸류에이션 기관, 외부 감사기관 등이 GP와 LP 간 신뢰 구축에 중요한 역할을 하고 있다.

GP와 LP의 관계는 이제 단순한 계약적 파트너십을 넘어 신뢰와 책임성을 기반으로 한 전략적 동반자 관계로 재편되어야 한다. GP는 더 이상 단기 성과만으로 LP를 만족시킬 수 없다. 투명한 운용 보고, 이해 상충 관리, 장기적 기업가치제고에 대한 실질적 노력이 필요하다. LP 역시 GP에 과도한 단기 성과를 요구하기보다 책임 있는 운용 문화를 장려하는 방향으로 출자 정책을 재설계해야 한다. 특히 컨티뉴에이션 펀드, 성과보수 구조 개편, ESG 투자 기준 등은 앞으로 GP – LP 관계의 핵심 갈등 요인으로 남을 것이다. 이 갈등을 제도와 실무의 혁신으로 해결할 수 있다면, 한국 PE는 단순한 고수익 추구를 넘어 산업 혁신과 기업 성장의 동반자로 자리 잡을 수 있을 것이다. 반대로 이를 외면한다면, 신뢰를 상실한 시장은 글로벌 자본의 외면을 받고 경쟁력을 잃을 수 있다.

감독당국의 검사와 법무 이슈

2025년 현재 한국의 금융감독 체계는 큰 변화를 겪고 있다. 이재명 정부 출범 이후 금융감독 조직 개편이 주요 과제로 부상했고, 이는 사모펀드 감독에도 직접적인 영향을 미치고 있다. 금융위원회와 금융감독원의 역할 재정립, 그리고 사모펀드 전담 조직 신설 등이 검토되고 있어 사모펀드 업계는 새로운 감독 환경에 적응해야 하는 상황이다.

특히 주목할 점은 금융감독원 내부에 사모펀드 전담 조직 신설 방안이 구체화하고 있다는 것이다. 이는 그동안 일반 자산운용사와 동일한 감독 체계하에 있던 사모펀드에 대해 특화된 감독을 실시하겠다는 의지를 보여준다. 전담 조직은 PE의 투자 전략, 리스크 관리, 투자자 보호 등을 전문적으로 검사하게 될 수 있다.

2025년 현재 국내 사모펀드 산업은 금융감독당국의 강화된 감독과 법무적 쟁점의 중심에 서 있다. 2024년 말 기준 국내 기관 전용 사모펀드 수는 1,137개, 약정액은 153조 6,000억 원(이행액 117조 5,000억 원)으로 최고치를 기록하며 지속적인 성장세를 보이는 가운데 감독당국은 사후 대응식 감독에서 사전 예방형 감독으로의 전환을 가속화하고 있다. 2021년 자본시장법 개정에 따라 금융감독당국의 PE 운용사인 및 GP에 대한 검사 권한이 명문화되었으나, 실질적인 감독이 지연되어왔다. 그러나 최근 사모펀드와 관련된 일련의 사태를 계기로 사모펀드에 대한 규제 강화와 법적 책임 추궁이 본격화되고 있으며, 업계 전반에 걸린 감독 체계의 전환점을 맞이하고 있다.

그리고 최근 감독당국에서는 자산운용 업계 전반의 직무정보 이용, 사익추구 등 위법·부당행위에 대해 엄정 대응하는 추세이며, 최근 GP와 관련된 각종 문제가 이슈화되고 있는 상황이다. 이러한 상황에서 국내 PE 시장이 급성장하면서 PE는 감독의 사각지대였다는 점이 지적되고, 건전한 거래질서 확립 및 PE에 대한 신뢰도 제고 관점에서 내부통제 등 관리 필요성도 증대되고 있다. 특히 금융감독원은 2025년 금융투자 부문 감독·검사 방향을 발표하면서 PE 관련 반복적 불법행위를 엄단하고 상시 감시 시스템을 통한 모니터링 강화, 대내외 시장 여건 변화에 따른 시의성 있는 테마를 적극 발굴하여 점검을 실시하겠다는 입장도 밝혔다.

우선 검사 범위가 대폭 확대됐다. 과거에는 사후적 검사, 즉 사고 발생 후 책임 추궁에 초점이 맞춰져 있었지만, 지금은 사전적 검사와 상시 모니터링으로 무게중심이 이동하고 있다. 감독당국은 정기적으로 운용사의 펀드 구조, 자금 흐름, 이해 상충 관리 절차를 들여다보고 있으며, 특히 복잡한 거래 구조나 투자 방식에 대해서는 상세한 자료 제출을 요구한다. 단순히 투자 대상 기업의 재무상태를 보는 것이 아니라, GP 내부 의사결정 과정과 리스크 관리 체계까지 검사 범위에 포함된다는 점에서 운용사들의 부담은 커졌다.

새로운 검사 방식은 실질적 운용 능력과 투자자 보호에 중점을 둔다. 단순히 서류상 요건을 충족했는지가 아니라, 실제로 투자 의사결정이 어떻게 이뤄지는지, 리스크 관리가 제대로 작동하는지, 이해상충이 적절히 관리되고 있는지를 심층적으로 검토한다. 구체적으로는 투자 프로세스의 실질적 검증이 강화되었다. 투자위원회 운영 실태, 투자 결정 과정의 독립성, 실사due diligence 수준 등을 면밀히 검토한다. 특히 투자 실패 사례에 대해서는 그 원인과 의사결정 과정을 상세히 분석해 운용사의 역량을 평가한다.

검사의 양상도 보다 정밀해졌다. 예컨대 감독당국은 최근 대형 PE들을 대상으로 내부통제 시스템, 운용 보고의 적정성과 LP 정보 제공의 충실성 등을 중점적으로 점검하고 있다. 이는 GP와 LP 간 신뢰 관계 회복을 제도적으로 뒷받침하려는 움직임이다. LP에게 제공되는 운용 보고서가 실제 투자 집행 내역, 수수료 구조, 이해 상충 거래 내역을 충분히 반영하지 못할 경우, 이는 곧 감독당국의 제재 대상으로 이어질 수 있다. 구체적으로는 이해 상충 관리 체계의 실효성을 중점적으로 점검한다. GP와 LP 간, 그리고 서로 다른 펀드 간의 이해 상충이 적절히 식별되고 관리되고 있는지 확인한다. 특히 공동투자, 펀드 간 거래, 보수 등과 관련된 이해 상충 사안들을 집중 검토하기 때문에 운용사들은 보고서 작성 단계에서부터 법률 자문을 받아 적정성을 확보하려는 노력을 기울일 필요가 있다.

법무 리스크도 과거보다 훨씬 다양해졌다. 전통적으로 PE의 법적 분쟁은 주로 투자 기업과의 계약 해석 문제, 또는 경영권 분쟁과 관련된 소송에서 발생했다. 그러나 최근에는 LP와 GP 사이의 정보 제공 및 수익 분배 갈등, 이해 상충 관리 실패에 따른 손해배상 청구, 규제 위반에 따른 행정소송 등 새로운 유형의 법무 이슈가 늘고 있다. PE 운용과 관련된 형사 리스크도 무시할 수 없다.

가장 대표적인 것이 배임죄다. LBO 과정에서 피인수 회사의 자산을 담보로 제공하거나, 피인수 회사의 자금으로 인수 대금을 상환하는 것이 배임에 해당할 수 있다는 법원 판례가 있어 주의가 필요하다. 또한 부정거래나 시세조종 혐의로 수사를 받는 사례도 있다. 특히 비상장기업에 투자한 후 상장을 추진하는 과정에서 작위적인 실적 조작이나 부정한 정보 유통이 있었다면 형사 처벌을 받을 수 있다.

국내 상황을 해외와 비교해보면, 이미 선진국 시장에서는 감독 당국의 검사와 법무 리스크 관리가 제도적으로 뿌리내린 상태다. 미국 SEC는 2022년 이후 사모펀드 운용사에 대해 정기 검사를 의무화하고, 운용보수 및 성과보수 구조를 LP에게 투명하게 공개하도록 요구하고 있다.

유럽 역시 AIFMD(대체투자펀드 지침)를 통해 이해 상충 거래에 대한 사전 보고와 외부 감사 의무를 부과하고 있다. 한국의 규제 강화 흐름은 이러한 글로벌 스탠더드와의 정합성을 확보한다는 측면에서 긍정적이지만, 상대적으로 규모가 작은 국내 운용사에는 과도한 비용 부담으로 작용할 수 있다.

이런 변화는 사모펀드 업계의 실무에 여러 가지 함의를 남긴다.

첫째, 내부통제 강화가 더 이상 선택이 아니라 필수가 됐다. 운용사들은 준법 감시 조직을 확대하고, 투자심의 과정에서 이해 상충 검토 절차를 의무적으로 포함해야 한다. 즉, 투자 과정에서의 의사결정을 체계적으로 문서화해야 한다. 나중에 분쟁이 발생했을 때 합리적인 의사결정 과정을 거쳤음을 입증할 수 있는 자료가 필요하다. 투자위원회 회의록, 실사 보고서, 리스크 평가서 등을 상세히 작성하고 보관해야 한다.

둘째, 정기적인 법무 검토와 컴플라이언스 점검이 필요하다. 법규가 자주 변경되는 상황에서 최신 규제를 반영한 업무 프로세스를 유지하는 것이 중요하다. 또한 내부 직원들에 대한 정기적인 법무 교육도 필수적이다. 이와 관련하여 외부 자문 활용의 일상화가 불가피하다. 과거에는 거래 규모가 큰 경우에만 법률·회계 자문을 적극 활용했다면, 이제는 중형 거래에서도 초기 단계부터 자문을 받는 것이 안전하다.

셋째, LP와의 소통 강화가 필요하다. 감독당국이 요구하는 정보 제공 수준이 높아진 만큼, LP에게 제공하는 보고서와 설명자료는 더 투명하고 체계적으로 작성되어야 한다. 특히 투자 단계에서부터 충분한 정보 제공과 설명이 필요하다. 단순히 법정 서류를 제공하는 것을 넘어서 투자자가 실제로 이해할 수 있는 수준으로 위험 요인, 투자 전략, 예상 수익률 등을 설명해야 한다. 특히 고위험 투자나 복잡한 구조의 투자에 대해서는 더욱 신중한 설명이 필요하다. 이는 단순한 규제 대응 차원을 넘어 LP 신뢰 확보라는 전략적 효과도 가져올 수 있다.

물론 업계에서는 이러한 변화에 대한 불만도 존재한다. 감독당국의 검사가 과도하게 빈번하거나 세부적인 영역까지 확장되면 오히려 운용사들이 본연의 투자 역량을 발휘하기 어렵게 되고, 글로벌 경쟁에서 뒤처질 수 있다는 것이다. 해외 대형 사모펀드에 비해

상대적으로 자원이 부족한 국내 운용사 입장에서는 검사·보고·
자문 비용이 수익성을 크게 잠식할 수 있다는 우려도 크다.

이러한 감독 강화는 '투자자 보호'와 '시장 안정성'이라는 명분을
갖지만, 업계 입장에서는 상당한 부담으로 다가온다. 검사 범위가
세밀해질수록 운용사는 거래 초기 단계부터 대규모 자료를 준비해
야 하고, 외부 자문을 상시적으로 활용해야 하며, 준법 감시 조직을
확충해야 한다. 이는 곧 비용 증가와 투자 의사결정 속도 저하로 이
어진다. 따라서 업계는 규제의 필요성 자체는 인정하면서도 지나
친 과잉 감독이 아닌 합리적 수준의 균형 잡힌 제도 운영을 요구하
고 있다.

금융감독당국의 검사 강화와 법무 리스크 확대는 한국 PE 시장
에 새로운 긴장과 기회를 동시에 제공한다. 강화된 감독은 투자자
를 보호하고 시장의 투명성을 제고하는 순기능을 갖지만, 동시에
중소형 운용사에 대한 과도한 비용 부담, 투자 의사결정 지연, 글로
벌 경쟁력 저하라는 부작용도 안고 있다. 따라서 앞으로의 과제는
'균형'이다. 감독당국은 GP의 책임을 강화하되 과잉 규제로 시장
활력을 떨어뜨리지 않도록 규제의 단계적 적용, 업계 자율 규제와
의 병행, 중소형 운용사에 대한 지원책을 고민해야 한다. GP는 내
부통제를 강화하고 LP와의 소통을 확대하며, 스스로 신뢰를 회복
하기 위한 문화를 정착시켜야 한다.

LP 역시 GP에게 무조건적 책임만을 요구하기보다 합리적 규제

와 책임 있는 운용 문화 정착을 함께 지지할 필요가 있다. 결국 한국 사모펀드 시장의 성숙은 GP·LP·감독당국이라는 삼각관계가 어떻게 균형을 찾아가느냐에 달려 있다. 신뢰와 책임성을 기반으로 한 새로운 질서가 정착된다면, 한국 PE는 단순한 고위험·고수익 투자 수단을 넘어 산업 혁신과 기업 성장을 지원하는 건전한 투자자산군으로 자리매김할 수 있을 것이다.

5장

룩센트의
주요 산업 투자 /
경영 전략
케이스 스터디

AI 시대,
그 속의 투자 인사이트

폭발적 수요, 일상에 스며든 AI

2022년 말 ChatGPT가 세상에 처음 공개되었을 때 많은 이에게 놀라움을 주는 동시에 의구심을 불러일으켰다. AI가 사람과 자연스럽게 대화를 나누는 모습은 신선했지만, 이 기술이 과연 얼마나 지속될 수 있을까 하는 의문이 뒤따랐다. 그러나 불과 몇 년 만에 이제는 누구나 AI와 친구처럼 대화를 나누고, 보고서를 작성하게 하고, 업무를 맡기는 일에 익숙해졌다. 신기술의 등장에서 흔히 반복되던 '과연 실용적일까'라는 질문이 이번만큼은 매우 빠르게 '어떻게 활용할 것인가'라는 확신으로 바뀐 것이다.

더 이상 'AI를 도입할 것인가'라는 질문을 던지는 기업은 없다.

지금은 언제, 어떤 방식으로 적용할지를 비롯한 구체적 실행 방식을 수립하는 것이 기업 사업 전략의 주요한 어젠다가 되고 있다. 예컨대 롯데그룹은 유통, 식품, 서비스 전반에서 적극적으로 AI를 활용 및 개발하며 매장 운영과 수요 예측 체계를 바꿔가고 있다.

LG디스플레이도 AI를 통해 OLED 품질 이상 문제 해결 시간을 기존 3주에서 단 이틀로 줄이며, 비용 절감을 넘어 생산 설비와 산업 구조 재편까지 이어가고 있다. 스타트업과 중소기업의 움직임도 빠르다. 메가존클라우드 조사에 따르면 국내 기업의 절반 이상이 이미 생성형 AI를 업무 현장에 도입했으며, 2026년에는 10곳 중 8곳이 AI를 활용할 것으로 전망한다. 이제 AI는 더 이상 기업의 선택지 중 하나가 아닌 사업 모델의 출발점이자 생존의 필수 조건이 된 셈이다.

AI 열풍은 기업을 넘어 개인의 삶도 바꾸고 있다. 롯데마트 앱 '제타'는 고객 맞춤형 장바구니를 자동으로 제안하고, 생성형 AI 기반 서비스는 단순한 대화를 넘어 상담과 위로까지 제공한다. 이처럼 쇼핑몰은 개개인의 취향을 예측하고, 영상 편집자는 몇 줄의 텍스트만 입력해 완성본에 가까운 결과물을 얻는다. 대학생은 에세이 초안을 AI에게 맡기고, 직장인은 회의가 끝난 직후 자동으로 정리된 회의록을 확인한다. 불과 1~2년 만에 우리는 일상의 곳곳에서 'AI 동반자 시대'를 맞이하게 되었다.

짧은 시간 안에 폭발적으로 확산된 AI는 이제 단순한 기술을 넘어 사회 전반을 재편하는 핵심 동력이 되고 있다. 지금 AI가 어디까지 진화했는지를 돌아보고, 우리 일상과 산업 속에 자리 잡은 기술 속에서 투자 기회를 살펴보자.

AI 트렌드 : 어디까지 진화했을까

AI 기술의 변화 속도는 그 어느 때보다 빠르다. 인간과 자연스럽게 대화하는 챗봇의 등장을 두고 '혁신'이라고 불렀던 몇 년 전과 달리, 지금의 시선으로 보면 그것은 단지 시작에 불과했다. 이제 인공지능은 텍스트를 넘어 이미지와 음성, 영상을 동시에 이해하고, 나아가 기계가 아닌 완전한 사람처럼 행동하는 단계로 확장되고 있다. 기술의 진화는 더 이상 연구실의 논문 속 개념이 아니라, 우리 생활과 산업 전반에서 매일 새로운 사례로 마주하고 있다.

트렌드 1. 멀티모달 : 텍스트를 넘어 영상과 감정까지

가장 먼저 눈에 띄는 흐름은 멀티모달이다. 텍스트만 이해하던 AI가 이제 이미지와 음성, 심지어 인간의 감정까지 해석하며 새로운 차원의 경험을 제공한다. 멀티모달의 시대를 새롭게 연 OpenAI의 GPT-4o을 시작으로 사용자가 사진을 보여주면 AI가 사물과 장면을 분석해 설명하고, 대화 도중 목소리의 억양을 인식해 상대방의 감정 상태에 맞춰 말투를 조정할 수 있게 되었다. 텍스트를 넘어 온전한 사람과 얼굴을 마주하고 이야기를 나누는 듯한 경험을 가능케 한 것이다. 현재는 정확도와 긴 맥락 유지 기능을 향상시킨 GPT-5까지 등장하며 다방면으로 멀티모달 기능을 강화하는 노력이 계속되고 있다.

구글의 제미나이Gemini 역시 텍스트와 이미지를 함께 입력하면 두 데이터를 결합해 답을 내놓는데, 이전 같으면 몇 시간을 들여야 했던 작업이 몇 분도 걸리지 않아 끝난다. 국내에서도 네이버가 하이퍼클로버XHyperCLOVA X를 통해 한국어 특화 멀티모달 서비스를 발전시키며 이전의 단순한 카피 작성 도구를 넘어, 이미지와 텍스트를 결합해 프로젝트를 기획할 수 있도록 돕는 수준까지 올라섰다.

트렌드 2. AI 에이전트 :
대화형 비서를 넘어 행동하는 동료로

또 다른 핵심 변화의 흐름은 AI 에이전트다. 지금까지의 AI는 사용자의 질문에 답하거나 텍스트를 생성하며 인간의 명령을 수행하는 수동적인 존재에 머물렀다면, 에이전트 단계의 AI는 실제 업무 프로세스를 실행하는 주체로 진화한다.

마이크로소프트의 코파일럿Copilot은 이미 포춘 500대 기업의 85% 이상을 포함해 수많은 사무실에서 '새로운 동료'처럼 쓰이고 있다. 단순히 보고서를 작성해주는 것을 넘어 데이터베이스와 연동해 필요한 자료를 찾아 분석하고, 복잡한 엑셀 함수를 대신 작성하며 업무 속도 개선뿐만 아니라 의사결정 전반에 걸친 AI 활용으로 확산하고 있다. 삼성SDS가 개발한 브리티코파일럿Brity Copilot은 자체 개발한 생성형 AI 플랫폼인 패브릭스FabirX와 결합하여 ERP와 CRM 같은 기업 시스템에 직접 연결돼, 회계 보고서나 영업 데이터를 자동으로 정리한다. 원익그룹은 업무 현장에 브리티 코파일럿의 도입으로 통역 및 회의록 자동생성의 개선을 통해 글로벌 역량을 강화했다. 해외에서는 스타트업 어뎁트Adept가 '사람 대신 소프트웨어를 다루는 AI'를 목표로, 사용자의 지시에 따라 브라우저를 열고 데이터를 입력하는 기능을 구현했다. 과거라면 사람이 수십 번의 클릭으로 처리하던 업무를 이제는 AI가 직접 수행하는 시대가 열린 것이다.

이러한 변화는 산업 전반에서 이미 가시화되고 있다. 제조업에서는 생산라인의 단순 제어를 넘어 AI 에이전트가 기계 고장을 예측하고 생산 일정을 조율한다. 금융 산업에서는 고객 상담을 넘어 투자 성향을 분석하고 맞춤형 상품을 제안하는 방식으로 진화하고 있다. 온라인 유통에서는 단순한 상품 추천을 넘어서 사용자의 생활 패턴과 취향을 종합적으로 이해해 개인 전담 쇼핑 도우미처럼 행동하는 서비스가 등장하고 있다. 이 모두는 AI가 단순한 도구를 넘어 인간과 함께 일하는 동료로 자리 잡고 있음을 보여준다.

트렌드 3. AGI :

현저히 새로운 문제 상황에 대한 대처까지

이 흐름이 궁극적으로 향하는 지점은 AGIArtificial General Intelligence다. AGI는 AI 에이전트처럼 스스로 행위한다는 점에서는 동일하지만 정해진 틀 내에서만 자유로운 AI 에이전트와 달리 완전히 새로운 문제 상황에 대해서도 대처 가능하다. 즉, AGI는 사람처럼 여러 영역에서 지식을 활용하고 문제를 해결할 수 있는 인공지능을 뜻한다. 아직은 먼 미래처럼 보이지만, 멀티모달과 에이전트의 진화로 기술이 쌓이면 충분히 현실로 다가올 수 있다. 이미 여러 기업이 이 목표를 향해 움직이고 있다.

OpenAI의 공동 창립자였던 일리야 수츠케버는 안전한 초지능 개발을 목표로 SSISafe Super Intelligence를 설립해 10억 달러 규모의 투자를 유치했다. 앤트로픽Anthropic의 다리오 아모데이와 구글 딥마인드의 데미스 허사비스 역시 향후 5~10년 안에 인간 수준을 넘어서는 AGI가 등장할 수 있다고 언급한다. 국내에서도 연구개발과 투자가 이어지고 있다. 리벨리온과 사피온이 합병해 국내 첫 AI 반도체 유니콘 기업으로 부상한 것은 장기적으로 AGI를 구현할 수 있는 하드웨어 생태계를 마련하는 과정의 일부라고 볼 수 있다. AGI로 향하는 길은 여전히 불확실하고 논쟁적이지만, 거대한 자본과 인재가 몰리고 있다는 사실만으로도 이 방향성이 단순한 공상이 아님을 알 수 있다.

멀티모달, 에이전트, AGI로 이어지는 흐름은 결국 하나의 축으로 연결된다. 우리는 이미 멀티모달을 통해 AI가 감각을 갖추는 순간을 목격했고, 에이전트를 통해 AI가 스스로 행동으로 옮기는 장면을 경험하고 있다. 그리고 언젠가 AGI가 현실화되는 순간, AI는 현재의 보조적인 단계를 넘어 보다 인간과 함께 사고하고 의사결정을 하는 진정한 파트너로 자리 잡게 될 것이다. 이 과정에서 산업과 사회는 더욱더 큰 구조적인 재편이 수반될 것으로 보이며, 기업과 투자자에게는 전례 없는 기회와 도전이 동시에 찾아올 것으로 보인다. 중요한 것은 이러한 기술 발전의 흐름 속에서 기업이 적정한 활용처를 발굴·적용하고, 또한 투자의 기회를 확보하는 것에 있다.

AI 투자 기회 : AI 확산이 열어가는 4대 투자 기회

AI는 일상과 기술의 진보일 뿐만 아니라 자본의 흐름도 뒤흔들고 있다. 그 흐름을 투자자의 관점에서 본다면, 크게 네 가지의 기회 요인이 있다.

투자 기회 1. 보이지 않는 심장 - 데이터센터와 반도체

AI 서비스가 화려하게 빛을 발하기 위해 보이지 않는 곳에서 막대한 연산 자원이 뒷받침되고 있다. 그리고 그 중심에는 데이터센터와 반도체가 있다. GPU와 HBM 같은 고성능 칩은 AI 모델의 훈련과 추론을 가능케 하는 '심장'과 같은 존재로 작용한다.

대표적인 기업이 SK하이닉스다. SK하이닉스는 엔비디아 AI GPU에 들어가는 HBM(고대역폭 메모리)을 사실상 독점 공급하며 AI 발전의 수혜를 받고 있다. AI 서비스가 폭발적으로 성장할수록 HBM 수요는 기하급수적으로 늘어나고, 이는 곧바로 기업 실적과 투자자의 이익으로 연결된다. 삼성전자 역시 HBM4 개발에 속도를 내며 후발 주자의 추격을 따돌리고 있다. 메모리 반도체 세계 점유율 50% 이상을 차지하는 한국 기업들은 AI 열풍이 지속되는 한 가장 안정적이면서도 강력한 투자처로 부각된다.

이러한 흐름은 신생 기업에도 영향을 미치고 있다. 2024년 말, 리벨리온과 사피온이 합병하면서 국내 최초로 기업가치 1조 원 이상의 AI 반도체 유니콘이 탄생했다. 2025년 삼성전자가 리벨리온의 시리즈C 투자에 참여하며 글로벌 시장에서 엔비디아 독점 체제에 도전하는 시도가 본격화되었다. 또 다른 팹리스 반도체 스타트업 퓨리오사AI는 2025년 초 메타Meta로부터 약 1조 2,000억 원 규모의 인수 제안을 받았으나 거절했고, 이후 OpenAI와 협력해 자체 칩 성능을 시연하며 생태계 내 존재감을 더욱 키우고 있다. 이는 한국 스타트업이 더 이상 '잠재력 있는 신생 기업'이 아니라 글로벌 기술 경쟁의 한 축으로 인정받고 있음을 보여준다.

데이터 인프라 역시 투자자들의 시선이 집중되는 분야이다. 기존 데이터센터가 단순 저장과 백업 중심이었다면, 이제는 AI 학습과 추론을 위해 특화된 AI 데이터센터의 수요가 커지고 있다. LG전자 창업주 손주인 브라이언 구Brian Koo가 한국 정부와 협력해 건설 중인 초대형 데이터센터 프로젝트는 이런 흐름을 보여주는 단적인 사례로, 완공 시 최대 3기가와트 용량까지 확장할 수 있는 세계 최대 규모를 자랑하며 한국을 아시아 데이터 허브로 끌어올릴 것으로 전망된다.

이와 동시에 최근 세계 최대 자산운용사 블랙록은 한국 정부와 손잡고 데이터센터와 AI 관련 투자 계획을 발표했다. 이번 건은 특정 기업에 대한 투자가 아니라 한국 시장에 대한 투자로, 글로벌 자본이 한국을 아태 지역의 AI 수도이자 아시아의 데이터 허브로 바라보고 있음을 의미한다. 안정적인 전력망, 빠른 통신 인프라, 지정학적 이점까지 더해져 한국은 AI 인프라 확장의 핵심 거점으로 부상하고 있으며, 최근의 투자 흐름으로 인해 한국 기업에 대한 투자 움직임이 빨라질 수 있다는 기대감이 증가하는 모양새다.

AI 서비스의 유행은 언제든 바뀔 수 있지만, 이를 뒷받침하는 연산 자원은 반드시 필요하다. GPU, 메모리, AI 특화 칩은 AI 산업 전체를 지탱하는 토대다. 생성형 AI 기술 자체의 불확실성 대비 안정적인 수익 모델을 담고 있다는 점에서 이러한 기반 산업에 대한 투자가 활발해지고 있다.

투자 기회 2. 현장을 바꾸는 힘 - 산업별 적용형 AI

AI가 비로소 진정한 가치를 드러내는 순간은 기술이 산업 현장에 투입되었을 때다. 제조업, 의료, 금융, 교육, 법률, 물류와 유통까지 AI는 전 산업군에서 효율성 향상을 넘어 기존에는 불가능했던 가치를 창출하며, 산업별로 가장 다채롭고 매력적인 고유한 투자 기회를 만들어내고 있다. 산업별로 AI가 적용되는 유형과 투자의 기회를 살펴보자.

제조업은 한국 경제에서 특히 중요한 의미를 갖는다. 제조업이 한국 GDP의 약 25%를 차지하는 점을 고려하면, 이러한 변화는 국가 경쟁력 전체와 직결된다. 제조업 분야에서도 AI의 활용이 나타나고 있다. 특히 스마트팩토리 솔루션과 산업용 로봇 기업에 대한 투자가 두드러진다. 포스코 광양제철소는 AI 스케줄링 자동화 모델을 통해 압연 활용과 더불어 에너지 사용을 최적화했으며, 두산 로보틱스의 협동로봇은 조립 차원을 넘어 사람과 함께 섬세한 작업을 수행하며 활용 가능한 모든 영역에서 AI를 접목하는 적극적인 변화를 실행하며 이에 대한 투자를 집중하고 있다.

의료 분야는 각종 규제 장벽이 높지만, 일단 어떠한 기업이 장벽을 넘으면 향후 진입할 경쟁자가 줄어들고, 독점적 지위를 확보할 수 있다는 이점이 있다. 또한 방대하고 상대적으로 정형화된 데이터를 많이 확보할 수 있다는 점에서도 AI가 공략할 수 있는 사항이 많은 분야라고도 볼 수 있다. 이에 발맞춰 루닛Lunit은 AI 영상진단 솔루션으로 올해 2분기 178억 원의 역대 최다 실적을 달성했고, 뷰노Vuno 또한 심전도 분석 AI를 필두로 2분기 매출 93억 원을 달성함과 동시에 흑자 전환을 눈앞에 두며 의료 분야 AI가 그 어느 때보다 활발함을 보여주었다. 특히 의료 분야와 AI의 접목은 환자의 생명을 구하는 동시에 의료 비용 절감이라는 사회적 가치를 창출하는 혁신으로 이어진다.

금융과 보험업에서도 AI 도입은 빠르게 확산하고 있다. 신한은행과 KB국민은행은 AI 기반 리스크 관리 시스템을 구축했고, 카카

오뱅크는 이미 상담의 상당 부분을 AI 챗봇이 처리한다. 보험 업계는 사기 탐지 AI를 활용해 수천억 원 규모의 손실을 줄였다. 금융 분야의 AI 도입 매력은 ROI(투자수익률)가 타 산업에 비해 빠르다는 점이다. 비용 절감과 리스크 감소 효과가 즉시 나타나기 때문에 고객사의 도입 의지가 강하고 투자자의 입장에서는 초기 투자 후 빠른 회수가 가능하다.

교육 분야의 변화 역시 주목할 만하다. AI로 학습자의 발음과 문법을 실시간으로 교정하는 미국의 듀오링고Duolingo나 학습 데이터 분석을 통한 맞춤형 커리큘럼을 제공하는 중국의 스쿼럴 AI Squirrel AI처럼 글로벌 사례가 활발하다. 이와 유사하게 한국에서는 뤼튼AI 같은 기업이 교육 콘텐츠 제작에 AI를 접목하고 있다. 학생 개별 학습 데이터를 바탕으로 맞춤형 교육을 제공하는 시스템은 국경을 넘나드는 확장성을 가진다. 온라인 교육시장은 신흥국을 중심으로 폭발적으로 성장하고 있으며, AI는 그 속에서 가장 효율적인 도구가 될 것이다.

최근에는 법률 산업과 유통 산업에서도 AI 적용이 본격화되고 있다. 글로벌 법률 업계에서는 2024년 기준 생성형 AI 활용률이 전년 대비 2~3배 증가했으며, 종사자의 70% 이상이 AI 활용에 대해 긍정적으로 생각한다고 응답했다. 한국의 대형 로펌들도 계약서 검토, 판례 검색에 AI를 적극 도입하고 있다. 한편, 유통업에서는 GS리테일이 점포 운영에 AI를 적용해 발주 정확도를 높이고, 편의

점 업계 전반에서 재고 관리 및 고객 맞춤형 프로모션에 AI가 활용되고 있다. 쿠팡은 예측 알고리즘으로 주문량을 계산해 물류 효율을 극대화하고, CJ대한통운은 배송 경로 최적화에 AI를 적용해 연료비 절감 효과를 거뒀다. 전자상거래 시장이 커질수록 물류 AI의 중요성은 더욱 커질 수밖에 없다.

산업별 적용형 AI의 매력은 진입장벽은 높지만 한번 자리를 잡으면 독점적 지위를 확보한다는 점이다. 의료 AI는 규제 허들이 높아 이를 통과하면 경쟁자가 쉽게 따라올 수 없고, 제조업 AI는 한번 도입되면 유지, 보수와 확장이 뒤따른다. 금융과 보험 AI는 빠른 ROI로 기업 고객의 강력한 도입 의지를 자극하고, 교육, 법률 그리고 유통 분야는 시장 확장성과 글로벌 전환 가능성을 동시에 안고 있다. 투자자에게 중요한 것은 특정 산업의 '강자'를 조기에 발굴하는 일이다. AI는 이제 현장을 바꾸는 힘으로 산업의 가치 사슬을 다시 짜고 있다.

투자 기회 3. 업무 혁신: 사무실 안의 새로운 동료 - 업무 혁신 AI

AI는 이제 기업 내부에서 단순한 실험적 도입 단계를 넘어 본격적인 '업무 혁신' 단계로 접어들었다. 국내 기업의 약 32%가 이미 AI를 직무에 적용했거나 경쟁우위의 핵심 역량으로 인식하고 있으며, 아태 지역 기업의 84%가 2025년에만 생성형 AI 프로젝트에 100만~200만 달러(약 13억~27억 원)의 예산을 책정했다. 이는 단순한 유행이 아니라 'AI 활용의 황금기'에 들어섰음을 보여준다.

특히 사무직 영역에서의 변화가 눈부시다. 마이크로소프트 코파일럿과 구글 듀엣 AI Duet AI는 문서 작성, 데이터 분석, 이메일 교정, 프레젠테이션 제작을 자동화하며 사무 환경을 근본적으로 바꿔놓고 있다. 국내에서는 삼성SDS의 브리티코파일럿이 사내 임직원 1만 명을 위주로 사용되며 회의록 및 메일 작성과 같은 기초 업무 시간을 획기적으로 단축하고 있다. 한국어 특화 모델을 기반으로 한 네이버 하이퍼클로버X는 마케팅 콘텐츠 작성의 새로운 표준으로 자리 잡았다.

여기에 다양한 색을 가진 툴들이 부서별 니즈를 정밀하게 충족하고 있다. 노션 AI Notion AI는 협업형 문서 관리, 감마 Gamma는 보고서 및 슬라이드 자동화, 커서 Cursor는 개발자 보조, 퍼플렉시티 AI Perplexity AI는 고품질 리서치, 캔바 AI Canva AI는 디자인 업무 혁신에 기여한다. 이제 AI는 범용 챗봇 용도로만 사용되는 것이 아니라 부서별로 특화된 '맞춤형 동료'로 자리매김하고 있다.

투자 관점에서 업무 혁신형 AI의 매력은 구독형 SaaS 모델에 있다. 기업은 낮은 초기 비용으로 빠르게 도입할 수 있고, 제공사는 반복적이고 안정적인 매출을 확보할 수 있다. 컨설팅 기업들은 AI 덕분에 제안서 작성 시간을 평균 15% 이상 단축했고, 법률 업계에서는 판례 검색과 계약서 초안을 AI가 처리해 변호사들이 전략적 검토에 집중할 수 있게 됐다. 국내 대기업 한 곳은 회의록 자동화로 연간 20억 원의 비용을 절감하기도 했다. 이는 기업과 투자자 모두에게 확실한 윈-윈 구조를 제공한다.

결국 AI 업무 혁신은 단순한 효율화가 아니라 조직 운영 방식을 재편하는 전환점이다. 투자자는 단순히 도구를 넘어 AI가 기업 구조 자체를 바꾸는 흐름을 읽어야 한다. 지금은 AI가 사무실 안의 새로운 동료로 정착하며 비용 절감, 생산성 향상, 안정적 매출 구조라는 세 가지 축을 동시에 만들어내는 시기다.

투자 기회 4. 리스크 대응 - 보안과 거버넌스

AI 확산에 마냥 긍정적인 시각만 있는 것은 아니다. 기술이 진보하고 활용처가 확대되면서 기업들은 앞다퉈 AI를 도입했지만, 회사의 중요한 데이터가 외부로 유출되는 것은 아닌지 보안에 대한 우려도 적지 않다. 실제로 2023년 삼성전자는 내부 코드를 ChatGPT에 입력했다가 반도체 관련 기밀이 외부 서버로 전송되는 사고를 겪은 적이 있고, 애플과 JP모건체이스 또한 같은 이유로 사내 ChatGPT 사용을 일시적으로 제한하기도 했다.

흥미로운 것은 AI의 보안 우려에 대비한 또 다른 AI 기업들이 등장하면서 오히려 보안 문제가 새로운 투자의 기회가 될 수 있다는 것이다. 대표적인 기업으로 팔란티어 Palantir 를 들 수 있다. 팔란티어의 AIP AI Platform 는 OpenAI, 앤트로픽 같은 외부 모델을 그대로 쓰면서도 고객사의 폐쇄적 데이터 환경에 안전하게 적용하는 통합 플랫폼으로 주목받고 있다. 미국 국방부와 동맹국들이 이를 채택했고, 러시아-우크라이나 전쟁에서 작전 계획 수립에 실제로 활용된 사례는 고위험 도메인에서도 '신뢰 가능한 AI'가 얼마나 중요한지를 보여준다.

또 다른 기업은 사이버보안 전문 기업 크라우드 스트라이크 CrowdStrike이다. 내부 기밀 입력을 차단하는 기술을 개발한 사이버 헤이븐Cyberhaven은 2025년 시리즈 D에서 1억 달러를 유치하며 단숨에 유니콘이 되었다. 이는 보안 리스크가 단순한 비용 요인이 아니라 새로운 성장 축이 되고 있음을 잘 보여준다.

한편, AI에 대한 국제적인 규제가 강화되고 있는 것으로 보인다. 유럽연합은 AI Act를 통해 고위험 AI 시스템의 보안을 의무화했고, 미국은 국가 안보 차원에서 AI 보안 표준 마련을 추진 중이다. 한국 역시 2026년 1월부터 AI 기본법을 시행할 예정이다.

이러한 상황에서 AI가 빠르게 산업을 재편할수록 그 리스크를 관리하는 기술을 갖춘 기업은 더 높은 가치를 인정받을 것으로 보인다. AI의 보안과 거버넌스를 잡는 자가 다음 성장의 과실을 얻게 되지는 않을지, 투자자의 관심도 높아질 수밖에 없을 것이다.

AI의 흐름을 읽는 자가 승자가 된다

몇 년 전만 해도 일부 IT 기업이나 연구소의 영역으로 여겨졌던 AI는 이제 산업 구조, 노동 방식, 자본의 흐름을 동시에 뒤흔드는 거대한 파도로 자리 잡았다. 2022년 말 ChatGPT의 등장은 하나의 기술적 이벤트가 아니라 사회적 전환점이었다. '실용성이 있을까?'와 같은 회의적인 관점은 빠르게 사라졌고, 지금은 AI 없는 일상과 업무를 상상하기 어렵다. 불과 2~3년 만에 AI는 실험실에서 벗어나 산업 현장과 일상에 파고들며 '공기 같은 존재'로 자리매김했다. 그리고 이런 변화는 앞으로 5년, 10년 동안 더욱 가속화될 것이다.

투자자와 기업에게 중요한 질문은 단순하다. "어디에, 언제 진입해야 하는가?"

인프라와 반도체는 AI 확산을 떠받치는 토대로 안정적이고 장기적인 수익을 보장한다. 산업 적용형 AI는 높은 진입장벽과 함께 높은 보상을 가져오는 전형적 시장이다. 사무실 풍경을 바꾸는 업무 혁신형 AI는 SaaS 모델을 기반으로 예측 가능한 성장성을 약속한다. 그리고 보안과 거버넌스는 불확실성이 커질수록 더욱 필수적인 투자처가 된다. 그러나 AI가 매 순간 급격히 진화하는 것만큼 투자의 진짜 핵심은 AI의 속도와 방향을 읽는 힘에 있을 것이다.

인터넷 초창기 수많은 기업이 등장했지만 최종적으로 살아남은 것은 아마존과 구글 같은 소수 기업이었다. 스마트폰 혁명도 마찬

가지였다. 수많은 제조사와 플랫폼이 경쟁했지만, 애플과 삼성, 구글이 시장을 장악했다. AI 역시 같은 궤도를 밟을 수 있다. 수많은 기업이 등장하고 사라지겠지만, 속도를 읽고 시장을 선점한 기업을 중심으로 경쟁 구도는 점점 재편될 것으로도 보인다.

AI는 지금 그 변화의 중심에 있다. 인프라 확장은 이미 본격화되었고, 산업 현장 곳곳에 AI가 스며드는 속도는 더욱 빨라지고 있다. 사무실의 풍경은 몇 년 안에 또다시 완전히 달라질 것이며, 중요한 것은 이 변화가 동시에, 그리고 상호작용하며 일어난다는 점이다. 서비스 확산은 인프라 수요를 폭발시키고, 산업 적용은 보안 수요를 동반한다. 업무 혁신형 AI가 보편화되면 SaaS와 데이터 시장 전체가 재편된다. 즉, 각 기회는 고립된 섬이 아니라 서로를 밀어올리는 파도의 다른 결이다.

앞으로 몇 년 동안은 AI 투자에 있어 결정적인 시기가 될 것이다. 지금 투자의 방향이 향후의 큰 차이를 만들 수 있다. AI는 이미 일상이 되었고, 투자는 그 일상 위에서 펼쳐진다. 변화의 흐름을 읽고, 먼저 그 가능성을 주시하는 기업과 투자자가 AI 시대의 최대 수혜자가 될 것이다.

항공 대재편,
하늘의 판도가 바뀐다

대한항공/아시아나 합병 사례로 살펴보는
항공 산업의 전망과 기회

5년여간 이어져 온 대한항공과 아시아나항공의 기업결합 절차가 2025년 11월 통합법인 출범으로 대단원의 막을 내린다. 개인 입장에서는 "내 마일리지는 어떻게 되는 거지?" "노선과 서비스가 어떻게 달라지는지?" 정도의 궁금증을 자아내는 뉴스이겠지만, 산업 관점에서는 항공 업계 전반의 판도가 바뀌는 아주 중요한 이정표가 되는 사건이다. 이에 그 상세한 내용과 항공 산업의 향후 전망과 투자 기회를 함께 되짚어보도록 하자.

[표 12] 대한항공-아시아나항공 합병 일지

시기	사건
2019년 7월	금호산업, 아시아나항공 매각 입찰 공고
2020년 11월	대한항공, 아시아나항공 통합 결정
2021년 12월	공정거래위원회, 기업결합 조건부 승인
2023년 1월	대한항공, 유럽연합 경쟁당국 기업결합신고서 제출
2024년 6월	아시아나항공 화물사업부 인수 대상자로 에어인천 결정
2024년 11월(예정)	유럽연합 기업결합 최종 승인
2024년 12월(예정)	대한항공, 아시아나항공 지분 인수 완료

출처 : 서울경제

시작은 공급 과잉으로 인한 재무 건전성 악화

2019년 7월 아시아나항공이 매각 입찰을 공고하면서 통합의 여정은 시작됐다. 그 배경에는 아시아나 항공의 심각한 재무 위기를 막고, 나아가서는 국내 항공 운송 산업의 경쟁력을 제고하기 위한 정부 주도의 결정이 있었다. 당시 아시아나항공의 재무 상황을 살펴보면, 국내 2위 항공사임에도 불구하고 누적 적자만 1조 원 이상에 2024년 2분기 부채비율이 3,000%에 육박했을 정도로 악화된 상태였다. 경쟁력 강화를 위한 자구책으로 에어서울을 중심으로 노선강화 계획 등도 시도됐지만, 코로나19 대유행을 거치면서 재무 건전성은 더욱 악화되어 걷잡을 수 없는 지경이 되고 말았다.

업계 2위마저 심각한 재무 부실을 안고 있기에 자칫 항공 산업 자체가 경쟁력이 없고 미래가 암울한 것 아니냐고 예단할 수도 있다. 하지만 항공 산업의 수요 동향을 조금만 살펴봐도 이것이 섣부른 오판이라는 것을 쉽게 확인할 수 있다. 코로나19 대유행으로 인해 수요가 급감했지만, 이는 일시적인 현상이었고 2024년에는 항공 교통량이 코로나19 대유행 이전 수준으로 바로 회복할 정도로 근본적인 수요 상황은 매우 좋다. 항공 수요의 증가세를 확인할 수 있는 대표적인 지표는 바로 인천국제공항의 위상이다.

인천국제공항은 세계 5위권 규모의 국제 공항이었지만, 2024년 4단계 확장(제2터미널 확장, 제4활주로 신설)이 완공되면서 연간 여객 1억 명, 화물 600만 톤 이상을 수용할 수 있는 홍콩, 두바이에 이은 세계 3위 수준의 글로벌 허브로 자리매김하게 되었다. 또한, 부산에 추가로 건설 중인 가덕도 신공항(2030년 개항 목표)까지 완공될 경우, 중국·일본·동남아와 같은 '3시간 항공권' 안에 거대한 수요가 있다는 한국의 지리적 장점과 항만 연계가 가능한 화물기 발전이 가능하다는 부산의 장점이 결합할 수 있다. 즉, 한국은 '2개의 허브 공항'을 기반으로 인천은 장거리·글로벌 허브, 가덕도는 동북아 단거리 LCC 허브를 구축하게 되어 항공 산업의 수요 성장이 더욱 기대되는 상황인 것이다.

그렇다면 무엇이 문제였을까? 해답은 수요가 아닌 공급 과잉에

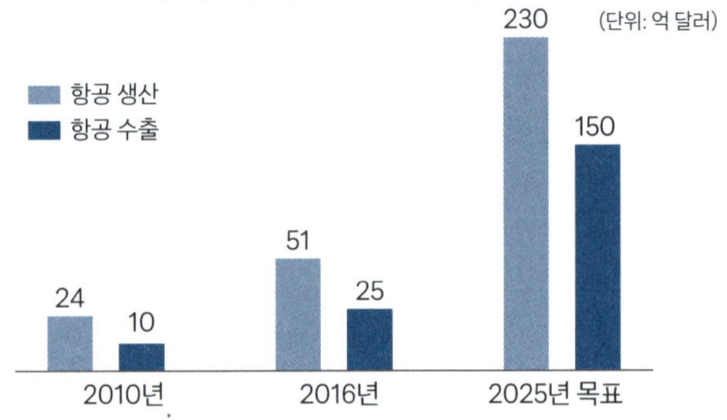

인천공항 확대 계획

구분		1·2단계	3단계	4단계	비고(누계)
사업기간		1992.06~ 2008.06	1999.06~ 2018.01	2017.06~ 2024.10	
사업비(원)		8.6조 원	4.6조 원	4.8조 원	18조 원
여객터미널		T1, 탑승동	T2	T2 확장	
활주로		1~3 활주로	-	4활주로	4본
계류장		145개소	65개소	75개소	285개소
수하물 처리시설		88km	53km	43km	184km
주차장(면)		1만 1,410	1만 981	2만 5,906	4만 8,297
수용 능력	여객(명)	5,400만	2,300만	2,900만	1억 600만
	화물(톤)	450만	50만	130만	630만
	운항(회)	50만	-	10만	60만

출처 : 인천국제공항공사

가덕도신공항 계획

유형	부지 매립 해상 공항		
사업비(추산)	15조 4,000억 원(연 인상률 적용)		
개항 시기	2029년 12월		
규모	• 면적 666만km^2 • 면활주로 1개(3,500m)		
여객 수요	국제선 2,326만 명	화물 수요	국제선 33만 5,000톤
경제적 파급효과	23조 원		

출처 : 국토교통부

있었다. 2005년부터 시작된 LCCLow-cost Carrier(저비용항공사)의 등장 이후 급성장하게 되면서 FSCFull-service Carrier(대형 항공사)를 포함한 전체 항공 공급의 수가 과다해진 것이다. LCC의 등장은 소수만의 전유물이었던 항공 여행이 상대적으로 운임이 저렴한 덕분에 대중화되는 계기가 되었고, 항공시장 전체에 활기를 불어넣게 됐다. 2010년대에는 국내선뿐만 아니라 장거리보다 부담이 덜한 단거리 국제선까지 LCC가 점유하게 되면서 안정적인 성장 기반을 마련하게 됐다. 특히 2023년 엔데믹 전환에 발맞춰 일본과 동남아 등 관광 수요가 많은 중단거리 노선에 집중하며 여객 수를 크게 늘렸고, 새 항공기를 도입하거나 신규 취항 증편에 나서면서 LCC들의 장거리 국제선까지 진출하면서 2025년 상반기 국내 LCC의 국제선 여객 수가 대한항공과 아시아나항공 등 FSC와 외국 항공사를 모두 추월하기까지 했다.

하지만 항상 외형 성장의 이면에는 보이지 않는 부실이 감춰져 있기 마련이다. 시장 수요를 고려하지 않고 지역 안배형으로 면허가 남발되면서 공급 과잉이 됐고, 이는 결국 출혈 경쟁만 키웠다. 가격 경쟁이 심해지며 인기 노선부터 적자를 면하기 어렵게 됐고, 달러 강세가 지속되면서 리스료, 유류비 등의 원가까지 오를 대로 올랐다. 엎친 데 덮친 격으로 잦은 지연, 결항, 사고 등의 낮은 서비스 질까지 문제가 되면서 소비자들마저 등을 돌리며 비싸더라도 다시 FSC를 선호하는 소비자들이 늘기 시작했다.

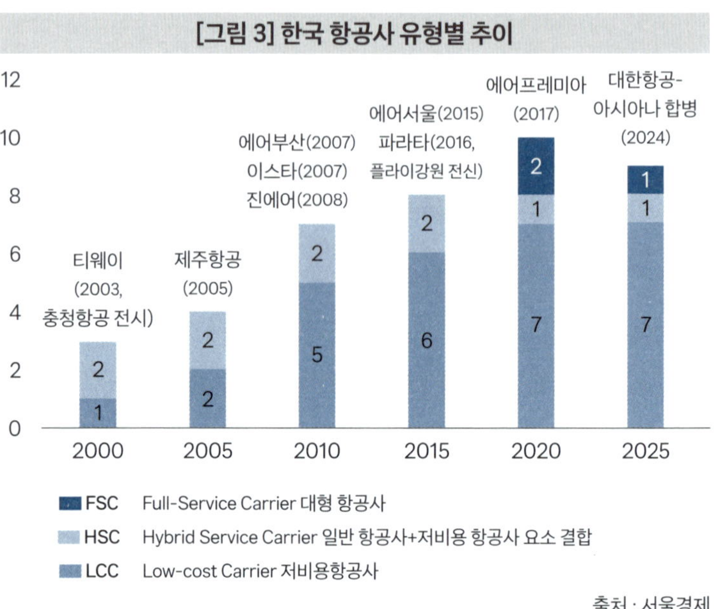

이러한 공급 과잉 기조는 코로나19 대유행 당시의 아시아나항공에 치명적인 피해를 입혔고, 심지어 현재의 LCC 항공사에게까지도 영향을 미치고 있다.

구조 개편을 통해 새롭게 그려지는 한국 항공 경쟁력

아시아나항공 및 LCC 항공사들의 재무 악화는 국가 기간 사업에 해당하는 한국 항공 산업의 경쟁력을 약화시킬 수밖에 없었고,

결국 이를 탈피하기 위해 정부 주도로 항공 업계의 구조 개편이 시작된 것이 바로 '대한항공-아시아나항공 합병'이다. 사실 항공산업의 구조 개편 분위기는 비단 우리나라에만 보이는 현상은 아니며 미국, 유럽을 비롯한 전 세계에서 이미 구조 개편이 지속돼왔다.

대표적인 항공 선진국인 미국의 경우, 이미 1960년대부터 수많은 항공사가 점진적으로 통합 재편돼왔으며, 특히 2000년 9·11 테러와 2008년 항공유 급등 등의 사건을 계기로 업계 구조가 크게 개편됐다. 아시아 강세인 노스웨스트항공Northwest Airlines을 남부 중심의 델타항공Delta Airlines이 통합(2008년), 콘티넨탈항공Continental Airlines이 유나이티드항공United Airlines으로 통합(2010년), 서부 기반 아메리칸 항공American Airlines이 파산 위기였던 동부 기반 US에어웨이즈US Airways를 인수(2013년)한 것 등이 미국에서 진행된 굵직한 인수합병 사례이다. 이러한 과정을 통해 미국의 항공 산업은 델타, 아메리칸, 유나이티드의 3대 항공사가 내수 점유율 50% 이상을 차지하는 구조로 재편되었다.

유럽의 경우, 10여 개 주요 FSC와 각국 국적기(BA, Air France, Lufthansa, Alitalia, SAS, Iberia 등)가 난립하고 있었고, 라이언에어Ryanair, 이지젯easyJet, 위즈에어Wizz Air 등 LCC들이 급속 성장하면서 전통 FSC 시장을 조금씩 잠식해가는 상황이었다. 그러던 중 2004년에 에어프랑스Air France와 네덜란드 KLM이 '에어프랑스-KLM Air France-KLM' 그룹으로 통합되면서 최초의 유럽 초국적 FSC가 탄생했다. 이들은 파리(샤를 드골), 암스테르담(스키폴)의 이중 허브 전략과 스카이팀SkyTeam을 기반으로 글로벌 네트워크를 강화해나가고 있다. 또 다른 통합 항공사의 한 축은 독일 루프트한자Lufthansa 그룹이다. 그들은 스위스국제항공Swiss International Air Lines AG, 오스트리아항공Austrian Airlines, 브리쉘항공Brussels Airlines을 인수하면서 중부유럽 최강 그룹으로 성장하고 지금도 그 확장을 계속 시도하고 있다. 마지막으로 2011년 탄생한 IAGInternational Airlines Group도 눈여겨볼 만하다. 스페인 이베리아항공Iberia Airlines과 영국항공British Airways의 합병으로 출범했고, 런던 히스로와 마드리드를 이중 허브로 삼고 LCC를 포함한 멀티 브랜드 전략을 취하고 있다. 현재 유럽은 루프트한자, 에어프랑스-KLM, IAG의 3대 FSC 그룹과 2대 LCC 그룹(라이언에어, 이지젯) 구도로 재편된 상황이고, 이들 Top 5 그룹이 유럽 여객의 70~80%를 차지하게 되었다.

실제 미국·유럽의 사례를 보더라도 Mega-merger(대규모 합병)를 통해 규모의 경제를 확보하고 최적화된 네트워크를 확보하였고, 운영을 효율화한 덕분에 항공사들의 시장 경쟁력을 전반적으로 높였다고 평가받고 있다. 한국도 이번 대한항공-아시아나항공 합병으로 통합 FSC(대한항공, 아시아나항공)와 통합 LCC(진에어, 에어서울, 에어부산)가 탄생하면서 국내 항공사의 구조는 이제 1 글로벌 FSC + 1 대형 LCC + 1 HSCHybrid Service Carrier + 기타 LCC 체제가 확립될 전망이고, 이를 기반으로 시장 경쟁력을 높일 발판을 갖

	단거리	중거리	장거리			단거리	중거리	장거리
고가		대한항공 아시아나 항공		→	고가		통합 FSC (대한항공-아시아나 항공)	
중가	진에어		에어프레미아		중가			에어프레미아
저가	에어부산 제주항공 티웨이항공 ...				저가	통합 LLC 제주항공 티웨이항공 ...		티웨이항공

출처: 이베스트투자증권

추게 될 것이다. 하지만 앞서 언급한 미국, 유럽의 사례처럼 시장 경쟁력을 높이기 위해서는 해결해나가야 할 리스크들이 아직 남아 있다.

구조 개편으로 인한 리스크 1. 슬롯 파워Slot Power 약화

대한항공-아시아나항공의 기업결합 과정에서 가장 오랜 시간이 걸린 과정은 국내외 14개 경쟁 당국의 승인 절차였다. 최종적으로 2024년 12월 EU 승인으로 모든 승인이 완료되었는데, 그 과정에서 합병 조건으로 26개 국제 노선, 14개 국내 노선 등 총 40개의 슬롯을 반납해야 했다. 이는 보유 슬롯의 약 25%를 다른 항공사에 넘겨야 하는 수준이다. 유럽 노선 중 4개의 중복 노선(바르셀로나, 파리, 프랑크푸르트, 로마)은 티웨이항공에 이관, 히드로공항 슬롯 7개는 버진애틀랜틱항공에 매각했고, 미주 노선은 에어프레미아가 점진적으로 확보할 전망이다. 에어프레미아는 이미 자체 미국 노선 슬롯을 보유하며 확대해가고 있었는데, 4대의 항공기를 추가로 도입하면서 향후 10년 동안 점진적으로 양사 슬롯을 받을 계획이다. 동남아·일본·대양주 노선들은 제주항공, 이스타항공, 에어로케이 등이 나눠 가질 예정이고, 자카르타 노선은 서울~인도네시아 노선을 유일하게 취항하고 있는 제주항공이 욕심낼 것으로 보인다.

슬롯은 공항 정책상의 '자산'으로 '운수권'과는 차원이 다른 경쟁력의 원천이다. 항공 업계 관계자는 "국적 항공사들은 슬롯을 재산이라고 하고 심지어는 국부라고 한다"라며 "슬롯은 하루아침에 확대할 수 있는 게 아니고 오랜 기간의 노선 운영을 통해 얻을 수 있는 것인데, 그걸 해외 항공사에 내준다면 국가적 차원에서 큰 손실"이라고 지적하며 공정위와 국토부, 외교부 등의 국제적 협력이 필요하다고 강조한다.

특히 중국 노선의 상황을 보면 슬롯 확보가 얼마나 중요한 것인지 짐작할 수 있다. 한국 공정위는 5개 노선 이전을 조건으로 했지만 중국 당국은 9개 노선 이전을 조건으로 승인해주면서 아마도 이 슬롯들은 자국 항공사 우선 정책이 노골적으로 적용될 가능성이 높아 결국 중국 항공사들에 재배분될 가능성이 크다. 따라서 승인 과정에서 이런 슬롯의 매각은 큰 우려가 되는 것이 사실이다.

[표 14] 주요 국가별 심사 당국 승인 조건 요약

신고 구분	국가	심사 결과	시정 조치	승인 여부 및 시기
필수 신고국	튀르키예	기업결합 심사 통과	×	○ ('21. 2월)
	태국	사전 심사 대상 아니라고 판단	×	○ ('21. 5월)
	대만	기업결합 심사 통과	×	○ ('21. 5월)
	베트남	향후 베트남 경쟁법 규정 준수 요청	×	○ ('21. 11월)
	한국	• 국제선 26개, 국내선 14개 노선에서의 경쟁 제한 우려 크다고 판단 • 국제선: 중복노선 65개 중 26개 노선(미주 5, 유럽 6, 중국 5, 일본 1, 동남아 6, 기타 3)	• 국내 공항 슬롯 반납 의무화 • 운수권 반납 의무화: 경쟁 제한 노선 중 운수권이 필요한 총 11개 노선 • 해외 슬롯 이전 등 기타 조치 • 형태적 조치: 운임 인상 제한, 좌석 공급 축소 금지, 서비스 축소 금지, 마일리지 통합 불리하게 변경 금지 등	○ ('21. 12월)
	중국	• 4개 노선(서울~베이징/상하이/창사/텐진) 경쟁 제한 우려 표명	• 중복 노선 9개에 신규 진입 희망하는 항공사에 슬롯 이전 등 지원	○ ('22. 12월)
	일본	• 여객: 한국~일본 노선에서 12개 노선 중 7개 노선 시정 조치 요구	• 서울 4개 노선과 부산 3개 노선에 대해 진입 항공사(Remedy Taker) 운항 요청 시 슬롯 일부 양도	○ ('24. 1월)
	EU	• EU 경쟁당국(EC)으로부터 기업결합 조건부 승인 • 여객: 4개 중복 노선에 신규 항공사의 노선 진입 지원 • 화물: 아시아나항공 화물기 사업 부문 분리 매각	• 인천~파리, 로마, 바르셀로나, 프랑크푸르트 4개 노선 티웨이항공 진입 지원 • 아시아나항공 화물 부문 에어인천에 매각	○ ('24. 2월, 조건부 승인)

신고 구분	국가	심사 결과	시정 조치	승인 여부 및 시기
필수 신고국	미국	• 특별한 심사 없이 미 법무부(DOJ)가 2~3개월 내에 특별히 소를 제기하지 않을 경우 자동 심사 종료 • 2024년 11월 소제기 하지 않기로 통보		○
임의 신고국	필리핀	신고 대상이 아니므로 절차 종결	×	○ ('21. 5월)
	말레이시아	기업결합 승인	×	○ ('21. 9월)
	영국	기업결합 승인	런던 히스로 공항의 최대 주 7개 슬롯을 영국 항공사 '버진애틀랜틱'에 제공	○ ('23. 3월)
	호주	기업결합 승인	×	○ ('22. 9월)
	싱가포르	기업결합 승인	×	○ ('22. 2월)

출처: 삼일PwC경영연구원

[표 15] 운수권 vs 슬롯

구분	슬롯(Slot, 공항사용권)	운수권(Traffic Rights, 통행권)
정의	항공기가 특정 날짜·시각에 혼잡 공항(3종 공항)에서 이착륙을 위해 필요한 공항시설 사용 허가	국가 간 협정(항공협정)에 따라 특정 노선을 일정 조건(횟수·편수) 내에서 운항할 수 있는 권리
기준	IATA 국제슬롯가이드라인(WSG) 규정	양국 간 항공협정·양해각서(MOU) 등
적용 공항/노선	주로 3종(Level 3) 혼잡 공항	주로 비자유화 노선(자유화된 노선은 필요 없음)
필요성	슬롯 없으면→시간대에 맞춰 이착륙 불가	운수권 없으면→해당 노선 자체 운항 불가
영향	항공사의 성장 전략과 소비자 혜택에 직접 영향	국가 간 항공 네트워크 연결성과 시장 진입 기회에 영향
비유	'시간표'(정해진 시간대에 공항을 쓸 수 있는 권리)	'통행증'(국가 간 특정 길을 다닐 수 있는 권리)

출처 : 각 언론 보도, 관련 내용 종합

구조 개편으로 인한 리스크 2. 독과점에 따른 소비자의 피해

슬롯 경쟁력 약화 외에도 두 기업의 합병 이후 우려되는 부분은 또 있다. 사실상 독점이 되는 노선에 대해서는 경쟁 감소로 인해 소비자 입장에서의 서비스 질 하락이 발생할 수 있는 것이다. 단적인 예로, 마일리지 통합 과정에서 가치 축소 이슈가 불거졌다. 합병 과정에서 아시아나항공의 마일리지 통합 비율을 불리하게 하거나 사용처를 축소하는 등의 통합 방안이 실제 이슈가 됐다. 다행히 통합 방안이 공정위로부터 반려돼 2026년 말까지 아시아나항공 마일리지 제도는 기존대로 유지하며 독립 운영하기로 약속하면서 일단락

[표 16] 통합 과정에서 불거진 소비자 관점에서의 주요 논란들

이슈	세부 내용	소비자 우려/반응	정부·항공사 대응
마일리지 통합 이슈	통합비용 (대한항공 1:0.7, 아시아나 요금 1:1)	아시아나 마일리지 이용자 불리	• 2025년 6월 공정위 통합안 반려 • 대한항공 보완 후 재제출(통합 시 소비자 피해 최소화)
독점 노선 요금 인상	가격 인상, 할인 폭 축소 가능성	• 소비자 부담 증가 • 독과점에 대한 불안감 증가	• 정부, 10년간 인상률 제한 등 엄격한 운영 규제 도입 • 규제 위반 시 이행 강제금 부과
좌석 개편	좌석 수 증가(3-3-3 → 3-4-3)로 인한 간격 감소	• '닭장 좌석' 논란 (좁아진 좌석으로 인한 이용 환경 악화로 인한 고객 불만 존재)	항공사, 좌석 변경 검토 중

출처 : 각 언론 보도, 관련 내용 종합

됐다. 이외에도 인천-울란바토르와 같은 독점 노선에 대한 요금 인상이 이미 구설수에 오르기도 했고, 기내 좌석 변경도 요금 부담을 무겁게 하여 이익 극대화를 추구하는 방식으로 추진하면서 비판을 받기도 했다. 소비자 보호 우선이 아닌, 독과점에 따른 서비스 질 하락은 장기적으로 글로벌 항공사 대비 경쟁력을 다시 약화하는 악순환에 빠질 수 있기 때문에 통합 대한항공은 이러한 시장 우려에 귀 기울이며 신중하게 접근해야 할 것이다.

새로운 체제에서 눈여겨볼 기회 1. LCC M&A

지금까지 대한항공-아시아나항공 합병의 과정과 우려를 살펴봤다. 예상되는 변화와 이를 통해 눈여겨볼 만한 기회로 관점을 바꿔보자.

첫 번째로 예상되는 가장 큰 변화는 바로 LCC 업계의 지각 변동이다. 앞서도 언급된 바 있지만, 이번 항공시장 구조 개편이 시작되기 전부터 이미 LCC 업계는 수익성 이슈에 시달리고 있었다. 2025년 2분기 기준으로 영업 적자인 LCC만 4개 사(제주항공, 티웨이항공, 진에어, 에어부산)인데, 제주항공은 419억 영업손실에 무안항공 이탈 사고까지 악재가 겹쳤다. 티웨이항공의 경우에도 790억 영업손실에 신규 항공기 도입과 장거리 노선 확대에 따른 비용 증가가 더욱 심화될 전망이다. 진에어 423억 원 손실, 에어부산 111억 원 손실 등 숫자뿐만 아니라 내용마저 좀처럼 호전될 전망이 보이지 않는다.

이러한 수익성 악화의 원인으로는 공급이 많아도 너무 많다는 점이다. 즉, 국토교통부의 'LCC 면허 과잉 발급'을 언급하지 않을 수 없는데, 아무리 국가 기간 산업에 미래 전망이 좋다고 해도 이미 포화된 시장에서 2019년에 플라이강원, 에어프레미아, 에어로케이에 신규 면허를 부여한 것은 남발이라는 지적이 많다. 결과적으로 정상 운영 중인 에어프레미아를 제외하고 플라이강원(현: 파라타항공)은 경영난으로 위닉스에 매각되었고, 에어로케이는 자본잠식 상태에 빠져 있다.

이러한 공급 초과잉은 결국 업체 간 출혈 경쟁으로 이어질 수밖에 없다. 예를 들어 일본·동남아 인기 노선에 LCC들이 몰리며 좌석 공급 과잉이 발생했고, 급기야 5만 원 이하의 특가 항공권이 자주 등장했던 기억이 자연스럽게 떠오를 것이다. 제아무리 철저한 계산과 계획하에 진행된 프로모션이라 하더라도 고환율로 인한 리스료 부담 가중, 고유가로 인한 운영비 증가 등의 컨트롤할 수 없는 외부 요인이 한꺼번에 더해지면 수익성은 걷잡을 수 없이 악화하기 일쑤이다. 더군다나 이번 합병으로 인해 국내 항공시장의 판도마저 FSC와 LCC의 경계가 흐려지고, HSC까지 등장하면서 LCC의 위기는 그 끝을 짐작하기조차 어려울 지경이다.

지속 적자를 끊어내고 체질을 개선하기 위해서는 결국 M&A로 이어질 수밖에 없다. 이미 VIG파트너스가 소유한 이스타항공이 잠재 매물로 거론되고, 에어프레미아는 손바뀜을 앞두고 있다. 예상되는 LCC M&A의 주요 시나리오는 크게 두 가지다.

첫 번째는 LCC 1위 항공사였던 제주항공의 중소형 LCC 흡수 시나리오다. 통합 LCC가 등장한 상황에서 제주항공이 가장 적극적으로 M&A 전략을 펼칠 것이라고 업계는 관측하고 있다. 그 대상으로 가장 먼저 떠올릴 수 있는 곳은 이스타항공인데, 이미 2020년에 제주항공이 이스타항공을 인수하려다 무산됐던 사례가 있기 때문이다. 두 LCC는 동일 기단(보잉737)을 운영하고 있기 때문에 정비 등에서의 시너지가 가능하고, 틈새·단거리 중심 네트워크 보강을 노릴 수 있다는 점에서 사업적 시너지도 충분히 존재한다. 이스타항공의 주인인 VIG파트너스도 PE인 만큼 언젠가 투자금을 회수해야 하는 인수 가능성을 키우고 있다.

이스타항공 외에 에어프레미아를 인수할 가능성도 언급된다. 에어프레미아는 원래 티웨이항공과의 통합 시나리오가 있었으나 무산됐고, 지분 구조도 타이어뱅크가 JC파트너스와 대명소노그룹의 지분을 사들이면서 최대주주가 될 계획이었으나 김정규 회장의 법정구속으로 다소 불투명한 측면이 있다 보니 재매각 가능성이 거론되는 것이다. 제주항공이 인수할 경우, 보잉787을 통해 단거리(제주항공)와 중장거리(에어프레미아)의 네트워크를 강화할 수 있다는 측면에서 경쟁사 대비 우위를 점할 수 있을 것으로 예상된다. 이 외에도 에어로케이도 인수 대상으로 회자되는 등 기존 LCC 1위의 대형화 시나리오는 계속 거론되고 있다.

예상할 수 있는 다음 시나리오는 중장거리 기반의 HSC 대형화 또는 신규 등장이다. 노선 반납으로 LCC가 중장거리 슬롯을 확보하면서 HSC의 진화가 가속화될 것이라는 전망인데, 티웨이+에어프레미아, 티웨이+파라타, 에어프레미아+파라타 등 세부 시나리오는 다양할 수 있다. 티웨이와 에어프레미아의 통합은 대명소노그룹이 티웨이 인수 이후 에어프레미아 지분을 타이어뱅크에 매각하면서 당장은 실현 가능성이 작지만, 타이어뱅크 오너 리스크 등으로 이후의 전개는 어떻게 될지 지켜봐야 할 것이다. 중장거리 노선 확대 전략을 가지고 있는 두 LLC인 티웨이항공과 파라타항공이 제휴 또는 통합하게 되면 광동체(에어버스A330-200) 기반으로 허브&스포크 및 장거리 네트워크 구축이 가능해지기 때문에 실현 가능성이 높게 점쳐지고 있다. 에어프레미아와 파라타항공의 통합 시나리오 역시 글로벌 HSC 경쟁력을 강화한다는 측면에서 역시 가능한 시나리오로 언급된다.

이러한 LCC M&A의 다양한 시나리오에 대한 인수 후보군으로는 대명소노그룹, 타이어뱅크, 애경그룹, 한화그룹 등이 많이 언급되고 있다. 대명소노그룹은 티웨이항공을, 타이어뱅크는 에어프레미아를, 애경그룹은 제주항공을 이미 보유하고 있는 만큼 인수를 통해 시장점유율을 높이고 사업 시너지를 극대화할 수 있다는 점에서, 그리고 한화그룹은 2023년 플라이강원 인수를 추진한 적이 있다는 점에서 인수 후보를 추정할 수 있다. 하지만 각 인수 주체들의 상황이 녹록지는 않다. 대명소노그룹은 에어프레미아를 포기하고 티웨이항공을 인수한 뒤 우선으로 티웨이항공의 자본잠식 이슈 해결에 집중해야 하는 상황이고, 타이어뱅크는 오너 리스크로 잔금납입마저 불확실한 상황이다. 애경그룹은 유동성 위기로 핵심 계열사를 매각하는 국면이고, 한화그룹도 여천 NCC 부도 위기로 공동 대주주인 DL그룹과의 분쟁이 발생해 당장은 이에 집중해야 한다. 어쨌든 원매자들의 복잡한 상황에도 불구하고 이들 시나리오가 실현된다면 한국 항공 업계의 구조가 FSC+HSC+LCC 그룹 구조로 단순화된다는 측면에서 흥미롭게 지켜볼 필요가 있다.

새로운 체제에서 눈여겨볼 기회 2.
화물 항공시장 전문화

다음으로 주목해볼 만한 기회는 바로 화물 항공시장의 전문화다. 항공사의 매출은 크게 여객과 화물 매출로 구분할 수 있다. 여객 매출은 여행이나 비즈니스 목적으로 여행하는 승객에게 항공편을 판매하여 수익을 얻는 것이고, 화물 매출은 물류의 목적으로 물품을 운송하며 수익을 얻는다. 통상 여객 매출이 더 높은 비중을 보이긴 하지만, 매출이 상호 보완적인 관계를 가진다는 점에서 눈여겨볼 필요가 있다. 실제 코로나19 대유행 당시 여객 매출이 급감했던 것과 달리 화물 매출은 오히려 물류대란으로 폭증해 매출 비중이 20%에서 70%대까지 올라가면서 매출 리스크를 보완해주는 역할을 했다. 또 하나 주목할 만한 점은 여객 대비 화물 사업의 수익성이 더 좋다는 점이다. 전체 매출 규모는 작더라도 위기 상황을 보완해줄 수 있고 돈도 잘 버는, 항공 산업의 고수익 알짜 사업인 셈이다.

한국의 화물 항공시장은 사실상 대한항공이 50% 이상을 차지하고 있었다. 대한항공의 2023년 화물사업 매출은 연간 약 4조 5,000억 원, 아시아나항공은 약 1조 5,000억 원 규모였는데, 이번 합병 과정에서 EU가 시장경쟁 제한성을 이유로 아시아나 화물사업 매각을 조건으로 제시했다. 결국 아시아나 화물사업부의 매각 작업이 시작됐고, 소시어스프라이빗에쿼티가 소유 중인 에어인천이 인수해 2025년 7월 에어제타라는 통합법인이 본격 출범했다. 에어제타는 5년 뒤 3조 원 매출을 목표로 신규 화물기를 추가 투자하고, 사업 체질 개선, 수익성 회복을 위한 다양한 작업에 박차를 가하고 있다. 화물사업 전문 항공사가 시장 2위 플레이어로 올라섰다는 것은 단순한 업체 간 통폐합이 아닌 사업 전문화를 기반으로 한 변화라는 점에서 화물 항공시장의 체질 개선과 큰 성장을 기대해볼 만하다.

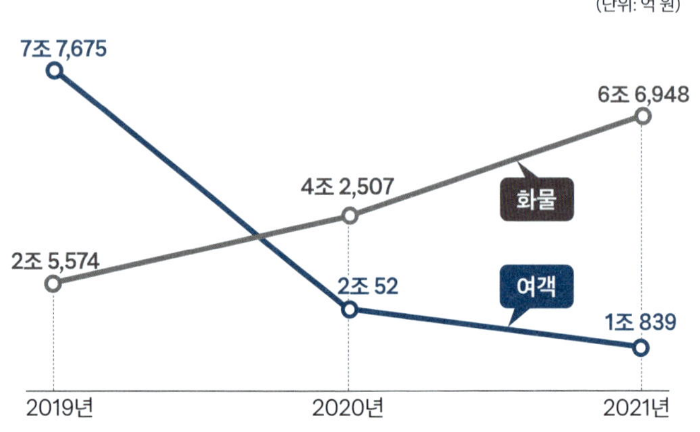

새로운 체제에서 눈여겨볼 기회 3.

미래 성장동력 MRO(항공기 정비) 사업

항공 MRO_{Maintenance, Repair, Overhaul}란 항공기 및 부품의 안전성을 확보하기 위한 활동 및 그 관련 산업을 통칭하는 용어로, 글로벌 MRO의 시장 규모는 2034년 약 1,240억 달러(179조 원)까지 성장할 것으로 예상된다. 특히, 제조업과 서비스 산업의 긴밀한 연결이 필요한 산업으로 그동안 한국은 제조 산업에서 중간재 공급에 집중되어 있고, 유지 보수 서비스와의 연계가 부족한 것으로 평가받았지만 이번 대한항공-아시아나항공 통합의 시너지로 향후 경쟁력이 강화될 것으로 기대되는 영역이다.

우선 MRO 정비 시설과 기술 등이 한 단계 강화될 것으로 전망된다. 대한항공은 이 분야에 약 6,000억 원을 투자해 인천국제공항인근에 대규모 첨단복합항공단지를 신축, 항공기 정비시설 및 화물기 개조시설을 확충할 계획을 가지고 있다. 이러한 투자는 국내외 항공사들의 입주 및 투자로 이어져 향후 국내 MRO 산업 확장의 허브이자 중추 역할을 수행할 것으로 전망된다.

뿐만 아니라 소프트웨어적인 기술 발전도 기대되는 요인 중 하나다. 항공기의 고장은 직접적으로 대형 인명사고로 이어질 수 있기 때문에 기술을 통해 점검의 정확도와 속도를 모두 높여야 할 필요가 있다. 사후정비보다는 예지정비Predictive Maintenance가 중요하다는 측면에서 이를 강화하기 위해 빅데이터를 적극 활용할 예정이고, 인스펙션 드론 등을 통해 점검 작업의 정확도와 속도를 획기적으로 개선해나갈 계획이다. 이러한 기술혁신은 현재 일부 해외항공사(델타, 남방항공)의 엔진 정비를 수행하는 한국의 MRO 산업이 국내외 항공사 대상으로 수주를 확대해나갈 원동력이 될 수 있다. 특히, LCC는 규모에 비해 상대적으로 MRO 역량이 열악하기 때문에 MRO의 해외 의존도가 높은데, 국내 MRO 공급의 발전은 항공 산업 전체의 발전으로 이어질 수도 있다.

좀 더 나아가서는 단순 정비를 넘어서 엔진, 부품 정비 등의 고부가가치 MRO 사업으로 확대할 길도 열릴 수 있다. 그동안 이러한 부품 및 제작기술의 국산화는 해외에 의존해오면서 선진 항공 기술 국가에 비해 미비했던 것이 사실이다. 만약 이러한 고부가가치 MRO 사업의 수요를 신속히 확보하여 경제성과 효율성을 높이고, 부품 및 기술 국산화 및 독자기술 확보를 성공적으로 이뤄낸다면 해외 시장 진출이 꿈만은 아닐 것이다. 이번을 계기로 항공 MRO 사업의 눈부신 발전을 기대해본다.

구조 개편은 경쟁력 향상의 시작점일 뿐이다

대한항공-아시아나항공 통합 사례로부터 한국 항공 업계의 구조 개편의 이모저모를 살펴봤다. 사실 구조 개편은 구조적 개선을 위한 시작점에 불과하며, 예상되는 리스크를 해소하고 명확한 시너지 효과가 확인되고 실현돼야 진정한 의미가 있을 것이다. 모든 구조 개편이 성공하지는 않는다는 점에서 한국 항공 업계가 이번의 다양한 M&A 이후 기업가치제고 실현을 위한 노력을 기울여야 할 것이다.

항공 산업이 한 단계 발전하기 위해서는 산업의 핵심 경쟁력이라고 할 수 있는 '공급 능력', '슬롯 경쟁력', '네트워크 다변화', '인프라 최적화'의 네 가지 요소가 한층 강화되어야 할 것이다. 공동운항Code Share 활성화나 항공동맹Alliance 내 위상 강화 등을 통해 노선 및 서비스 '공급 능력'의 한계를 극복하고, 주요 거점 공항이나 신규 노선 진입을 통해 '슬롯 경쟁력'을 더욱 강화할 필요가 있으며, 항공 교통량을 근본적으로 상승시키기 위해 '네트워크 다변화'를 통해 그 밀도를 높여야 하고, 기단이나 공항 인프라, 운영자원 공유 등을 통해 '인프라 최적화'를 지속 수행해야 할 것이다.

또한, 향후 인수 후 기업가치제고 과정에서 실질적으로 재무 구조가 안정화되고 수익성이 개선되기 위해서는 채무 상환, 자본 효율성 등의 재무적 접근도 필요하겠지만, 이를 넘어서서 과거의 '무분별한 할인'과 같은 단순한 경영 전략을 탈피하고 고도화할 필요가 있다. 매출 관점에서는 노선 차별화, OTA Online Travel Agency나 플랫폼들과의 전략적 제휴, 앞서 언급한 MRO 사업 등 고부가 신규 사업 발굴, 서비스 고도화를 통한 고객 경험 강화 등 근본적이고 혁신적인 접근이 필수적으로 요구된다. 비용 최적화 관점에서도 지상 조업 및 IT 시스템 등을 통합한다든지 항공기나 엔진 종류의 단순화 등을 통해 정비 운영 자체를 효율화하고, 구매 조달 체계를 고도화하는 등 근원적인 운영 역량을 높이는 것은 실질적인 수익성 개선에 도움이 될 것이다. 지속 가능 성장 관점에서 친환경항공유 SAF, Sustainable Aviation Fuel나 다양한 기후변화 대응 전략도 점진적으로 도입해야 한다. 이러한 '근본적인 경쟁력' 향상을 위한 노력이 개편된 구조에 더해져서 과거의 재무 부실이나 수익성 악화의 악순환에서 벗어나 새로운 국가 성장 동력으로 발돋움해나가기를 기대해본다.

K-방산, 수주잔고 '잭팟'이
진짜가 되려면…

K-방산 수주잔고 100조 돌파

최근 K-팝, K-푸드, K-뷰티, K-드라마 등 한류의 바람이 거세다. 한류는 한국이 세계의 주류로 인정받으며 국제적인 위상을 높이고 있는 현상을 일컫는 말로, 주로 문화 산업에서 많이 볼 수 있었다. 이러한 문화 산업을 넘어서 한국의 위상을 높이는 또 다른 산업이 있는데, 바로 K-방산이다. 2000년 세계 수출 시장에서 30위 바깥에 머무르던 한국의 방위 산업은 2025년 현재 세계 10위 수출국으로 자리 잡았고, 최근에는 100조 원대 수주잔고를 확보하기에 이르렀다. 이러한 비약적 성장은 2022년 러시아-우크라이나 전쟁을 기점으로 불과 3년 만에 현실이 됐으며, 언론은 이른바 '잭팟'이

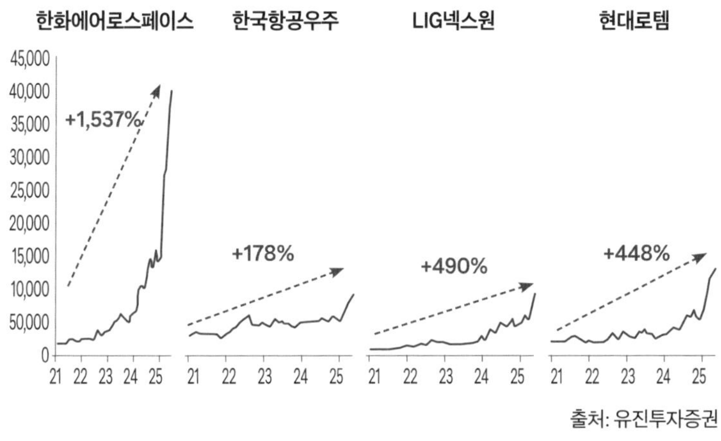

터졌다는 헤드라인을 쏟아내고 있다. 이제는 신성장 동력으로서 한국을 이끌어가는 핵심 산업이 된 K-방산. 그 성장은 어떻게 가능했으며, 지금까지 어떤 성과를 거뒀고, 앞으로도 그 위세를 지속할 수 있을지 한번 되짚어보자.

K-방산의 성장은 한화에어로스페이스, 현대로템, 한국항공우주, LIG넥스원, 이른바 '빅4' 기업들이 무기 수출 수주를 크게 확대하며 시작됐다. 2017~2021년 사이 한국의 무기 수출액 규모는 무려 177%나 증가했는데 이는 세계 상위 25개 수출국 중 가장 빠른 증가세다. 폴란드 대규모 수주 계약 체결을 기반으로 2022~2023년에는 수주 규모로 세계 2위를 달성하기도 했다. 유럽, 중동, 아시아를 아우르는 12개국을 대상으로 100조 원대 수출 수주잔고를 확

보하는 등 이제는 세계 10위 무기 수출국으로 완전히 자리매김했다. 더 나아가 해외 생산 기지 설립을 통해 기존 직수출 방식에서 글로벌 양산 체계까지 구축하며 사업 범위를 확장하는 등 성장 기조는 한동안 멈추지 않을 기세다. 70년 전 소총과 탄약도 제대로 만들지 못했던 나라에서 최강의 무기 강국이 된 원동력은 과연 무엇일까?

K-방산이 부상한 배경에는 '신냉전 시대'가 초래한 국제 정세의 변화와 관련이 깊다. 러시아-우크라이나 전쟁, 이스라엘-하마스 전쟁, 미국-중국 패권 경쟁 등의 전쟁과 분쟁이 여기저기서 발생하기도 했고, 무엇보다 트럼프 대통령의 당선으로 미국이 '세계의 경찰' 역할에 마침표를 찍으면서 전 세계는 독자 방위를 위한 재무장에 돌입하게 된 것이다. EU와 NATO를 비롯한 전 세계 주요 국가들이 국방 예산을 대폭 확대한다고 발표했고, 방위 산업 생태계의 강화를 추진하는 등 글로벌 안보 지형은 빠르게 변화하고 있다. 이러한 분위기 속에 주요 무기 수출국인 미국, 프랑스, 독일 등이 전 세계적으로 급증하는 무기 수요를 감당하지 못하게 되면서 자연스럽게 한국이 방산 수출 신흥국으로 부상할 수 있는 지평이 마련된 것이다.

이러한 외부 환경을 기반으로 K-방산이 집중적으로 내세운 것은 바로 탁월한 '가성비'였다. 방산 공급 시장에서는 가격(P), 납기(D), 성능(Q) 순으로 채택 여부가 결정되는데, 합리적인 가격과 빠른 납기, 이른바 '가성비'로 세계 시장에서 경쟁력을 확보해갔다. K-9 자주포, K-2 전차, 유도무기 천궁 등의 재래식 무기가 인기를 끌었던 원동력도 동일하다. 과거 세계 1위의 품질을 자랑하던 독일의 자주포, 전차와 성능은 비슷하지만 한국산 무기들은 가격이 절반 수준이었고, KF-21 보라매 전투기는 경쟁 기종 대비 약 30~40% 저렴한 정도로 가경 경쟁력이 탁월했다. 뿐만 아니라, 빠르고 정확한 납기도 세계 시장을 제패한 원동력 중 하나다. 2022년 폴란드 대규모 방산 계약 시 1차 물량분으로 K2 전차 10대, K9 자주포 24문을 단 4개월 만에 납품했다. 일반적으로 해외 방산의 납기 기간이 평균 5~6년 소요되는 것과 비교해보면 납기 경쟁력 또한 갖춘 것이다. 성능 측면에서도 화력, 기동, 함정 무기체계 기술 수준 조사 결과에 따르면 종합 순위 8위다. 세계 최고 수준의 첨단 기술에는 다소 못 미치더라도 매우 우수한 수준의 기술력을 보유하고 있다.

K-방산의 신화를 이끌고 있는 주역 빅4 기업에 대해 살펴보자.

첫 번째 기업은 한화에어로스페이스다. K-방산의 대장주로서 국내 유일의 육해공 포트폴리오를 갖춘 기업이다. 한화에어로스페이스의 주력 제품은 압도적으로 세계 시장을 점유한 'K-9 자주포', 지대지 다연장 로켓 '천무' 등이 있다. 폴란드에 K-9 자주포, 천무 등을 수출하면서 크게 성장해 K-방산을 전 세계에 알린 주역으로,

순위	수출국	전 세계 무기 수출 비중		2015~2019년부터 2020~2024년까지 변동률
		2020~2024	2015~2019	
1	미국	43	35	21
2	프랑스	9.6	8.6	11
3	러시아	7.8	21	-64
4	중국	5.9	6.2	-5.4
5	독일	5.6	5.7	-2.6
6	이탈리아	4.8	2.0	138
7	영국	3.6	3.6	-1.4
8	이스라엘	3.1	3.2	-2.0
9	스페인	3.0	2.3	29
10	한국	2.2	2.1	4.9

출처 : Stockholm International Peace Research Institute

현재는 해외 생산거점을 활용하여 협력 전략을 추진하고 있다.

두 번째 기업은 현대로템이다. 전차와 장갑차 중심의 지상무기 전문 기업으로 'K-2 전차'가 주력 제품이다. 현대로템 역시 폴란드에 K-2 전차를 수출하면서 크게 성장했다.

세 번째 기업은 한국항공우주로, 국내 유일의 전투기·훈련기·헬기 분야 전문 기업이다. 주력 제품으로는 이라크에 공급한 T-50 고등훈련기 그리고 폴란드와 말레이시아에 공급한 FA-50 경공격기가 있다. 한국항공우주는 국내 유일의 전투기·훈련기·헬기 전문 기업으로 그간 한국 방산의 항공기 부문을 이끌어왔다.

마지막 기업은 LIG넥스원이다. LIG넥스원은 정밀유도무기 및 방공 시스템 전문 기업으로, '한국형 패트리어트'로 불리는 지대공 유도미사일 '천궁'이 대표적이다. 아랍에미리트UAE에 천궁-II를 수출하며 글로벌 무대로 성장하기 시작했다.

이처럼 한화에어로스페이스, 현대로템, 한국항공우주, LIG넥스원으로 이어지는 '빅 4'는 각자의 영역에서 한국 방산의 대표적 경쟁력을 형성하며 K-방산 신화를 써 내려가고 있다.

K-방산, 정말 '잭팟'이 맞을까?

우려 1. 피크아웃론

연이은 호재와 낙관적인 전망 속에 K-방산의 지속 가능성에 대한 우려의 목소리 역시 함께 제기되고 있다. 대표적인 것이 이른바 'K-방산 피크아웃론'이다. '피크아웃peak out'은 '정점을 찍고 하락세로 접어든다'라는 의미로, 주식이나 경기 사이클에서 고점을 기록한 후 하강 국면으로 전환되는 상황을 설명할 때 주로 쓰이는 말이다. 이를 한국 방산 산업에 적용하면 최근 수주 성과가 이미 최고점을 찍은 상태이고, 장기적으로는 성장세가 둔화하거나 꺾일 수 있다는 말이다.

피크아웃론의 첫 번째 근거는 무기 수요 감소에 대한 우려다. 한

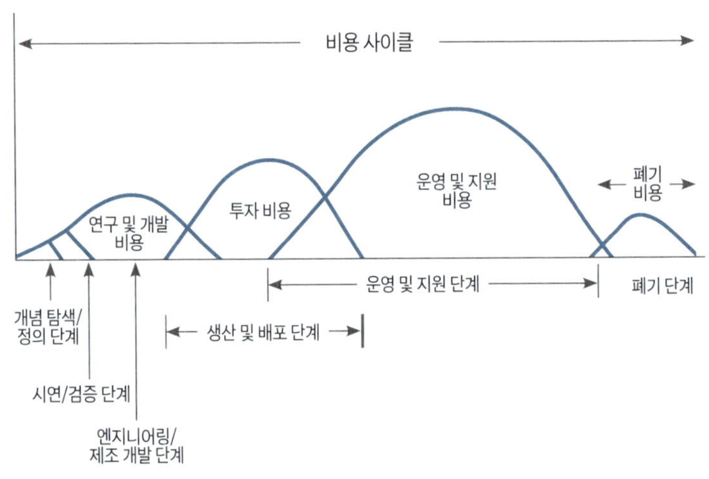

국 방산 산업이 급격히 성장한 배경에는 러시아-우크라이나 전쟁이라는 특수한 요인이 크게 작용했다. 그런데 최근 미국과 러시아 간 정상회담 개최, 휴전 가능성 보도 등으로 종전 분위기가 조성되면서 전쟁 특수에 힘입은 K-방산의 호황이 막을 내리는 것이 아니냐는 시각이 나타난 것이다. 이와 더불어 전 세계 방산 산업의 투자 흐름이 인공지능, 자율주행 로봇, 무인 전투 체계 등 첨단 분야로 쏠리고 있다는 점에서 재래식 무기 위주인 한국 방산의 성장세가 한계에 부딪힐 수 있다는 주장도 제기된다.

이러한 우려에도 불구하고, 중장기적 관점에서 무기 수요는 여전히 지속적으로 확대될 가능성이 크다. 종전 여부와 관계없이 이미 주요 국가들은 방위비 지출을 늘리겠다는 계획을 공식화했다. 특히 EU는 유럽 재무장ReArm Europe을 선언하며 전력 증강을 장기 과제로 설정했다. 러시아의 재침공 가능성을 완전히 배제하기 어려운 상황에서 동유럽 국가들이 보유한 무기의 상당수가 노후화됐다는 점은 교체 수요가 필연적일 수밖에 없다는 것을 의미한다. 또한 과거 러시아제 무기에 의존해왔던 동유럽 및 중앙아시아 국가들이 러시아-우크라이나 전쟁 등 지정학적 리스크로 인해 서방 혹은 한국산 무기로 전환하는 흐름도 예상된다.

실제로 NATO 회원국들이 GDP 대비 국방비를 5% 수준까지 확대할 경우, 유럽 시장 내에서만 향후 6년간 최대 138조 원, 연간 23조 원 규모의 추가 매출이 형성될 것으로 추산된다. 이미 확보된 수주뿐 아니라, 신규 수요도 여전히 풍부하다는 뜻이다.

또한 무기 체계는 총 수명주기 비용 개념으로 바라볼 필요가 있다. 일반적으로 총비용의 30%만이 초기 도입 비용이고, 나머지 70%는 운영, 정비, 보수, 즉 MRO에 투입된다. 이는 단발성 판매가 아니라, 무기 체계가 장기간에 걸친 안정적인 매출로 이어진다는 것을 의미한다. 설령 신규 수주가 줄더라도, 이미 수출한 무기의 MRO 사업을 통해 상당한 매출이 지속적으로 창출될 수 있다.

첨단무기 개발이 가속화되고 있는 것도 사실이나 상용화까지는 시간과 비용이 많이 소요된다. 러시아-우크라이나 전쟁에서 드러난 것처럼 전장은 여전히 첨단 무기와 재래식 무기가 혼합된 일명 '하이브리드전' 양상으로 전개된다. 장기전에서는 재래식 무기의 가격 대비 효율성이 입증됐다. 포병 전력의 중요성과 재래식 무기의 효과성 같은 전통적 무기 체계의 중요성이 다시 강조되고 있다. 따라서 한국의 주력인 재래식 무기 수요는 향후에도 일정 수준 유지될 것으로 전망된다.

이러한 낙관적 전망과 기회를 기업들이 발 빠르게 포착하고 있다. 이미 빅4 기업은 12개국 이상과의 계약을 통해 100조 원 이상의 수주잔고를 확보했다. 이는 단순히 기록적인 숫자에 그치지 않고, 앞으로 4~5년간 매출로 순차 반영될 일감을 확보한 것과 같다. 동시에 수출국 다변화, 제품 포트폴리오 확대를 통해 특정 지역이나 무기 체계에 대한 의존도를 줄이는 전략도 병행되고 있다. 대표적으로 중동 시장은 무기 수요가 꾸준히 많았으나 현재까지 북미 의존도가 높아 수입처를 다변화하려는 움직임이 있고, 전반적으로 무기 노후화율이 높아 한국 방산이 신시장으로 진출할 수 있는 기회가 존재한다.

러시아-우크라이나 전쟁으로 인해 동유럽을 비롯한 주변 국가들의 무기 교체 수요가 커진 것과 유사하게 중국 안보 라인 확장에 따라 인접국 무기 수요가 증가하고 있다. 시진핑 정부가 미국의 인도-태평양 안보 라인에 대응하는 과정에서 필리핀, 베트남, 말레이시아, 브루나이와의 갈등이 고조된 상황과 최근 한화에어로스페이스가 K9 자주포 베트남 수출 계약을 최초 체결한 사례가 맞물리며 공산권 국가 시장 진출 가능성도 확보되었다.

피크아웃론이 대두된 두 번째 원인은 유럽 시장 내 기회 축소 가능성에 대한 우려이다. EU는 자체 방산 생태계 강화를 위해 'Buy European' 조항을 도입했다. 이는 회원국들이 EU, EFTA(유럽자유무역연합), EEA(유럽경제지역) 국가 또는 우크라이나에서 생산된 무기만을 구매하도록 하고, 전체 무기 비용의 65% 이상을 역내 부품으로 충당해야 한다는 규정이다. 이 SAFE 규칙은 한국 방산이 유럽 시장에서 추가 수출을 확대하는 데 걸림돌이 될 수 있다.

그럼에도 불구하고 상황을 완전히 비관적으로 볼 필요는 없다. 우선, 65%의 역내 조달 의무는 곧 35%의 외부 기회로 해석할 수 있다. 현재 역내 생산 인프라가 충분치 않고, 즉시 전력화가 가능한 공급 능력도 제한적이란 점에서 더욱이 유럽은 단기간에 이 목표치를 달성하기 어렵다. 따라서 일정 기간 외부 공급자와의 협력이 불가피할 수밖에 없다.

EU의 유럽 재무장 계획은 역내 생산 확대를 지향하지만, 동시에 제3국 기업의 현지 설립, 공동조달 메커니즘 등을 허용한다. 한국 기업이 현지 생산거점을 확보하고, 유럽 기업과 합작법인을 설립하는 방식으로 우회 진출할 수 있는 가능성이 여전히 열려 있다.

실제로 한화에어로스페이스는 폴란드 최대 민간 방산기업인 WB그룹과 합작법인을 설립해 다연장 로켓 '천무'의 현지 생산을 추진하고 있다. 현대로템 역시 K-2 전차 계약을 통해 폴란드 내 생산 거점을 확보할 계획을 갖고 있다. 이러한 행보는 단순한 직수출을 넘어 글로벌 양산 체계를 구축하는 전략으로 단기적 수출 기회뿐 아니라 장기적인 성장을 담보하는 역할을 한다. 더 나아가 이는 단순히 유럽 시장 대응 차원을 넘어 기업이 본국과 가까운 인근 국가로 생산 및 서비스를 이전하는 니어쇼어링과 미국에서 생산 시설을 운영하기 어려운 기업이 가까운 우방국을 생산기지로 낙점하고 이전하는 프렌드쇼어링 전략의 효과까지 거둘 수 있다는 점에서 의미가 크다. 현지 공장 설립을 통해 물류 리스크를 최소화하고, 납기를 단축하며, 현지 산업 생태계에 기여함으로써 수출국과의 신뢰도 함께 확보할 수 있다.

K-방산에 제기되는 피크아웃론은 충분히 검토할 필요가 있으나, 단기적 우려를 넘어 장기적으로는 다양한 기회 요인이 여전히 존재한다. 이미 확보한 수주잔고와 전 세계적인 방위비 확대, 재래식 무기의 지속적 수요, 그리고 현지화 전략을 통한 글로벌 양산 체계 구축은 한국 방산 산업이 단순한 일시적 '잭팟'을 넘어 구조적 성장의 길을 열 수 있는 토대다.

우려 2. 수주잔고 + 매출? 그리고 방산계약의 특수성

이렇게 장기적으로 기대되는 수주잔고를 믿고, 그것이 현금화되기를 기다리면 될까? 수주잔고는 매출로 전환되는 과정에서 여러 변수가 존재하며, 해외 생산거점 설립 역시 단순히 성장성을 보증하는 장치가 아니다. 그렇다면 과연 '수주잔고≠매출'이라는 공식은 어디까지 유효한 것일까?

방산 산업을 바라볼 때 흔히 등장하는 지표가 바로 '수주잔고'다. 언뜻 보기에 이는 미래 매출이 이미 확보된 것처럼 보인다. 하지만 실제로는 그 단순한 등식이 성립하지 않는다. 수주잔고가 당장 현금으로 전환되는 것이 아니며, 이 과정은 방산 산업 특유의 구조적 특징과 리스크에 의해 복잡하게 전개된다. 계약 체결 후에는 보통 선급금이 지급되고, 프로젝트의 진행률에 따라 중도금이 나눠 지급되며, 최종 납품 및 검수가 완료된 뒤에 잔금이 지급된다. 이처럼 일정에 따라 나누어 들어오는 구조가 일반적이지만, 방산 업계와 조선업 같은 대형 프로젝트 기반 산업은 '헤비테일 결제Heavy-tail Payment' 방식이 관행처럼 자리 잡고 있다. 즉, 프로젝트 기간 동안 발생한 비용에 비해 실제 현금 유입은 납품 직전에 집중된다.

무기의 경우 품질 검증과 성능 시험 과정이 매우 까다롭고, 세금으로 집행되는 군사 예산의 특성상 발주처인 정부가 리스크 관리에 철저하기 때문이다. 또한 무기 체계는 대부분 국가별 맞춤형 개발 과정을 거치기에 계약에서 납품까지의 리드 타임이 평균적으로 5년에서 10년에 이르기도 한다.

문제는 이렇게 긴 리드 타임 동안 기업이 감수해야 하는 재무적 부담이다. 생산을 위한 연구개발, 재료 확보, 인력 운영 등의 비용은 선행적으로 지출되지만, 그 대가가 현금화되는 시점은 멀리 뒤에 있다. 따라서 수주잔고가 많다고 해서 그것이 곧 안정적인 매출과 현금 흐름을 의미하는 것은 아니다. 더욱이 정치적·외교적 환경은 계약의 성립과 이행 과정에 직접적인 변수가 된다. 예컨대 협력국의 정권 교체, 경제 상황 악화, 외교 정책의 변화는 언제든 기존 계약 조건을 흔들 수 있다.

한국과 인도네시아가 공동으로 추진해온 KF-X/IF-X 전투기 개발 사례를 예시로 보자. 인도네시아 측은 2017년부터 애초에 약속했던 개발 분담금을 경기 침체를 이유로 지속적으로 지연 납부했을 뿐 아니라, 2018년부터 분담금 비율 축소를 요구하기 시작했다. 이후 2024년 인도네시아 대선 이후에는 최초 약정액의 3분의 1만 부담하고, 기술 이전도 줄어든 약정액만큼만 받겠다는 입장을 공식화했다. 이는 단순한 지연을 넘어 사업 구조 전체를 바꿔버리는 파급력을 갖는다.

여기에 더해 방산 계약에는 흔히 '지체상금' 조항이 포함되어 있다. 이는 납품 기한을 어겼을 경우 계약금의 일정 비율을 벌금 형태로 차감하는 제도인데, 방산 분야에서는 그 엄격함이 유난히 두드러진다. 실제로 한국 군 당국이 발주한 무기 체계 사업 가운데 납기 지연으로 인해 10년간 80건 이상 전력화가 늦춰졌으며, 부과된 지체상금만 1조 원이 넘는다는 보도가 있었다. 개발 과정에서 기술적 변수와 공급망 차질이 잦은 방산 산업 특성상 이는 기업에 심각한 부담 요인이 된다. 특히 한국의 경우 핵심 소재와 부품의 수입 의존도가 미국 등 소수 방산 선진국에 편중되어 있어, 글로벌 공급망의 작은 흔들림도 곧바로 납기 지연으로 이어질 수 있다. 결국 수주잔고는 '잠재 매출'일 뿐, 실제 기업 실적과 현금흐름으로 이어지기까지는 수많은 불확실성을 내포하고 있는 셈이다.

이러한 불확실성은 방산계약 제도 자체에서도 기인한다. 일반 제조업과 달리 방산 조달계약은 국가계약법과 방위사업법이 동시에 적용되는 특수한 구조이다. 계약은 대체로 경쟁계약과 수의계약으로 구분되는데, 방산의 경우 안보 특수성 때문에 특정 기업과 협상을 통해 체결하는 수의계약이 일반적이다. 또 계약 방식은 '확정계약'과 '개산계약'으로 나뉘는데, 실제 방산계약은 대부분 '일반확정계약' 형태로 진행된다. 이는 계약 시점에 금액을 확정하고, 이후 어떠한 사정이 발생하더라도 계약 금액을 조정하지 않는 구조다. 따라서 기업이 효율화로 원가 절감을 해내더라도 이익이 기업에 귀속되지 않고, 반대로 공급망 차질이나 인플레이션 등으로 원가가 상승하면 그 부담 역시 기업이 떠안아야 한다.

'고정가 계약 손실Fixed-Price Contract Loss'은 해외에서도 반복적으로 문제가 되고 있다. 대표적으로 미국의 보잉 디펜스Boeing Defense는 KC-46A 공중 급유기 프로그램을 비롯한 5대 개발 사업에서 기술적 문제와 일정 지연으로만 2024년에 20억 달러의 손실을 기록했다. 고정가 계약이라는 구조적 특성 탓에 방산기업들은 변수가 많은 첨단 기술 개발 사업에서 큰 리스크를 짊어질 수밖에 없는 것이다.

절충교역 역시 또 다른 복병이다. 절충교역은 무기 구매국이 단순히 장비를 도입하는 데 그치지 않고, 계약 조건으로 기술 이전이나 부품 수출 등을 요구하는 제도다. 구매국 입장에서는 자국 방위역량과 산업을 동시에 키울 수 있는 기회지만, 판매국 기업에는 기술 유출과 미래 경쟁자 양성이라는 이중 부담이 된다. 예컨대, 한화오션은 2013년 노르웨이와의 군수지원함 계약에서 절충교역 조건을 제때 이행하지 못해 2026년까지 이행하지 못할 경우 막대한 페널티 위험에 직면한다. 더불어 기술 이전이 이루어진 뒤 상대국이 이를 민간 산업에 활용하거나 제3국에 확산시킬 경우, 특허권을 비롯한 의도치 않은 경제·안보적 리스크가 발생할 수도 있다.

이처럼 방산 계약 자체의 특성과 절충교역 제도는 기업 입장에서 매출 확대의 기회이자 동시에 치명적 리스크로 작용한다. 단순히 '수주액'이라는 숫자만으로 기업의 성과와 가치를 평가하기 어려운 이유가 바로 여기에 있다.

우려 3. 해외 거점 확보의 양면성

한편, 최근 K-방산기업들이 강조하는 또 하나의 키워드는 '해외 생산거점 확보'이다. 앞서 살펴본 것처럼 유럽을 비롯한 주요 시장에서 '방산 블록화'가 심화하면서 현지에 생산거점을 두지 않고는 지속적인 수주 확대가 어렵다는 현실적 제약을 극복하고자 노력하고 있다. 그러나 해외 생산이 곧 기업의 성장성으로 직결되는 것은 아니다.

우선, 현지 생산이 늘어날수록 본사에 귀속되는 매출과 이익 비중은 희석된다. 계약 총액이 아무리 커 보여도, 실제로 본사 실적에 반영되는 몫은 제한적일 수 있다. 현지 합작사와의 지분 구조, 초기 설비투자 부담CAPEX, 로열티 조건 등에 따라 본사 몫은 더 줄어든다. 따라서 수주잔고만으로 기업의 성장성을 단정하기보다는 본사 인식 비율과 현지 생산 비율을 함께 분석해야 한다.

또한 해외 거점은 현지 규제와 노동 관행, 세제, 환경 기준 등에서 추가 비용 요인을 동반한다. 특히 유럽은 환경 규제가 한국보다 훨씬 엄격하며, 노조의 교섭력이 강해 생산성 관리에 대한 부담으로 인해 예상치 못한 운영 비용 증가가 불가피하다. 더구나 현지 공장에서의 품질 관리나 생산 표준 유지가 제대로 이루어지지 않을 경우, 단순한 비용 증가를 넘어 기업의 브랜드 신뢰성 자체가 손상될 수 있다. 정치적 불안정, 정권 교체, 환율 변동 등은 덤이다.

결국 해외 거점 확보는 불가피한 선택일 수는 있으나, 그것이 곧 '무조건적인 성장'으로 연결된다고 보기는 어렵다. 수주 규모의 외형적 확대 뒤에는 이익률의 희석, 규제 비용, 정치적 변수라는 그림자가 길게 드리워져 있다.

이 모든 맥락을 고려할 때, 현재의 방산 산업 붐을 단순한 성장

적용 법규	계약 방식	계약 방법	계약 종류
국가계약법 (일반물자)	경쟁계약	확정계약	일반경쟁계약
			제한경쟁계약
			지명경쟁계약
	수의계약	확정계약	일반수의계약
			분할수의계약
		개산계약	일반개산계약
방위사업법 (방산물자)	수의계약	확정계약	일반확정계약
			물가조정단가계약
			원가절감보상계약
			유인부확정계약
			한도액계약
		개산계약	일반개산계약
			중도확정계약
			특정비목불확정계약
			유인부원가정산계약

출처 : 재정포럼 '국방조달계약에서의 비용절감유인'

신화로 받아들이기는 어렵다. 수주 잔고라는 수치가 실제로 기업에 안착하기까지는 긴 시간과 복잡한 리스크 관리가 필요하며, 방산계약 제도와 절충교역 구조는 기업을 언제든 손실로 몰아넣을 수 있다. 또한 해외 거점 확보 역시 불가피하면서도 위험을 동반하는 전략이다. 따라서 방산 산업의 미래를 평가할 때는 '수주잔고'라는 화려한 숫자보다 그 이면에 존재하는 리스크와 불확실성을 얼마나 관리할 수 있는지가 핵심 기준이 돼야 한다.

호황을 넘어 지속 가능한 미래를 향해

K-방산은 불과 몇 년 전까지만 해도 상상하기 어려운 성과를 만들어냈다. 유럽 전장에서의 전쟁 이후, 한국 방산기업들은 단기간에 수십조 원대의 수출계약을 따내며 세계 시장의 주목을 받았다. '잭팟'이라는 표현이 무색하지 않을 만큼, 지금의 성과는 한국 방위산업의 새로운 위상을 상징한다. 그러나 이 눈부신 성취의 이면에는 결코 간과해서는 안 될 숙제와 리스크가 공존한다. 단기적 호황이 구조적 경쟁력으로 이어지지 못한다면, 지금의 성과는 국제 분쟁에 따른 일시적 반짝임으로 끝날 수 있기 때문이다.

따라서 한국 방산 산업이 앞으로 맞이해야 할 과제는 분명하다. 지금의 외형적 성장세를 지속 가능성과 연결하는 것이다. 이는 단순히 수주 규모의 확대를 넘어, 리스크 관리 역량을 얼마나 내재화하느냐의 문제다. 앞서 살펴본 것처럼 수주잔고가 매출로 전환되기까지는 긴 시간과 수많은 불확실성이 존재하며, 기업의 수익성은 언제든 잠식할 수 있다. 결국 '얼마나 따냈는가'보다 '얼마나 지켜냈는가'가 한국 방산 산업의 지속 성장을 결정짓는 열쇠가 될 것이다.

이 지점에서 정부의 역할은 무엇보다 중요하다. 방산 산업은 민간 기업의 역량만으로는 결코 성숙하기 어려운 분야다. 시장 접근성을 넓히고 제도적 장벽을 완화하는 것은 정부 차원의 외교적·정책적 노력이 뒷받침되어야 한다. 예컨대 미국과의 RDP-A 협정 체결은 한국 방산기업이 미국 및 동맹국 시장에서 활동할 수 있는 발판을 마련하는 핵심 과제다. 동시에 지나치게 경직된 계약 구조나 과도한 지체상금 조항, 절충교역 조건 등이 기업의 성장을 제약하지 않도록 제도적 보완이 필요하다. 무엇보다 핵심 부품과 소재의 국산화를 위한 R&D 지원은 방산 생태계의 구조적 경쟁력을 강화하는 토대가 될 것이다. 국방 예산 60조 원 시대에 걸맞게, 단순한 전력 증강 차원을 넘어 산업과 기술 육성 전략으로 방산을 바라보는 관점 전환이 필요하다.

기업 역시 지금의 호황을 장기 성장의 기회로 삼기 위해 전략적 선택을 고안할 필요가 있는데, 무엇보다 리스크 관리가 최우선 과제다. 수주 확대에 따른 납기 지연, 고정가 계약 손실, 해외 거점에서의 마진 희석은 언제든 기업의 성과를 무너뜨릴 수 있다. 단기적 수주 실적에만 집중하기보다 중장기적으로 안정적인 이익 구조를 확보하는 전략이 필요하다. 또한 대기업 중심으로 돌아가는 현재의 산업 구조 속에서 협력 중소기업과의 동반 성장은 간과할 수 없는 과제다. 방산 산업은 긴 가치사슬을 기반으로 작동하므로, 어느 한 고리의 취약성이 전체 프로젝트를 위협할 수 있다. 따라서 협력사와의 상생 구조를 강화하는 것이 산업 전반의 저력을 끌어올리는 길이다.

동시에 투자자들에게도 냉철한 시각이 요구된다. 단기적 호재와 수주 실적만을 근거로 성급하게 판단하는 것은 위험하다. 오히려 수주잔고가 실제 현금흐름으로 언제, 어떻게 전환되는지를 살피고 기업이 고정가 계약 손실이나 지체상금 부담을 얼마나 효과적으로 관리하고 있는지, 해외 생산에서 발생할 수 있는 비용 요인을 어떻게 통제하고 있는지 다각도로 면밀히 검토해야 한다. 즉, 투자자는 외형적 수주 확대가 아니라 기업의 '실질적 이익 실현'과 '리스크 관리 능력'에 주목해야 한다. 이런 관점에서 접근할 때 방산 산업은 단기적 이벤트가 아니라, 장기적 투자 대상으로 자리 잡을 수 있다.

K-방산의 성장은 한국이 글로벌 안보 지형에서 새로운 위상을 구축하고 있음을 보여주는 상징적 사건으로, 단지 한 산업의 호황을 넘어선다. 세계 곳곳의 분쟁과 불안정성이 높아지는 시대, 방산은 단순한 수출 산업을 넘어 외교적 자산이자 국가 전략의 중요한 축이 되고 있다. 진정한 의미에서 '강자'로 자리매김하기 위해서는 화려한 수주 실적 뒤에 숨어 있는 리스크를 직시하고, 이를 극복할 체질 개선에 나서야 한다.

앞으로의 길은 정부, 기업, 투자자 모두가 각자의 책임을 다할 때 열릴 것이다. 정부는 제도와 외교를 통해 기업의 무대를 넓혀야 하고, 기업은 안정적인 수익 구조와 생태계 전체의 경쟁력을 확보해야 한다. 투자자는 단기적 성과에 매몰되지 않고, 장기적 안목으로 시장을 바라보아야 한다. 이 세 축이 함께 호흡할 때, 지금의 성과는 잠시 반짝 주목받는 일시적 호황을 넘어 지속 가능한 성장으로 이어질 것이다. K-방산이 세계 시장에서 새로운 규칙을 만들어내는 주체로 성장할 수 있기를 기대한다.

뷰티 미용기기 시장
급성장 비결, Next는?

미용의료기기 시장에 투자자들이 몰리는
진짜 이유, 왜 지금인가?

울쎄라, 써마지, 슈링크, 덴서티…

요즘은 피부 미용을 위한 이와 같은 시술이 흔히 거론된다. 연예인은 물론이고 주변에서 미용에 관심 있는 사람만 있어도 "어떤 피부 고민에는 어떤 시술이 좋다"라는 정보를 쉽게 들을 수 있다. 피부 탄력을 높이고 주름을 개선하는 효과 덕분에 이러한 시술이 최근 더욱 주목받고 있으며, 에너지 기반 미용의료기기 EBD, Energy-Based Devices 기업들도 이에 발맞춰 적극적으로 시장을 확대해나가고 있다.

과거에는 고가의 시술로 멀게만 느껴졌던 피부 미용 시술이 최근 2~3년 새 부쩍 활발해진 이유는 무엇일까? 그 변화의 저변에는 슬로에이징에 대한 소비자의 높아진 수요를 읽어내고 선제적으로 투자한 PE나 기업들이 있고, 적극적인 투자 활동을 통해 시장을 확대해나가는 전략적 변화 때문일 것이다. 좀 더 상세히 살펴보자.

국내 미용의료기기 산업은 자본시장이 가장 주목하는 '신흥 블루칩'으로 부상했다. 2022년 이후 에너지 기반 미용의료기기 기업을 중심으로 PE의 자금이 연쇄적으로 유입되고 있다. 이는 PE가 한번 진입해 투자에 경쟁력 있는 산업이라고 증명되는 경우 '전체 동종/유사 업계의 밸류체인 기업은 투자의 대상이 된다'라는 투자 업계의 불문율이 실제로 작동하고 있음이 입증되고 있는 것이다.

국내 주요 미용의료기기 기업의 M&A 역사를 보면, 2022년 이후 시장 전반에 걸쳐 시작되는 양상을 확인할 수 있다. 2022년 베인캐피탈이 국내 HIFU(고강도집속초음파) 장비 기업 클래시스를 약 6,700억 원에 인수하며 문을 열었고, 2023년에는 한앤컴퍼니가 공개매수를 통해 총 9,645억 원을 투자해 루트로닉 지분을 인수하여 사실상 경영권을 가져왔다. 이어 2024년에는 제이시스메디칼 또한 프랑스 사모펀드 아키메드로부터 약 9,116억 원의 투자를 유치하며 업계 지각 변동이 활발하게 일어나고 있음을 보여줬다.

미용의료기기 시장에 투자가 집중되는 이유

투자자, 특히 PE가 특정 산업에 집중하는 이유는 단순히 성장성 하나 때문은 아니다. PE는 무엇보다도 '지속 가능한 수익성'에 기반해 밸류에이션을 매긴다. 이 점에서 미용의료기기는 보기 드문 산업적 강점을 보유한다.

첫째, 높은 수익성이다. 미용의료기기 산업은 장비와 함께 소모품 판매가 결합한 구조이다. 고강도집속초음파 장비의 카트리지, 고주파RF 장비의 팁, 주사제의 시술 키트 등이 모두 고마진 소모품으로 분류되며, 시술 건수가 늘어날수록 꾸준히 반복적인 수익을 창출하는 리커링 매출을 발생시킨다. 실제로 국내 주요 상장사들의 실적을 보면, 2025년 1분기 기준 클래시스는 매출 771억 원 (+53% YoY), 영업이익 388억 원(+46% YoY)을 기록하며 영업이익률OPM 50%를 웃돌았다.

둘째, 시장 성장성이다. 글로벌 미용의료기기 시장은 2024년 약 271억 달러 규모에서 2029년 443억 달러로 성장할 전망이며 연평균성장률CAGR은 10%에 달한다. 특히 글로벌 미용의료기기 시장은 고강도집속초음파, 고주파 등 비침습(피부 주입 없이 외부 자극으로 조직 반응 유도) 및 저침습(피부에 관통하나 절개 등이 없음) 기술에 대한 선호 확산에 힘입어 2025년부터 2034년까지 연평균 18% 성장할 것으로 예측된다. 한국 시장 역시 2022년 약 2억 달러에서 2030

년 7억 1,000만 달러로 연평균 성장률 17.1%를 기록할 것으로 전망한다. 이는 전통적으로 강세였던 제약 및 바이오 시장과 비교해도 손색없는 성장 속도다.

고성장성과 고수익성을 동시에 충족하는 산업은 많지 않다. 대부분의 신흥 산업은 성장성을 확보하는 과정에서 수익성을 희생하거나, 반대로 수익성은 높지만 성장성이 제한적인 경우가 많다. 그러나 미용의료기기는 시장 확대 → 시술 대중화 → 소모품 반복 구매라는 선순환 구조를 갖추며 두 가지를 동시에 실현한다.

그렇다면 특히 투자자들의 관심을 한 몸에 받는 기업에는 어떤 공통점이 있을까? 미용의료기기는 산업 특성상 전문의, 인플루언서 같은 KOL Key Opinion Leader 집단과 실제 구매와 사용을 결정하는 일반 소비자 양측의 인식이 동시에 중요하다. 즉, 병원을 포함한 피부 시술을 행하는 산업체에서 전문성을 지닌 이가 '효과적'이라고 인정한 장비일수록 소비자 신뢰가 높아지고, 동시에 소비자들이 일상적으로 사용하고 입소문이 난 기기는 다시 의료 현장에서의 수요를 자극하는 선순환 구조를 형성한다. 이 과정에서 강력한 브랜드 파워는 단순한 마케팅 수단을 넘어 시장 진입 장벽이자 안정적인 수익 기반으로 작용한다.

미용의료기기 산업 내에서 압도적인 점유율을 보유한 클래시스는 대표 제품 '슈링크'를 통해 국내외 의료진에게는 표준 장비로 일반 소비자에게는 K-뷰티 의료기기의 상징으로 자리매김했으며,

가정용 미용의료기기 시장의 압도적 우위를 장악한 에이피알은 '메디큐브 에이지알'을 앞세워 홈 뷰티 디바이스 시장까지 확장하며 소비자 접점을 넓혀가고 있다.

더불어 기술 경쟁력과 지식재산권 확보 역시 기업의 가치를 결정짓는 핵심 축이다. 비올은 국내 최초로 바이폴라 고주파 장비를 선보인 데 이어 특허권과 상표권을 기반으로 글로벌 소송에서 승소하며 기술 로열티 수익을 창출했는데, 이는 단순 장비 판매를 넘어 고유의 기술이 장기적이고 안정적인 현금흐름을 확보하는 전략이 된 모범 사례라고 볼 수 있다.

반면 명확한 차별화 없이 단일 장비에만 의존하거나, 해외 유통망 확장에 실패해 내수에만 머무는 경우 투자자들이 상대적으로 피하는 경향이 있다. 즉, 글로벌 확장성, 브랜드력, 지속 가능한 리커링 매출 구조가 결여된 기업은 동일 산업 내에서도 투자자들의 관심에서 멀어질 가능성이 크다.

주요 비즈니스 전략의 변화 :
사모펀드의 기업가치제고 전략 엿보기

뷰티 및 미용의료기기 시장의 최근 변화는 단순한 제품 판매를 넘어 복합 시술 환경에 최적화된 장비 포트폴리오 구축으로 이어지고 있다. 과거 시장은 특정 에너지 소스, 즉 단일 기술 중심으로 성장했다. 그러나 소비자 니즈가 세분화되고 시술 목적이 다양해지면서 복합 시술에 적합한 멀티 솔루션 장비에 대한 수요가 폭발적으로 증가하고 있다.

이는 단순히 한 장비의 성능이 뛰어나기보다는 서로 다른 원리를 가진 기기를 함께 활용했을 때 더 큰 효과를 거둘 수 있다는 점에서 기인한다. 개개인의 소비자가 자신의 피부 상태에 따라 필요한 시술과 불필요한 시술을 입맛에 따라 추가하고 덜어내며 효과를 극대화하는 경향이 증가하고 있다. 이러한 변화와 맞물려 단일 기술 기업은 복합 시술 흐름 속에서 뒤처질 수밖에 없으며, 자연스럽게 제품 포트폴리오 다각화가 업계의 핵심 전략으로 부상하게 된 것이다.

이를 잘 보여주는 것이 주요 에너지 소스별 특징과 차이점이다.

[표 19]에서 볼 수 있듯, 고강도집속초음파는 피부의 깊은 근막층까지 에너지를 전달해 리프팅에 강점을 지니지만, 고주파는 피부 부피의 90%를 차지하는 표면 및 중간층을 공략해 피부 노화에 직접적인 효과를 만들어낸다. 레이저 장비는 색소 질환이나 혈관 치료 등 특정 목적에 특화되어 있다. 에너지원별로 각기 다른 특성이 결합하면서 의료진은 환자 맞춤형 복합 시술을 설계할 수 있게 되고, 이는 곧 장비 기업들의 멀티 포트폴리오 전략과 맞닿아 있다.

PE들은 이러한 시장 변화를 활용해 기존 포트폴리오 기업에 동

				에너지원별 피부 침투 깊이 차이	
에너지원 명	원리	치료 내용	소모품 유무	온도	깊이
HIFU (High Intensive Focused Ultrasound, 고강도 집속초음파)	근막층까지 초음파를 전달해 콜라겐의 새로운 합성을 유도	주름/탄력 개선, 피부 리프팅	O (카트리지)	60~70°C	4.5, 3, 1.5mm
RF (Radio Frequency, 고주파)	피부 진피층에 일정 온도 이상의 열 전달	흉터/모공/ 피부결 개선 등	O (팁)	55°C 미만	3mm 미만
레이저	단일 파장을 이용해 점, 문신 등 단일 병변의 치료	색소/ 기미 제거, 여드름/ 모공 치료 등	X	100°C	1.5mm 미만

출처: 삼성증권, 흥국증권 리서치센터 자료 참조

종 업계 기업을 M&A해 시장 지배력을 확대하고 시너지를 창출하는 볼트온 전략을 적극적으로 구사하고 있다. 기업의 단순한 규모 확장을 넘어 기술과 제품 라인업 보강, 해외 네트워크 확대라는 두 마리 토끼를 잡을 수 있다는 점에서 주목받고 있다.

기술적 시너지를 기반으로 한 전략적 볼트온의 대표적인 성공 사례로 클래시스가 있다. 클래시스는 초기 고강도집속초음파 장비 중심으로 성장했으나, 2024년 마이크로니들 고주파MNRF 강자 이루다를 흡수합병하면서 포트폴리오를 다각화했다. 인수 직후 온기 매출이 반영된 2025년 상반기 매출은 전년 동기 대비 47% 증가했고, 영업이익도 41.8% 늘었다.

이와 유사하게 한앤컴퍼니는 2024년 루트로닉 인수 후 추가로 미국의 사이노슈어를 인수하는 볼트온을 단행했다. 이를 통해 아시아와 미국 시장을 동시에 거점화하며 글로벌 경쟁력을 확보했고, 단순 매입이 아닌 글로벌 종합 의료기기 회사로 탈바꿈하기 위한 전략적 기업가치제고에 초점을 맞춘 점이 특징이다.

이처럼 미용의료기기 산업의 성장 축은 포트폴리오 다각화와 함께 국내를 넘어 글로벌 무대로 확장 이동하고 있다. 글로벌 미용의료기기 시장은 2024년 261억 5,000만 달러 규모에서 2034년 776억 5,000만 달러로 성장할 전망이다. 연평균성장률CAGR 11.5%라는 수치는 전통 소비재 산업을 크게 웃도는 수준이다.

글로벌 시장 장악을 공략하는 기업들은 지역별 소비자 니즈와 의료 환경에 맞춘 전략적 대응이 불가피하다. 예컨대 세계 최대 규모의 미용의료 시장인 북미는 침습적 시술에 대한 수용도가 높고 메디컬 스파 등 채널이 발달해 있기 때문에 고가 장비 라인업과 전문 인력 네트워크 확충이 핵심 과제로 꼽힌다. 가장 빠른 성장세를 기록 중인 아시아태평양은 한국, 중국, 일본 중심으로 기술력과 소비자 수요가 결합하면서 시장 확대가 가속화하고 있다.

일본은 북미 시장과 달리 비침습 안면 시술에 대한 선호가 두드러져 저침습 기기 라인업이 효과적이고, 중국은 왕훙(중국의 인플루언서)과 SNS 기반 마케팅이 시장 파급력을 결정짓는 만큼 디지털 MIMarket Intelligence 역량 강화가 필수다. 유럽은 브랜드 신뢰와 임상 데이터 중심의 선택 경향이 강해, 임상 레퍼런스 확보가 매출 확대의 관건이 된다. 브라질을 비롯한 남미는 미용 친화적 문화와 인구학적 요인이 결합해 잠재력이 큰 시장으로, 가격 경쟁력과 동시에 보급형 라인업 확대가 요구된다. 결국 동일한 제품군이라도 시장별 진입 전략은 치밀하고 다양하게 변화해야 하며, 이를 제대로 구사하는 기업만이 글로벌 무대에서 주도권을 선점할 수 있다.

사모펀드의 기업가치제고 전략은 '볼트온으로 포트폴리오를 확장하고, 글로벌 시장을 적극적으로 확장한다'라는 두 축으로 정리할 수 있다. 국내외 사모펀드의 잇따른 투자와 기업가치제고 전략은 미용의료기기 산업의 지형을 빠르게 바꾸고 있다. 이 과정에서 기업가치는 제품 포트폴리오 확장이나 해외 영업 확대 같은 전략적 선택에 의해 크게 달라지고 있으며, 투자자들의 관심 역시 기술 자체는 물론 그 기술이 어떤 시장을 어떻게 확장할 것이고, 어떤 방식으로 새로운 소비자 집단을 끌어들이는지에 집중하고 있다. 산업의 성장 동력은 점차 '전문 시술 시장'에만 머물지 않고, 소비자 일상 속으로 파고드는 방향으로 이동하고 있다.

Next 투자 기회는? 홈디바이스
(vs 프로페셔널 시장 경계가 무너진다)

뷰티 및 의료기기 산업은 오랫동안 병원 중심의 프로페셔널 시장이 중심이었다. 피부과와 성형외과에서 제공하는 시술은 고소득층과 장년 여성 중심으로 국한되었으며, 기기 역시 전문가 전용의 고가 장비가 대부분이었다. 그러나 지난 몇 년 사이 소비자 인식과 시장 구조가 크게 변화하면서 프로페셔널 시장과 홈디바이스 시장의 경계가 흐려지고 있다.

프로페셔널 장비와 홈디바이스의 경계가 무너지는 배경에는 인구, 사회 그리고 기술적 변화가 동시에 작용하고 있다. 먼저, 전 세계적으로 고령화가 심화되면서 안티에이징에 대한 관심은 특정 연령층을 넘어 확산하고 있다. 중장년층 수요가 뚜렷했던 과거와 달리, 20~30대 역시 노화 예방을 위해 피부 관리를 조기 투자의 하나로 생각하는 흐름이 나타났고, 이 과정에서 피부 시술은 더 이상 특별한 소비가 아니라 일상적 관리의 한 형태로 자리 잡았다.

대표적으로 에이피알은 안티에이징 디바이스 '에이지알'을 앞세워 국내외에서 빠르게 성장했다. 2024년 매출은 3,126억 원으로 전년 대비 44.6% 증가했고, 2공장 가동을 통해 47%에 달하는 해외 판매 비중에 맞춰 글로벌 수요 확대에도 적극 대응하고 있다. 이는 안티에이징을 겨냥한 홈디바이스가 기업 실적을 실질적으로 견인할 수 있음을 보여주는 대표 사례다.

과거 뷰티 시장은 '피부를 어떻게 화장으로 가릴 수 있는가?'에 집중했다면 최근 트렌드는 코로나19를 지나며 '피부 자체를 어떻게 개선할 것인가'로 이동하고 있다. 팬데믹 당시 외출 자제가 이어지면서 색조 화장품 수요가 줄고 기초 및 스킨케어 제품 비중이 늘어났으며, 이는 피부 상태를 직접 개선하는 시술과 기기에 대한 관심으로 확산됐다.

이 과정에서 특히 주목받은 영역이 홈디바이스다. 홈디바이스는 스킨케어와 메디컬 케어 사이의 경계를 메우는 연결 고리로 작동했다. 소비자가 병원에서 받은 시술 효과를 비교적 더 오래 유지하거나 시술 전후 관리의 효율성을 높이는 목적으로 홈디바이스를 적극적으로 활용하기 시작한 것이다. LED 마스크, 고주파, 고강도 집속초음파 기반 기기는 대표적 사례로 꼽힌다. 화장품의 보조재였던 홈디바이스는 스스로 효과를 만들어내는 기능성 장비로 인식되면서 소비자 행동을 실질적으로 바꿔놓고 있다.

사회적 인식의 변화와 함께 기술 발전도 이러한 흐름을 뒷받침한다. 저침습 및 비침습 시술은 회복 기간이 짧고 자연스러운 결과를 제공한다는 장점 덕분에 시술에 대한 접근 장벽을 크게 낮췄고, 기존의 이용자뿐만 아니라 새로운 수요층까지 흡수하며 시장 저변을 넓혔다. 동시에 시술 경험을 가정에서도 이어가고 싶어 하는 수요가 증가하면서 전문 장비에서 파생된 고주파, 고강도집속초음파 기술이 소형화되어 홈디바이스로 빠르게 보급됐다.

홈디바이스 시장은 초창기 몇백만 원을 훌쩍 넘는 고가의 제품들이 대다수였으나, 이러한 시장 수요 변화에 맞춰 기업들은 10만 원 대의 이른바 '가성비' 제품들을 개발하며 가격 경쟁력을 차별점으로 내세우고 있다.

여기에 정보 확산의 속도 역시 시장 변화를 가속화했다. SNS와 영상 플랫폼의 보편화는 특정 시술 효과나 장비 후기를 실시간으로 전파했고, 소비자 인식을 단숨에 바꾸는 힘으로 작용했다. 특히 한국은 의료관광을 통해 해외 소비자들이 국내 미용의료기기를 직접 경험할 수 있었는데, 이들의 긍정적 체험은 본국에서의 추가 수요로 이어지며 글로벌 파급력을 확대시키는 계기가 됐다.

시술 수요의 대중화, 저침습 기술 발전 그리고 정보 확산이라는 세 가지 변화는 서로 맞물리며 프로페셔널 시장의 성장 기반을 강화하는 동시에 홈디바이스 시장의 폭발적 성장을 견인하는 결정적 요인으로 자리 잡았다.

제약계의 변화도 시장 성장을 자극하고 있다. 최근 글로벌 시장에서 부상하고 있는 비만 치료제 '위고비', '오젬픽' 등의 상용화는 미용 시술과 홈디바이스 시장에도 새로운 기회를 제공한다. 급격한 체중 감소가 피부 탄력 저하나 늘어짐, 모공 확장 같은 부작용을 동반하면서 이를 해결하기 위한 피부 시술과 홈디바이스 수요가 함께 증가했다. 미용 관리와 체형 관리의 경계가 흐려지고 두 가지

관리를 모두 수요하는 젊은 세대가 많아지자 이를 공략한 피부 관리와 체형 관리가 결합한 홈디바이스 시장이 유망해지고 있다.

수요의 폭발은 시장 규모 예측에서도 드러난다. 글로벌 가정용 미용의료기기 시장은 2023년 약 5조 원 규모에서 2030년 45조 원까지 확대될 전망이며, 연평균 35%의 고성장 예상과 함께 전체 피부미용 시장에서 홈케어 비중은 같은 기간 1.7%에서 10% 수준까지 확대될 것으로 보인다.

이러한 성장은 단일 산업의 노력으로만 가능하지 않았다. IT, 제약, 화장품, 의료기기 등 다양한 산업이 기술 융합을 통해 혁신을 만들어냈다. IT 기업은 데이터를 기반으로 한 맞춤형 분석과 AI 및 IoT 기술을 접목해 사용자의 피부 상태에 맞는 최적화된 분석을 제공하고 있으며, 제약사는 피부 개선 성분과의 연계 기술을, 화장품 기업은 포뮬레이션을 접목한 디바이스를 내세우며 혁신적 제품군이 앞다투어 탄생하고 있다.

LG전자는 IT 기술을 접목한 뷰티 디바이스 라인업을 강화하며 가전과 뷰티의 경계를 허물고 있으며, 글로벌 화장품 기업인 로레알은 화장품과 결합한 홈케어 디바이스를 출시하며 글로벌 시장을 선도하고 있다. 동국제약은 제약 및 바이오 역량을 기반으로 피부 개선 효과를 강화한 기기를, 클래시스는 의료기기 노하우를 바탕으로 가정용 시장까지 저변을 넓히고 있다.

홈디바이스 시장의 부상은 전용 고가 장비에만 의존하던 사업 구조에서 벗어나 B2C 시장으로 사업 영역을 확장하면서 안정적인 현금흐름을 확보할 수 있기 때문에 미용의료기기 기업에게 새로운 제품 라인을 넘어선 전략적 의미가 있다. 동시에 소비자는 병원에서 경험한 시술 효과를 일상으로 이어가며 비용과 시간을 절감할 수 있고, 시장 전체로 보면 '시술 → 가정 내 관리 → 재시술'이 이어지는 선순환 구조가 점차 정착되고 있다. 결국 홈디바이스는 산업, 기업, 소비자 모두에게 새로운 기회와 가치를 제공하는 전환점으로 기능하고 있는 셈이다.

미용의료기기 산업의 다음 성장 축은 '홈'이라는 생활 공간이다. 병원에서 경험한 전문적 효과를 가정에서 지속적으로 누리려는 소비자 욕구가 시장을 이끌고 있으며, 이는 국내 기업들이 글로벌 무대에서 성장할 새로운 기회가 되고 있다.

시사점 : 투자자와 전략가가 가져가야 할 인사이트

미용의료기기 시장은 새로운 기회의 땅으로 자리매김하고 있다. 단기간 실적 성장과 눈에 띄는 글로벌 확장세를 바탕으로 화장품, 제약, IT와 맞물린 기술 융합이 새로운 성장 곡선을 그려내고 있다. 이 시점에서 투자자와 전략가는 산업의 외형 성장과 함께 그 뒤에 숨은 지속 가능성을 바라볼 수 있어야 한다. 앞으로의 산업은 빠르게 커지는 시장이라는 단순한 흐름 변화에 편승한 기업의 온화한 성장이 아닌, '누가 끝까지 살아남아 시장을 지배할 것인가'의 싸움이 본격적으로 시작될 것이다. 누가 그 승자가 될지는 아무도 단정할 수 없다. 다만 불확실성 속에서도 시장의 특성을 날카롭게 읽어내고, 일찍부터 승리의 신호를 보내는 기업들은 분명 존재한다.

먼저 단기 매출이 아닌 '지속 가능한 성장 구조'를 구축할 수 있어야 한다. 미용의료기기 기업의 진짜 가치는 단기 매출 규모가 아니라 얼마나 안정적이고 반복적으로 소비자를 붙잡을 수 있는지에 달려 있다. 이미 다양한 기업이 성장세를 보이고 있지만, 단일 히트 상품이나 일시적 유행에 기대는 모델은 오래 가지 못한다. 투자자는 반복 구매를 설계한, 즉 구조적으로 충성 고객을 확보할 수 있는 기업에 주목해야 한다.

지속 가능한 성장을 가능하게 하는 요인은 크게 세 가지다.

첫째, 강력한 브랜드 신뢰다. 소비자가 특정 브랜드를 통해 얻는 안정성과 경험적 신뢰가 두터울수록 새로운 대체재로 이동할 가능성은 급격히 줄어든다.

둘째, 제품 포트폴리오의 확장성이다. 한 가지 장비에 의존하는 기업은 결국 성장의 한계에 직면하지만, 지속적으로 신제품을 내놓거나 신시장을 개척하는 기업은 자연스럽게 매출 기반을 넓힌다.

셋째, 쉽게 모방할 수 없는 기술력이다. 특정 기업이 고주파, 고강도집속초음파등 핵심 기술에서 독보적 우위를 갖거나, 시술 시 편의성 또는 시술을 받을 때 통증을 감소시키는 기술 등 소비자 친화적인 기술을 확고히 구축했다면 경쟁자가 들어올 여지가 제한된다.

미래에 더욱더 기업가치를 높이기 위해 기업가치제고Value-up 전략은 어떻게 설계되어야 할까?

먼저, 단일 기술이나 단일 장비에만 의존하는 기업은 장기적으로 뒤처질 수밖에 없다. 소비자 니즈는 점점 더 복합적이고 세분되고 있으며 피부 침투력, 효과 지속력, 회복 속도 등 다양한 변수에 따라 맞춤형 솔루션을 요구한다. 제품 확장이 시장에서의 생존에 핵심이 되었는데, 고강도집속초음파에 강점을 가진 기업이 레이저나 고주파 기반 기기로 확장하거나, 의료 전용 장비 중심 기업이 홈 디바이스 영역으로 진입하는 사례가 늘고 있는 이유다. 이와 유사하게 제품 확장 전략으로 고가 장비에 집중해온 기업이라면 보다 저렴한 라인을 출시해 소비자 기반을 확대하고, 이후 상위 제품군으로 기존 사용자의 선택이 업그레이드할 수 있는 '계단식 전략'을 설계할 필요가 있다.

아모레퍼시픽은 삼성전자와 협업해 AI 기반 맞춤형 피부 분석 및 케어 서비스를 내세우며 차별화를 시도했고, 이에 대응하여 에이피알은 글로벌 시장에서의 입지를 강화하기 위해 브랜드 포트폴리오 확장과 해외 진출을 동시에 추진하고 있다. 이러한 경쟁 구도는 세분화되는 시장 수요에 맞춰 기업들이 앞다투어 자신만의 뚜렷한 차별화 포인트 구축해 생존 전략을 모색하고 있음을 보여준다.

또한, 내수시장에 안주하는 기업은 결국 성장의 한계에 부딪히게 되므로, 글로벌 확장은 기업을 그다음 단계로 이끌어갈 기회이다. 글로벌 시장은 규모 면에서도 국내 시장보다 훨씬 크고, 특히 뷰티 산업에서 아시아와 북미 지역은 성장성이 탁월하다. 이전에 언급한 바와 같이 국가별 니즈가 뚜렷하기 때문에 이에 맞춘 현지화 전략과 차별화된 마케팅이 병행되어야 한다. K-뷰티와 K-메디컬 브랜드에 대한 글로벌 신뢰가 이미 구축된 만큼, 기업의 뚜렷한 차별화 포인트를 기반으로 한 국가별 맞춤형 마케팅이 기업가치제고 성공을 좌우할 것이다

미용의료기기 산업은 이제 지속 가능한 성장 구조를 설계하는 기업만이 살아남는 시장이 되었다. 안정적인 수익성을 확보하고, 차별화된 마케팅을 기반으로 제품 확장과 글로벌 시장으로의 확장에 이르는 기업가치제고 전략을 바탕으로 글로벌 톱티어 기업과 다른 차별화된 시장 전략을 설계하는 기업에 집중할 필요가 있다. 결국 미용의료기기 산업은 '빠르게 성장 중인 시장에 어떻게 올라탈 것인가'를 고민하는 시기를 지나 '어떤 기업이 구조적 우위를 확보해 시장을 지배할 것인가'의 문제로 귀결되고 있다. 이 변화를 간파하고 산업 변화에 대응해 발 빠르게 전략을 설계할 수 있는 바로 그 기업에서 진정한 블루칩이 탄생할 것이다.

6장

사모펀드가 마주한
정치·사회적 리스크

불확실성 시대의
사모펀드 투자 전략

'문 앞의 야만인들'은 미국 탐사보도의 전설로 꼽히는 책이다. 경제 분야 저널리스트나 PE 업계에서 근무했던 사람이라면 한 번쯤은 들어봤을 법하다. 월스트리트저널wsj 기자 출신이 100여 건의 인터뷰를 통해 RJR 나비스코의 M&A 전 과정을 파헤쳤다. 책은 두 텁고 다양한 인물군상과 투자 용어가 범람해 완독하기 만만치 않지만 내용은 명징하다. 미국 3대 PE인 KKR이 RJR나비스코를 LBO로 인수한 뒤 회사를 잘게 쪼개 매각해 천문학적인 이익을 올린다는 이야기다.

RJR나비스코는 미국에서 누구나 알고 있는 대표적 소비재 기업이다. RJR은 위스턴, 세일럼, 카멜 등 유명 담배 브랜드를 보유한 담배회사다. 나비스코 역시 오레오, 리츠, 크래커잭 등 유명한 스낵을 대거 보유한 소위 '국민 브랜드' 기업이다. KKR은 '내 돈은 최소화, 빚은 최대화'라는 레버리지 전략을 통해 이 거대 기업을 사들였다. 당시 사상 최대 LBO로 250억 달러에 인수했으며, 차입 비중은 3분의 2가량이다. 문제는 차입 비중이 높아 연간 금융 비용이 20억 달러에 이르렀다는 점이다. 금융비용을 줄이고, 원금을 회수하기 위해 우량 자산을 처분하기로 했다. 그 즉시 KKR은 사업 부문별·지역별로 쪼개서 기업과 부동산을 매각해 투자금을 회수했다.

역사와 전통을 가진 미국의 자존심을 대변하는 RJR나비스코는 산산조각 났다. 핵심 부동산은 부동산 재임대 매각(세일즈 앤드 리스백) 전략에 따라 부동산 개발사에 팔렸고, 델몬트 식품 부문과 나비스코 냉동식품 부문, 비스킷·스낵 일부 부문이 팔려나갔다. 이 과정에서 KKR은 천문학적인 이익을 봤고, 건실한 기업은 망가졌다. 빚으로 기업을 인수해 단기 차익을 보는 PE의 투자 전략은 '야만성'과 '한몫 챙기기'의 대명사가 되었고, 월스트리트저널 기자는 PE를 '문 앞의 야만인'으로 정의했다.

2025년 한국 PE 시장은 '문 앞의 야만인' 논쟁으로 들끓었다. 발단은 MBK파트너스가 국민기업 홈플러스를 기습 법정관리를 신청한 데서 비롯됐다. MBK파트너스의 홈플러스 인수는 여러모로 RJR나비스코 딜과 닮았다. MBK파트너스는 2015년 당시 국내 PE에서는 역대 최고인 7조 2,000억 원에 홈플러스를 사들였다. 이때 2조 7,000억 원은 차입금을 활용했다. 할인점 대명사 홈플러스는 전국 각지에 부동산을 보유하고 있었다. 우량 점포들은 세일즈 앤드 리스백 방식으로 매각됐고, 매각대금은 차입금을 갚는 데 사용됐다.

다만, MBK파트너스는 해피엔딩을 보지 못했다. 금융적 관점에서 차입금을 조절하고, 부동산을 쪼개서 매각하는 데는 성공했지만 유통 산업의 빅뱅에 전혀 대응하지 못한 탓이다. 코로나19의 확산으로 오프라인 매장이 아닌 온라인 구매가 보편화되고, 당일 배송 시스템이 도입되면서 쿠팡, 네이버쇼핑이 절대 강자로 부상했다. 오프라인 매장은 소형 할인매장이 아닌 창고형 매장이 주목받았다. 코스트코, 이마트 트레이더스는 소품종 대량 판매와 이에 뒤따르는 저렴한 가격을 무기로 매년 매출 성장을 기록하고 있다. 홈플러스는 이런 트렌드 변화를 읽지 못하고 '끓는 물 속 개구리'처럼 서서히 죽어가다 법정관리까지 치달았다. 그 과정에서 위법성으로 법정 공방이 이뤄지고 있으며, MBK파트너스의 사전 법정관리로 1만 9,000명의 홈플러스 임직원, 입점한 중소상인 및 협력사 등까지 합하면 10만 명의 생계가 위협받게 됐다. 이로써 MBK파트너스뿐 아니라 PE 전반의 법적·도덕적 타격은 불가피하다.

'빌런'의 오명… 규제 논의 본격화

금융은 전통적 규제 산업이다. 금융 거래는 일반 소비자가 이해하기 어려운 부분이 많고, 정보 비대칭에 따라 불공정 행위가 발생해 소비자가 피해를 입을 수 있다. 또, 부실이 발생하면 사회 전반에 미치는 피해가 크고, 금융에 대한 신뢰가 무너지면 '뱅크런' 등 금융 시스템 전반이 붕괴될 수 있다.

다만 PE는 예외로 분류되어왔다. 국내 자본시장법 내에 있는 기관 전용 사모펀드는 대략 500여 곳이다. 약정 금액은 2004년 말 4,000억 원에서 현재 약 150조 원 안팎으로 커졌다. 연평균성장률만 35%다. PE는 천문학적인 돈을 벌 수 있는 곳으로 업계 최고 전문가가 주요 플레이어다. 모두 업계 최고 전문가이고, PE 상품에 출자하는 곳 역시 국내 주요 기관이므로 정부의 개입이 불필요했다. 자칫 규제가 효율을 해칠 수 있다는 우려 때문이었다. 금융업 중 PE가 유일하게 규제를 거의 받지 않았던 이유다.

그러나 LBO를 통한 인수와 기업 부실, 그리고 법정관리로 이어지는 홈플러스의 악순환 사례는 이런 믿음을 무너뜨렸다. 여기에 국내 1위 엔터테인먼트 하이브의 상장 직전 방시혁 의장이 측근이 세운 이스톤프라이빗에쿼티와 '투자 이익의 30% 공유'를 골자로 하는 비밀 계약을 맺었다는 부정거래 의혹도 터졌다. 뒷돈을 챙기는 투자 수단(비히클)으로 PE가 활용되었다는 의혹 탓에 부정적 인식이 더욱 짙어졌다. 혁신과 효율의 아이콘으로 주목받던 PE가 어느덧 경제의 부정적 효과를 발생시키는 '빌런'으로 전락했다는 뼈아픈 지적도 나오고 있다.

MBK파트너스가 불러온 불신은 업계 전반에 먹구름을 드리우고 있다. 신뢰 자본이 바닥나면서 규제 논의가 본격화되고 있다. 여야 가리지 않고 정치권 전반이 사모펀드 규제에 동의하면서 입법 규제는 사실상 현실화된 분위기다. 짧은 시간에 산업 구조조정의 동반자, 기업의 백기사, 높은 수익을 올리는 투자의 귀재 등 긍정적 이미지를 모두 상실한 것이 뼈아픈 대목이다.

국내외 정치 불안, 투자 변수 고려 필수

제도의 근간은 예측 가능성이다. 합리적 판단과 대응은 예측의 결과물이다. 예측은 미래지향적이다. 투자의 관점에서는 성장할 섹터와 기업을 선별해 투자하는 것을 의미한다. 사모펀드 시장은 철저히 감별사 역할을 해왔다. 저평가된 기업을 싸게 사거나, 성장할 기업을 미리 선점해 고효율의 투자를 수행했다. 높은 수익률이 입증되면서 세계 기관투자자들은 뭉칫돈을 PE에 위탁했다. 국내 사모펀드 역시 이런 선순환을 통해 20년 만에 150조 원 규모의 누적 약정액을 유치했다.

그러나 미국 트럼프 정부 2기의 등장은 이런 선순환 시스템의 붕괴를 가져왔다. 트럼프는 일방적인 상호 관세를 부과하고, 이란 핵시설을 폭격하는 등 군사·경제적으로 일방주의를 본격화했다. 하드파워는 폭력적으로 등장한 반면, 문화와 소통 중심의 소프트파워는 한순간에 국제질서에서 퇴출됐다. 소프트파워라는 개념을 만든 조지프 나이 하버드대학 교수는 현 상황을 '미국 소프트파워의 종말'이라고 토로하기도 했다.

미국의 일방주의는 공급망 질서의 붕괴로 이어지고 있다. 전 세계 희토류 공급량의 90%를 차지하고 있는 중국은 미국의 일방주의에 맞서 희토류 수출 중단을 무기로 삼고 있다. 희토류는 반도체, 스마트폰 등 부품 제조에 필수적인 희귀 광물이다. 여기에 러시아와 우크라이나 전쟁의 장기화, 이스라엘과 이란의 분쟁, 중동 지역의 분쟁 확산이 연달아 일어나며 언제든 공급망이 무너질 수 있는 리스크에 노출되어 있다. 미국 역시 이란 핵시설을 폭격하는 등 군사력을 포함한 하드파워를 언제든 쓸 수 있어 국제 질서는 더욱 혼란에 빠져드는 형국이다.

미국의 일방적인 관세 부과도 여전히 예측 불가능한 영역이다. 미국은 일본, 영국, 한국 등 주요국과 관세 협상을 통해 미국 내 투자 확대, 관세 인상을 관철했다. 전문가들은 트럼프가 자신의 정치적 기반을 다지기 위해 위해 '미국을 다시 위대하게MAGA' 캠페인을 통해 관세 협상 체결 이후에도 지속적으로 관세 재인상을 요구할 것으로 관측하고 있다.

'엎친 데 덮친 격'으로 대외 환경의 불확실성 외에도 국내 정치의 양극화가 큰 문제로 거론되고 있다. 2024년 12월 3일 44년 만의 충격적인 계엄 선포로 자본시장은 크게 휘청였다. 다행히도 국회에서 계엄 해제를 곧바로 의결했으며, 헌법재판소의 대통령 탄핵 인용과 새로운 대통령 선출로 국내 정치의 불확실성은 빠르게 해소됐다. 다만, 이 과정에서 정치적 극단주의가 사회에 깊게 뿌리내리며 심각한 사회적 갈등 요인으로 떠올랐다. 정치의 극단화는 사회적 비용을 키우며, 예측 불가능한 입법 등으로 경제 정책에 큰 영향을 미칠 수 있다. 탈냉전 이후 이뤄진 세계화와 완화된 정치 양극화가 빠르게 악화되면서 경제만 잘 이해하면 되는 시대를 넘어 정치·사회 전반을 포괄해야 하는 복잡 변수의 시대로 접어들었다. 즉, 숫자만 보고 투자하는 시대는 종언을 고하고, 복잡한 변수 등을 포괄하는 뉴노멀의 등장을 객관적으로 바라봐야 할 때다.

자본시장 규범

: 신뢰 회복의 조건

'로마에 가면 로마법에 따르라.' 로마제국의 유명한 속담이다. 서로 다른 문화권이 공존하기 위해서는 그곳의 역사, 문화, 생활양식 등을 충분히 이해하고 존중해야 한다는 뜻이다. 자본시장에서도 이 같은 통찰은 유효하다. 글로벌 스탠더드는 큰 틀에서 합의되는 기준이지만, 각론에서는 각 국가마다 상이한 규칙을 적용하고 있다. 이런 점에서 특정 시장의 규칙이 옳다는 아집으로는 다른 시장의 이해관계자들을 설득하기 어렵다.

복지국가 담론에서 이런 인식의 틀을 볼 수 있다. 스웨덴 사회학자 에스핑 앤더슨은 복지국가를 세 가지 기준으로 분류한다. 그는 영미식 자유주의형, 독일 중심의 유럽대륙 조합주의형, 북유럽 사회민주주의형으로 각기 발전했다고 봤다. 이런 발전은 해당 지역의 역사, 문화, 규범 등이 축적되어 각기 다른 복지국가를 형성했던 영향이다. 여기에 어느 한 체제가 우월하거나 옳고 그름이라는 도덕적 잣대가 존재할 수 없다. 역사성을 바탕으로 각 국가에 맞는 시스템을 발전시켜왔기 때문이다.

이제 스무 살을 넘긴 한국 사모펀드 시장 역시 다른 시장과 다른 특징이 있다. 제2차 세계대전 이후 퇴직 군인들의 자금을 모아 투자에 나선 초창기 미국 PE는 민간 중심의 투자자 구성에서 점차 연기금, 대학 등 공적 기관투자자들로 영역이 확대됐다. 아시아 금융 허브인 싱가포르는 여전히 패밀리오피스 중심의 투자자 구성을 유지하고 있다. 반면 한국은 2004년 사모펀드 제도를 도입한 이후 국민연금, 사학연금, 군인공제회 등 연금과 공제회가 주도적으로 시장을 육성해왔다. 지금도 투자자의 구성은 공적 성격이 짙은 기관투자자가 대다수다. 가장 비밀스러운 투자 형태인 사모투자(프라이빗에쿼티)가 역설적으로 가장 공적인 자금으로 운영되는 것이다.

반면 PE에 대한 신뢰 자본은 낮은데, 첫 만남부터 악역이었던 탓이다. 1997년 외환위기 이후 부실기업뿐 아니라 알짜 기업까지 도미노로 유동성 위기에 처했다. 국가 부도 위기로 금리가 치솟으면서 부채를 감당할 수 없는 기업들이 연쇄 도산한 탓이다. 국민의 애환을 달래주는 참이슬 제조사 진로 역시 외국계 투자은행에 부실채권으로 거래되는 신세였을 정도다. 경제 위기일 때 더 팔리는 소주 제조사임에도 기존 부채를 감당하지 못해 부실 매물로 나왔던 것이다. 이때 약탈적 PE, 먹튀 PE가 한국 시장에 등장했다. SK그룹의 경영권을 위협했던 소버린이나 외환은행 인수 후 매각을 통해 천문학적인 돈을 벌어들인 론스타 사태가 대표적이다. 이런 과정에서 PE는 곧 탐욕스러운 악으로 인식되었다.

외환 위기의 교훈으로 경제 시스템에 유동성을 공급할 수 있는 투자회사, 즉 PE 제도 도입 논의가 이뤄졌다. 2004년 PE 제도가 공식적으로 도입되고 2005년 MBK파트너스를 비롯한 1세대 PE들이 등장했다. 이들 PE는 구조조정 기업, 대기업의 백기사 등 사회 긍정적인 역할을 수행하면서도 높은 수익률을 올리며 조용히 세력을 확장했다. 그러나 투자 운용 규모가 100조 원을 넘어서고, 고용·투자 등 국민의 일상생활에 영향을 미치는 영역이 확대되면서 PE의 공적 기능에 대한 논의가 나타났다. 공적 자금으로 운용되는 투자회사인 만큼 탐욕 대신 공적 역할을 수행해야 한다는 담론이 힘을 얻었다. 반면 약탈적 PE, 먹튀 PE는 불법이 아니더라도 사회적 공분을 일으켰다. 문제는 동북아 최대 PE를 표방하는 MBK파트너스가 미국식 PE 투자 전략을 활용, 국내에서 공격적인 투자 및 포트폴리오 기업을 관리해오고 있다는 점이다. 경영권 분쟁에 개입해 신규 투자처를 마련하는가 하면 다소 위법적인 상황에서 사전적 기업회생 절차를 통한 투자금 회수 전략을 실행했다. 미국에서는 유효한 전략일 수 있지만 국내에서는 통용되기 어려운 행위다.

만약 이런 전략이 필요하다면 인내심을 가지고 설득과 충분한 보상 절차를 밟았어야 했다. 그러나 MBK파트너스는 한국 PE 시장의 특수성 대신 글로벌 스탠더드라는 명분으로 홈플러스 기업회생 절차를 진행하면서 PE의 부정적 속성을 극대화했다.

MBK파트너스가 불러온 '나비효과'는 제도적 규제 도입으로 확대되고 있다. 국회에서는 LBO를 통한 경영권 인수를 제한하고 공적 기금 출자에 ESG 점수를 넣는 등 법적 규제가 논의되고 있다. 즉 차입 한도를 축소하고, 정보 공개를 강화하며 국민연금이 PE에 투자하면 이해관계자의 이익을 반영하도록 했다. 지금까지 믿고 맡겨야 하는 블랙박스처럼 여겨졌던 PE를, 투명하게 속이 들여다보이는 안전한 상자로 바꾸려는 움직임이다. 금융감독원도 PE를 타깃으로 현미경 검사에 나섰다. PE 운용역에 대한 미공개정보 활용 조사 확대 등 엄격한 조사를 하고 있다. PE가 인수한 프랜차이즈 가맹점에 대해 과도한 수익 추구가 있었는지도 살펴보고, 가맹 규제도 강화하는 추세다.

"이익은 사유화, 손실은 사회화"… 소통 없는 PE

국내 자본시장은 초창기 신산업 혁신 생태계를 위한 제도인 '규제 샌드박스'와 같은 혜택을 받았다. 규제는 헐겁게 하고, 육성에 초점을 맞췄다. 2004년 제도 도입 이후 2015년 PE 제도 개편으로 바이아웃펀드는 '경영참여형'으로, 헤지펀드는 '전문투자형'으로 이원화됐다. 헤지펀드인 라임과 옵티머스 사태로 투자자들이 큰 피해를 입자 헤지펀드는 규제의 영역으로 포섭됐다. 반면 경영참여형 사모펀드는 제도 변경에 따라 기관 전용으로 분류되었고, 규제 대상에서 면제됐다. 정보 비대칭, 사기 등 소비자 보호 이슈에서 벗어나 투자 전문가들이 객관적으로 투자하는 곳이라는 인식이 강했던 덕분이다. 이런 제도 개편은 한국형 PE를 더욱 강화했다. 주요 투자자 구성에서 공적 기금이 차지하는 비중이 압도적으로 높아졌기 때문이다. 그런 와중에 MBK파트너스의 홈플러스 사태는 그나마 쌓아왔던 신뢰 자본을 완전히 소실케 했다. 고용·투자·구조 개편에 큰 영향을 미치는 PE에 더 이상 '규제 샌드박스'를 줄 수 없는 환경에 봉착한 셈이다.

금융은 본질적으로 규제 산업이다. 규제당국의 정책과 국회의 입법이 경영 환경의 핵심적인 역할을 담당한다. 정치 리스크, 즉 입법과 관련한 영향이 높아질수록 대관對官의 중요성이 커진다. 이를 전문적으로 담당하기 위해 금융의 각 업권은 담당 협회를 통해 정부와 긴밀히 소통해나간다. 전국은행연합회, 생명보험협회, 손해보험협회, 여신금융협회, 상호저축은행중앙회, 금융투자협회 등은 국회와 규제당국과 관계를 쌓아가며 서로에 대한 이해를 높이며, 정책적 조율을 상시적으로 이뤄간다.

사모펀드 업계 역시 2013년 PEF협의회를 출범했다. 그러나 형식상 협의회를 두었을 뿐 실질적인 활동은 없었다. 현재 PEF협의회는 상근 조직이 없어 간단한 행정 업무 처리조차 어려움을 겪고 있다. 당연하게도 PE에 대한 부정적 사건이나 관련된 특정 이슈가 발생해도 일시적·단편적 대응만 가능한 형편이다. 예산도 거의 없어 업권 목소리를 낼 수 있는 연구나 행사를 열기도 어렵다. 유명무실에 가까운 조직 형태로 당국 내지 의회와의 소통이 거의 이뤄지지 않고 있는 실정이다. 문제는 MBK파트너스의 고려아연 경영권 분쟁, 홈플러스 사태 등으로 PE의 부정적 평가가 확대되는 데도 속수무책이라는 점이다. 한 대형 PE 대표는 "PE에 대한 규제 흐름이 가속화되면서 국회 대응이 필요함에도 PEF협의회 상근 조직 구성에 대해 반대하는 목소리가 더 크다"라고 어려움을 토로했다.

국회에서는 MBK파트너스의 홈플러스 사태 이후 '규제'에 방점을 찍고 제도 개선에 적극 나서고 있다. 2025년에만 국회에서 MBK파트너스의 홈플러스 사태를 다룬 토론회가 6회나 열렸다. 단일 사건으로 토론회가 6차례나 열린 것은 극히 드문 일로, 그만큼 국회에서 부정적 여론이 크다는 것을 방증한다. 앞으로 MBK파트너스 대상 청문회도 예고하고 있어, 강도 높은 PE 규제 법안의 통과가 불가피해 보인다. 이는 사회적 영향력이 커진 PE의 내적 변화와 ESG가 강화되는 외적 변화를 직시하지 못한 사모펀드 업계 전반의 낮은 대외 민감도에 근거한다. 국회 한 보좌진은 "사모펀드의 약탈적 행태에 대해 제재가 필요한 시점"이라며 "여야 구분 없이 국회 대다수가 이런 인식에 동의하고 있다"고 말했다.

특히 사모펀드 업계는 젊은 운용인력이 천문학적인 돈을 벌고, 김병주 MBK파트너스 회장이 국내 1위 부자에 등극하는 등 부의 상징으로 부각됐다. 반면, 잘못된 투자에 대해서는 그 어떤 책임도 지지 않는다고 지적한다. 즉 업계 전반이 '이익은 사유화, 손실은 사회화'라는 이기적 행태에 안주하고 있으며, 개선의 노력도 없다는 것이다. 당장, 은행 업계에서 이 같은 비판이 쏟아지면 은행연합회를 비롯해 각 기업 대관들이 국회 보좌진을 대상으로 지속적인 소통과 자체 자정 노력을 하지만 사모펀드 업계는 이를 수행할 조직이 없다.

신뢰 회복의 조건

국내 PE는 오로지 실력만으로 금융산업의 한 축으로 성장했다. PE를 바로 보는 시선은 기업사냥꾼에서 게임체인저라는 긍정적 인식으로 옮겨왔다. 자본력과 정보력을 바탕으로 기업을 인수해 경영 효율화와 신성장동력 구축을 통해 기업가치를 높여왔다. 높은 수익은 국민의 노후 자산인 국민연금, 사학연금, 공무원연금, 군인공제회, 과학기술인공제회 등 연기금·공제회의 곳간을 불리는 데 큰 역할을 했다. 그러나 사모펀드 도입 20년이 지나며 그런 영광의 명예도 급격히 퇴색하고 있다. PE의 책임경영이 무너진 탓이다.

하버드비즈니스스쿨의 폴 곰퍼스와 시카고대학의 스티븐 카플란 교수 등은 79개 PE를 조사해 PE의 가치 창출 방식을 파이낸셜 엔지니어링, 오퍼레이션 엔지니어링, 거버넌스 엔지니어링의 세 가지로 분류했다. 파이낸셜 엔지니어링은 레버리지 등 금융적 수단으로 투자 수익률을 높이는 전략이다. 오퍼레이션 엔지니어링은 운영 개선, 비용 절감, 영업, M&A 등 실질적인 기업가치를 올리는 작업을 의미한다. 거버넌스 엔지니어링은 이사회 통제 등 지배구조를 바꾸면 회사가 개선될 수 있다는 측면에서 본 것이다.

이 분석 틀에서 국내 사모펀드는 오퍼레이션 엔지니어링은 꾸준히 발전되어 왔으나 파이낸셜 엔지니어링과 거버넌스 엔지니어링은 정상적으로 작동되지 않았다. 업계 규범을 만들어야 하는 국내 1위 사모펀드 MBK파트너스가 과도한 차입인수로 회사에 부담을 주고, 선제적 회생 신청과 카드 대금 채권을 기초로 발행한 자산유동화 전단채의 불완전 판매 의혹 등 투명한 의사결정을 하지 않은 것이다.

이런 신뢰 붕괴는 PE 규제 완화라는 업계 바람을 무너뜨렸다. 라임, 옵티머스 등 헤지펀드 사태 이후 개인에게 돈을 받지 말고 기관 돈으로만 운용되는 기관 전용 사모펀드 제도가 도입됐다. 고육지책이었지만 개인 투자 비중이 높은 신생사 소형 PE는 펀드레이징에 어려움을 겪으며 규제 완화를 지속적으로 요구했다. 프랙시스캐피탈 대표인 라민상 전임 PEF협의회 회장은 2024년 한 언론사 인터뷰에서 "PE가 시장의 신뢰를 다시 한번 회복하면 개인 자금도 받을 수 있는 다음 스텝으로 갈 수 있을 것 같다. 해외는 그 단계를 다 거쳤다"라며 규제완화 가능성을 내비쳤다. 그러나 이젠 중·대형사 PE도 피해가지 못할 규제 태풍이 덮쳐오고 있다.

결국 신뢰 회복이 선결적으로 이뤄져야 PE에 드리운 규제 태풍을 피해갈 수 있다. 그 핵심은 투명성 확대에 있다. 공시 의무 확대는 사실상 피하기 어렵게 됐다. 기관 전용 사모펀드는 기관투자자 전용 시장으로 일반 국민을 대상으로 한 리테일 자금이 유입되지 않아 공시 필요성이 제기되지 않았다. 그러나 홈플러스 사태와 같이 포트폴리오 기업의 수많은 임직원과 협력사 그리고 고객들의 피해가 간접적으로 이뤄질 수 있다는 것을 보여줬다. 더욱이 해외와 비교할 때 국내 PE 규제가 강하지 않다는 것도 인정해야 하며, 상대적으로 투명성이 떨어지는 것도 사실이다.

금융회사와 동일한 규제를 하는 미국이나 유럽에 비해 규제를 강화할 여지가 있는 것도 부인할 수 없다. 관건은 규제 범위다. 투자 회수의 경직성과 가치 제고 유인 저하 등 부작용이 있는 만큼 규제당국과 현실적 범위 내에서 제도 도입을 논의해야 한다. 국회, 규제당국과 상시적 논의를 위해 대관 조직 신설 등을 통한 사회적 소통을 공식화하는 게 필요하다. 아울러 ESG 시대에 맞춰 PE 포트폴리오 기업의 ESG 지표를 구축해 시대정신을 포섭하는 조치도 이뤄져야 한다.

PEF협의회 차원에서 자율규제를 선제적으로 도입하는 것도 유효한 방안이다. 금융사, 플랫폼사 등 규제당국과 맞닿아 있는 업권에서는 법적 규율 대신 자율규제를 통해 규제 강도를 낮추면서도 탄력적인 기업 경영을 지키는 방안을 채택하고 있다. 자율규제 모델을 통해 자본시장 규범을 준수하고 신뢰를 회복하는 노력을 보이면, 국회에서도 입법 의지가 낮아질 수 있고 협의의 공간이 생겨난다. 그간 유명무실한 PEF협의회의 '운용의 묘'를 실현할 때다.

다만, 해외 PE와의 역차별 문제는 해소돼야 한다. 트럼프 정부의 통상 문제가 확대되면서 산업별 국내외 기업의 역차별 문제가 확대되고 있다. 사모펀드 업계도 다르지 않다. LBO 비율을 축소하고, 공시 범위를 확대하면 국내 PE의 자금 조달과 실무 부담이 가중된다. 반면 해외 PE는 상대적으로 규제의 틀에서 자유로워 국내 PE 경쟁에서 우위를 점할 수 있다. 더욱이 현재 해외 PE는 국내 M&A 시장에서 기업을 인수하는 데 별다른 제약이 없다. 2025년만 하더라도 SK에코플랜트 자회사, 효성의 타이어 스틸코드 사업 부문 등 굵직한 매물을 외국계 사모펀드가 쓸어갔다.

해외 PE에 대한 규제 정책도 함께 논의되어야 한다. 최근 보호무역주의가 확산되면서 각국은 해외 PE 규제 정책을 속속 도입하고 있다. EU는 역외의 공공자금이 포함된 해외 PE에 대해 M&A 심사를 강화하고 인수를 규제할 수 있는 역외 보조금 규제를 도입했다. 이 과정에서 딜 구조와 투자자 구성까지 확인이 가능해졌다. 미국 역시 안보 관점에서 핵심 전략 분야에 한해 대미 투자를 제한하는 '미국 우선 투자정책'을 선언했다. 우리 역시 해외 PE에 대한 규제 정책을 통해 해외 투자자 우위의 M&A 시장을 교정할 필요가 있다.

미디어·여론과의
관계 재정립

사모펀드는 태생이 폐쇄적이다. 누구든 살 수 있고, 되팔기 쉬운 공모펀드의 반대말로, 폐쇄형으로 운용되고, 돈이 있는 대형 기관투자자가 투자하는 펀드다. 예전에는 은행이나 증권사의 프라이빗 뱅커PB들을 통해 자산가들을 대상으로 비밀스럽게 상품 정보가 공유됐다. 1억 원 이상, 투자자 49인 이하로 구성해야 하는 조건도 있었다. 사모펀드를 흔히 '부자들만의 리그'라고 불렸던 이유다. 이를 헤지펀드들이 리테일 시장에서 대중화하려는 시도가 있었으나 라임, 옵티머스 등의 사기성 판매로 이마저도 중단됐다.

폐쇄성은 소문을 먹고 자르는 특성이 있다. 확인되지 않은 이야기들이 떠돌면서 부정적 인식이 재생산되는 일이 빈번하게 일어나고 있는 것도 사실이다. 미국 등 선진 금융시장은 폐쇄적 운영에도 자본시장 매체의 발달로 업권 소식은 상세히 전달되고 있다. 탐사 보도를 한 저널리스트는 훗날 상세하게 딜 스토리를 전달하는 책을 저술하기도 한다. 언론이 특유의 폐쇄성을 보완해주는 방파제 역할을 수행했다.

그러나 국내 PE는 은둔의 투자자를 최고의 미덕으로 여기고 있다. 모난 돌이 정 맞는다는 인식이 팽배하고, 자칫 기관투자자에게 부정적으로 미칠 수 있다는 우려 때문에 모든 정보를 숨기고 보는 특성이 있다. 필자가 만나본 PE 관계자들 역시 첫인상은 언론 노출은 절대 불가이며, 최소화하는 게 궁극적인 목표였다. 국내 자본시장 매체의 늦은 출발도 이런 분위기를 조성하는 데 한몫했다. 국내 1세대 자본시장 매체는 더벨, 인베스트조선, 마켓인사이트, 레이더M이다. 2010년대에 들어서 본격적으로 PE를 취재했는데, 전체 언론 시장에서 이들이 차지하는 비중은 극히 미미했다. 그러다 PE 시장의 누적 약정액이 100조 원을 넘어서자 주요 경제지에서 IB를 전담하는 부서를 만들어 경쟁적으로 취재에 나서고 있다. 서울경제, 조선비즈, 헤럴드경제 등 레거시 언론뿐 아니라 딜사이트 등 후발 주자들도 취재 인력을 확대했다.

그러나 최근 사모펀드 업계의 풍향계가 바뀌고 있다. MBK파트너스와 한앤컴퍼니 등 리딩 기업들이 홍보 전담 인력을 영입하고, 적극적으로 대중적 소통에 나서고 있다. 대 언론 소통은 통상 홍보와 소방수 역할을 병행한다. 투자 성과나 우수 인재 영입, 포트폴리오 기업의 성과 등 긍정적 소식을 상세하게 전달하는 것이 사전적인 홍보의 역할이다.

다른 주요한 역할은 위기 관리이다. 예기치 못한 사고나 문제 등이 발생했을 때 회사 가치를 지키면서 시급하게 해결해야 하는 일이 발생한다. 이때 문제가 된 부분을 정확히 전달하고, 회사의 개선 노력을 대중에게 알리는 것이 리스크를 최소화할 수 있는 비책이다. 잘못이 있다면 관련 문제를 과감하게 도려내고 이에 대한 입장을 대중에게 신속하게 전달하는 것도 중요하다. 국내 주요 기업 및 정부 기관이 홍보팀을 별도로 두고 상시적으로 활동하는 것도 이 때문이다.

'탐욕스러운 투자자, 기업사냥꾼' 아닌
'게임체인저, 기업지배구조 개선 촉매제'로

사모펀드 업계 사람들을 만나면 억울함을 호소하는 경우가 많다. 한 사모펀드 대표는 어린 자식에게 본인의 직업을 금융인으로 말했다고 한다. 학교에서 아빠의 직업을 소개할 경우 부정적 이미지가 강한 사모펀드 대표가 아닌 금융인으로 말해야 불필요한 오해를 피할 수 있어서다. '호부호형'을 못하는 홍길동의 비극이 21세기 사모펀드 구성원에게 재현되는 것은 비극이라기보다 희극에 가깝다. 그만큼 사모펀드에 대한 대중적 이미지가 부정적이라는 방증이다.

업계의 부정적 이미지를 해소하려면 결국 업계 관계자들의 노력이 선행돼야 한다. 사모펀드 투자를 통한 사회적 기여, 순기능을 지속적으로 알리고 연구 기능도 강화해야 한다. 사모펀드에 관한 연구 논문이나 저술 활동이 다른 금융 업계와 비교해 극도로 적은 것은 사모펀드 업계가 한목소리를 내기보다는 자신들의 성과만 챙기는 데 급급한 문화가 한몫했다는 평가다. 규모가 큰 대형 PE부터 내부 홍보 조직을 구성해 적극적으로 미디어와 접점을 늘리고, PEF 협의회가 더 적극적으로 이미지 개선에 나서는 활동이 필요하다.

이제 PE는 '엘리트주의'와 거리를 둬야 한다. 우리는 특별하다는 인식을 버리고, 금융 기업의 한 종류임을 인정하고 대중과 소통하는 정성적 노력이 필요하다. 싫든 좋든 PE는 누적 약정액이 스노볼처럼 계속 늘어날 수밖에 없고 사회적 영향력은 비례해 점진적으로 커질 수밖에 없다. 사모펀드 200조 원 시대도 가시권에 다가섰다. 권한에는 책임이 뒤따른다. 피할 수 없는 숙명과 같다. 이런 인식 전환 없이는 '기울어진 운동장'이라고 볼멘소리를 내뱉더라도 여론의 악화는 더욱 짙어질 수밖에 없다.

"수익만 잘 내면 되는 것 아닌가"라는 인식의 틀에서 벗어나야 한다. 사모펀드는 개인 투자자가 아니다. 주요 투자자가 공적 기관으로 사회적 책무와 떼려야 뗄 수 없다. 그렇다면 지금까지 행한 사회적 책무를 적극 알리는 것도 중요한 업무이다. 레거시 미디어 외에도 유튜브 등 뉴미디어들이 빠르게 발전하고 있다. 이런 공간을 활용해 적극적으로 업계의 긍정적 역할을 하며 여론을 환기하는 노력이 절실하다.

서울대 소비자학과 김난도 교수팀의 《트렌드 코리아 2024》는 주요 트렌드의 하나로 '육각형 인간'을 꼽았다. 외모·성격·학력·직업·자산·집안 등 육각형 그래프에서 약점 없이 완벽한 인간형을 선망하는 경향을 뜻한다. 대중이 바라는 사모펀드 업계의 모습도 이와 다르지 않다. 투자 분석만 잘한다고 인정받는 시대가 아니다. 결국, 대중과의 소통을 통해 긍정적 평가를 받고, 여론의 힘을 바탕으로 법과 제도를 우호적으로 구축하는 일이 앞으로 사모펀드의 주요한 과제이다.

PE가 사회와
'공존'하기 위한 시도들

국내 PE 제도는 해외 투자자의 '먹튀'를 막는 목적으로 탄생했다. 세계화의 물결 속에 해외 벌처 펀드가 국내의 부를 탐하며 공격적인 인수를 감행했다. 벌처 펀드가 휩쓸고 간 자리에는 사회적 부의 순감소가 나타났다. 오로지 단기 수익만을 얻고자 했기 때문이다. 토종 PE는 2004년 설립된 이후 기업 구조 개편과 구조조정 구원투수를 성공적으로 수행했다. 특히 법정관리 속에서 사라질 수 있었던 기업들이 PE의 자금을 받고 되살아난 경우가 많았다.

대기업의 리밸런싱과 M&A 시장의 백기사로 등장하며 구조 개편에도 적극 뛰어들었다. 이들이 없었다면 국내 산업 재편 속도는 늦어지고 4차 산업혁명과 AI 시대에 유연하게 대응하기 어려웠을 것이다. 다만 사모펀드가 사회 전반에 미치는 영향력이 커지면서 예전과 달리 사회적 기대치가 한층 높아지고 있다.

실제 PE의 영향력 강화는 사회적 책임이라는 꼬리표가 붙는다. 미국에서는 LBO로 전성기를 구가하던 PE를 두고 '자본주의의 정비공장'과 '문 앞의 야만인들'이라는 평가를 동시에 들었다. 효율성과 약탈성의 이중성이 있다는 평가가 공존했으나 쉽사리 규제를 가하지 않았다. 그러나 이런 미국의 사모펀드 시장도 투자자 보호, 공시 측면에서는 한국보다 높은 규제가 적용되고 있다. 이는 미국에서 PE의 영향력이 크기 때문이다.

미국에서는 2022년 말 기준 PE가 국내총생산GDP의 6.5%에 해당하는 1조 7,000억 달러의 경제적 가치를 창출하고 있다. 2024년 기준으로 PE가 경영권을 행사하는 기업에 1,200만 명 이상이 고용돼 있으며, 이들의 연평균 소득은 8만 4,000달러에 이른다. 세계 최대 PE인 블랙스톤은 1조 달러 이상의 자금을 운용하며 시가총액이 1,700억 달러에 이른다. 때문에 시장 친화적이라는 미국에서도 한국보다 높은 ESG 관련 규제를 하고 있다.

앞서 살펴봤듯이 한국 사모펀드 시장은 다른 국가에 비해 공적 책임이 높은 특징을 지니고 있다. 국민연금 등 주요 기관투자자는 국회와 규제당국의 눈치를 보지 않을 수 없고, ESG 기준을 점차 상향할 수밖에 없는 구조다. 국내 기관투자자의 자금을 유치하고자 하는 PE라면 선제적으로 이 기준들을 충족하는 게 유리하다. 반면,

MBK파트너스처럼 이 기준에 미달하면 국내 1위 사모펀드라고 하더라도 출자를 받기 매우 어려워진다.

ESG 동반자로 한 걸음

미국은 해고하기 쉬운 나라다. 미국 트럼프 대통령이 2000년대에 출연한 TV 리얼리티쇼 〈어프렌티스(견습생)〉에서 쓴 유행어 "유아 파이어드You're fired(당신 해고야)!"는 미국 고용 문화의 단면을 보여준다. 쉬운 해고가 유지될 수 있는 배경에는 쉬운 고용이 있다. 미국은 이직 등 자연적 실업을 제외하면 사실상 완전고용에 가까운 국가다. 해고의 사회적 회복탄력성이 높다. 반면, 한국은 '해고는 살인'이라는 구호가 자주 언급될 정도로 고용 불안이 사회적 주요 문제다. 고용 경직성이 선진 국가 중에서도 높은 편에 속한다. 복지가 헐겁고, 재취업이 쉽지 않은 사회적 단면 때문이다.

이런 측면에서 글랜우드프라이빗에쿼티는 ESG 우등생이다. '먹튀' 이미지가 강한 사모펀드의 인수합병 과정에서 피인수 기업의 임직원이 고용불안을 느낄 수 있는 점을 고려해 고용 안정성을 무엇보다 강조했다. 2016년 인수한 한라시멘트를 1년 만에 매각해 내부수익률 14%를 기록했는데, 이때 비정규직으로 근무하던 하도급 업체 직원 약 30명을 정규직으로 전환했다. 앞서 2014년 인수한 동양매직 역시 인위적 구조조정 없이 신규 인력을 적극 채용했으며, 경력 단절 여성을 포함한 현장 인재를 늘려 고용 창출 100대 우수기업 대통령 표창을 받았다. 인위적 구조조정을 통한 비용 감축 전략을 답안지에서 지우고, 철저히 고용창출과 지역경제 성장에 초점을 맞춰 투기 자본이라는 부정적 선입견을 삭제했다. 글랜우드프라이빗에쿼티의 이런 전략은 투자 성과 우등생과 ESG 우등생이라는 쌍두마차를 이끌었고, 2025년 1조 6,000억 원 규모의 3호 블라인드 펀드를 조성하는 원동력이 됐다.

MBK파트너스 역시 글로벌 PE를 지향하며 국제적 기준을 선도적으로 구축했다. 국내 PE 중 최초로 2013년 3월 유엔 책임투자원칙PRI에 서명했고, 같은 해 자체적인 책임투자정책을 마련했다. 2023년 4월 MJ허드슨MJ Hudson 컨설팅을 통해 정책의 적용 범위를 확장했으며, 이후 자체 ESG 평가 매뉴얼을 마련해 실사와 포트폴리오 관리에 활용하고 있다.

다만, 기업가치제고 전략에서 인위적 구조조정을 포함해 미국식 PE 전략을 한국에 도입하는 것 아니냐는 우려의 시선이 나왔다. ING생명(현 신한라이프생명) 인수 6개월 만에 임원 32명 중 18명이 회사를 떠나고 일반직원의 30%에 달하는 270명 감축을 목표로 희망퇴직을 진행했다.

홈플러스 역시 매장 축소에 따라 인원 감축이 지속되어왔다. 투자 원칙에서는 ESG 우등생이지만, 투자 기업에서는 인력 감축이 이뤄지며 곱지 않은 시선이 나오는 것도 사실이다. 2024년 고려아연 경영권 분쟁, 2025년 홈플러스 사태로 촉발된 MBK파트너스의 분쟁적 투자 전략 이후 이례적으로 국내 출자사업에서 연달아 고배를 마셨다. 결과적으로 글랜우드프라이빗에쿼티와 MBK파트너스 모두 높은 투자 수익을 기록했지만, 고용에 대한 투자 전략이 상이해 국내 기관투자자에게 상반된 평가를 받게 됐다.

한국식 상생 전략, 지속 가능 사모펀드 생존 조건

ESG 확산에 글로벌 기관투자자들이 동참하고 있다. 글로벌 기관투자자들은 국제연합 책임투자 원칙UN PRI에 가입을 공식화하고, 책임투자를 강화하고 있다. 현재 5,000개 이상의 기관이 UN PRI에 가입했고, 가입기관 총 운용자산 규모가 약 121조 달러에 달한다. 이름있는 기관은 모두 가입했을 정도다. 국내서도 국민연금, 한국투자공사KIC 등 대형 기관들이 UN PRI에 가입했다. 책임투자 원칙에 부합하지 않는 PE들은 위탁운용사 리스트에서 배제되고, 국민연금과 같은 대형 투자자로부터 외면받게 된다. JKL파트너스, 스틱인베스트먼트, IMM인베스트먼트 등 국내 대형 사모펀드 역시 UN PRI에 연달아 가입하며 그 기준을 충족하고 있다. 다만 이는 최소 필요조건에 불과하다.

국내는 적극적 필요조건이 더해진다. 자본시장의 큰손인 국민연금은 2025년 8월 사모투자PE 분야 위탁운용사 선정 기준에 '사회적 기준에 부합하는 투자'를 정식으로 포함했다. MBK파트너스의 홈플러스 사태 이후 국회를 중심으로 출자 기준에 대해 거센 비난을 받자 서둘러 기준을 변경한 것이다. 수익률 중심의 출자에서 사회적 책임과 갈등관리 등 복합적 선정 기준을 내놓자 국내 PE의 셈법도 복잡해졌다.

업계에서는 해당 기준이 노동 갈등 유발, 지역사회 반발, ESG 미흡 투자 건 등을 의미할 것으로 보고 있다. 고용불안과 단기 수익 확보를 위한 자산 조기 매각 등이 감점 요인이 될 것으로 관측된다. 이제 손쉽게 이룰 수 있던 수익성 개선 전략을 쓸 수 없게 된 셈이다. 국민연금은 기관투자자 출자 기준의 표준인 만큼 다른 국내 기관투자자의 배점표 역시 동일하게 바뀔 것으로 보인다. 사회적 상생을 갖추지 않고서는 지속 가능한 성장이 불가능해진 셈이다.

국내 대다수 사모펀드는 바뀐 기준을 이미 충족하고 있다. 지속 가능한 수준에서 보다 ESG 활동을 진행하고, 이를 외부적으로 알리는 일이 중요해졌다. 앞서 살펴본 글랜우드프라이빗에쿼티가 좋은 선례다. 오히려 이런 엄격한 기준이 사모펀드 업계의 부정적 이미지를 해소하고 일자리 창출 및 기업 지배구조 개선 등을 이끄는 긍정적 이미지를 내보일 수 있게 한다.

현 정부가 추구하는 주주친화정책도 PE로서는 유리한 환경이다. 현 정부는 코스피 5000을 주요 경제 목표로 설정했다. 기업가치 상승은 상장사를 보유하고 있는 사모펀드에는 큰 호재다. 아울러 사모펀드가 주로 쓰는 적극적 배당 정책과 공개매수 전략은 주주에게 유리한 정책이다. 특히 공개매수는 기업 오너와 특수관계인만 M&A 시 경영권 프리미엄을 챙기는 문제를 해소하고 모든 주주가 동등하게 매각이 가능하도록 한다. 또, 기업 지배구조 개선 등 전통적인 역할 역시 확대한다면 ESG 역할론에 더 힘을 보탤 수 있다. 사회와 공존하는 노력이 곧 국내 PE의 경쟁력인 시대인 만큼 다층적인 노력이 필요하다.

야만인에서 설계자로…
사모펀드는 진화 중

책을 덮으며 우리는 다시 출발선에 섰습니다. 2025년 한국 M&A 와 사모펀드 시장을 뒤흔들었던 격랑을 지나, 우리는 이제 2026년 이라는 새로운 지평을 마주하고 있습니다. 이 책을 통해 우리가 확인한 것은 명확합니다. '문 앞의 야만인'으로 대변되던 과거의 시대는 막을 내렸고, 이제 사모펀드는 단순히 수익률이라는 재무적 언어만으로는 자신의 존재 가치를 증명할 수 없는 시대에 들어섰다는 사실입니다.

MBK파트너스의 홈플러스 사태는 한국형 사모펀드 20년사에 지울 수 없는 상흔을 남겼지만, 역설적으로 새로운 시대의 서막을 연 신호탄이기도 했습니다. 이익은 사유화하고 손실은 사회화한다는 냉소적인 비판 속에서 사모펀드는 이제 '어떻게 벌었는가'라는 질문에 답해야만 생존할 수 있는 존재가 됐습니다. 국민연금이 위탁운용사 선정 기준에 '사회적 책임'을 명문화한 것은 이러한 패러다임의 전환을 상징적으로 보여줍니다. 이제 ESG는 단순한 홍보 문구가 아니라, LP의 자금을 받기 위한 핵심 자격 요건이자 투자의 전제 조건이 됐습니다.

이러한 변화의 흐름 속에서 우리는 희망의 단서 또한 발견했습니다. 위기의 순간에도 시장은 스스로 진화하고 있었습니다. 글로벌 사모펀드들은 더 이상 대기업의 비핵심 사업부를 인수하는 낡은 방식에 머무르지 않았습니다. 그들은 K-뷰티와 플랫폼의 '글로벌 확장성'이라는 잠재력에 투자했고, 볼트온과 자본재조정 등 정교한 금융 기법을 통해 스스로 기업가치를 창출하는 '산업의 설계자'로 거듭났습니다. 삼양식품과 JKL파트너스의 사례에서 보았듯, 이제 M&A의 핵심은 유형자산이 아닌 '브랜드 IP'와 '성장 스토리' 그 자체가 됐습니다. 이는 한국 자본시장이 한 단계 더 성숙하고 있음을 보여주는 긍정적인 신호입니다.

2026년, 우리가 마주할 시장은 과거와는 전혀 다른 규칙으로 움직일 것입니다. 이사의 충실의무가 주주로까지 확대된 상법 개정, 차입매수LBO와 자기주식 활용을 옥죄는 새로운 규제들, 그리고 소액주주들의 거세진 목소리는 사모펀드 운용사들에게 더 높은 수준의 투명성과 책임성을 요구할 것입니다. 단기적으로는 운신의 폭이 좁아지는 고통스러운 과정일 수 있습니다. 그러나 장기적으로 이는 한국 자본시장의 고질병이었던 '코리아 디스카운트'를 해소하고, 투자자들의 신뢰를 회복하는 건강한 성장통이 될 것입니다.

결국 미래는 새로운 시대의 언어를 먼저 배우고 구사하는 자들의 몫이 될 것입니다. AI 데이터센터의 폭발적 수요 속에서 '전력'과 '인프라'가 새로운 권력이 됐음을 간파한 투자자, 인구 구조의 거대한 변화 속에서 '웰다잉'이라는 새로운 블루오션을 발견한 개척자, 그리고 항공 산업 대재편의 소용돌이 속에서 MRO와 전문 화물 운송이라는 기회를 포착한 전략가들이 바로 다음 시대의 승자가 될 것입니다.

이 책이 제시한 수많은 데이터와 사례, 그리고 전망의 끝에서 우리가 도달한 결론은 하나입니다. 사모펀드는 이제 '금융 기술자'를 넘어 '사회적 자본의 건축가'가 돼야 합니다. 고용을 안정시키고, 투명한 지배구조를 만들며, 피인수 기업의 임직원과 지역사회와 '공존'하는 상생의 전략을 고민하는 사모펀드만이 치열한 경쟁에서 살아남아 지속 가능한 성장을 이룰 수 있을 것입니다.

'문 앞의 야만인'에서 '신뢰받는 파트너'로, '탐욕스러운 약탈자'에서 '산업 생태계의 설계자'로, 그 고된 전환의 여정이 지금 막 시작됐습니다. 부디 이 책이 그 길을 걷는 모든 분께 흔들리지 않는 이정표가 되기를 진심으로 바랍니다.

변곡점 위에 선
거인의 다음 발걸음

사모펀드와 M&A 트렌드 2026

초판 1쇄 인쇄 2025년 11월 19일
초판 1쇄 발행 2025년 12월 8일

지은이 조세훈·이영호·오귀환·이승혁·서종갑·안중성·룩센트 미래경영연구소 지음
펴낸이 임충진
펴낸곳 지음미디어

편집 정은아, 서민서
디자인 STUDIO 보글

출판등록 제2017-000196호
전화 070-8098-6197
팩스 0504-070-6845
이메일 ziummedia7@naver.com

ISBN 979-11-93780-22-0 (03320)

값 22,000원